陶庵梦忆注笺校

〔明〕张岱 著

娄如松 注笺校

群言出版社
QUNYAN PRESS
·北京·

图书在版编目（CIP）数据

陶庵梦忆注笺校 / (明) 张岱著；娄如松注笺校
. -- 北京：群言出版社，2017.6
ISBN 978-7-5193-0292-4

Ⅰ. ①陶… Ⅱ. ①张… ②娄… Ⅲ. ①散文集—中国
—明代 Ⅳ. ①I264.8

中国版本图书馆 CIP 数据核字（2017）第 152481 号

责任编辑：李　群
封面设计：Amber Design 琥珀视觉

出版发行：群言出版社
地　　址：北京市东城区东厂胡同北巷 1 号（100006）
网　　址：www.qypublish.com
自营网店：http://qycbs.shop.kongfz.com（孔夫子旧书网）
http://www.qypublish.com（群言出版社官网）
电子信箱：qunyancbs@126.com
联系电话：010-65267783　65263836
经　　销：全国新华书店

印　　刷：北京鑫瑞兴印刷有限公司
版　　次：2017 年 9 月第 1 版　2017 年 9 月第 1 次印刷
开　　本：880mm × 1230mm　　1/32
印　　张：11.5
字　　数：258 千字
书　　号：ISBN 978-7-5193-0292-4
定　　价：36.00 元

几点说明

一、关于底本

注笺校，以上海古籍出版社一九八二年版本为底本，参以乾隆五十九年（1794），仁和王文诰梓行的《陶庵梦忆》（扉页曰“乾隆甲寅年雕版”，以下简称“乾隆甲寅本”）刻本及粤雅堂丛书本《陶庵梦忆》。

粤雅堂《陶庵梦忆》刻本，海南伍崇曜跋有云：“乾隆甲寅，仁和王文诰谓从王竹坡、姚春漪得传钞足本，实八卷，刻焉。顾每条俱缀‘纯生氏曰’云云，纯生殆文诰字也，又每卷直题文诰编，恐无此体。兹概从芟薙，特重刻焉。”由此知粤雅堂本，是在乾隆甲寅本“芟薙”的基础上，重新刊刻的；上海古籍出版社点校本，则是以粤雅堂本为底本。此三种八卷本《陶庵梦忆》，推排辈份，乾隆甲寅本当为祖。

二、关于注释

注释不外于两个内容，即注音释义。

注音的重点在冷僻字，以“（ ）”附所注音字后，括号内“音”后之字，即其读音。

为顾及各层次读者，释义力求详尽。释义全句的，直接解之。同一字词，前已有释，其后不再重复。

异体字改正，有助校勘，及文章意境阐述者，则仍用异体。

三、关于笺疏

笺疏以文章涉及的时间、人物、环境为主要内容。对能表达文章主题，或作者情趣的关键词句，也作以必要的点破。

四、关于校勘

祖本乾隆甲寅本，系据“传钞”，因此校勘颇具难度。比如：张岱的外太公姓“刘”，“乾阳”其号，而卷六《齐景公墓花樽》篇称以“乾刘阳”，曰“归乾刘阳太公”，如校以其他版本，则咸称“乾刘阳”。此类谬误，多有刊正。

卷八《龙山放灯》有“山下望如星河倒注，浴浴熊熊”句，“浴浴熊熊”是对“星河”的修饰。“星河”虽曰以“河”，其实还是“星”，因此不能“浴浴”，只能“煜煜”。煜煜熊熊，并列词组。对于此类，只做校勘，正文依然保持原貌，以供再研究。

五、注笺校的外在形式

为求阅读顺畅，版面美观，不在正文做标记，只是将需注笺校的字、词、句，用“〔 〕”号，按其在文中出现前后位置，排列于相应各栏。

六、其他

引文不清，则以“□”标记。一“□”为一字。

序

有这样的闲人吗？见村头一块稻田，长着些稗草，不待主人请，径自卷起裤腿，下田而耘。有！我就是。不过，耘的不是稻田，是《陶庵梦忆》。

《陶庵梦忆》初刻，非依张岱稿本，是“从王竹坡、姚春漪得传钞足本”，刊刻而成，因此不免生些“稗草”。举例说，卷六《齐景公墓花樽》篇，有“归乾刘阳太公”句，“乾刘阳太公”，其实应为“刘乾阳太公”。张岱妻刘氏，住绍兴城内水澄巷，太公刘毅，其号“乾阳”。张岱当然知道太公姓刘，号乾阳。他是决不会写成“乾刘阳太公”的。再是，卷七《悬杪亭》篇，有“度索寻樟，大有奇致”一句，“寻樟”应是“寻橦”，曰“度索寻橦”，这在张岱他自己编写的《夜航船》中，就有确实记述。等等，不一而足。问题是，自仁和王文诰初刻起，林林总总，多少版本，此类“稗草”，依然生在《陶庵梦忆》这块田中，无人拔除。

上海古籍出版社三十年前出版了《陶庵梦忆》，花六角五分钱购得一本，自此躬身而耘，今得《陶庵梦忆注笺校》书稿。回望田畈，稻花灿然。

《陶庵梦忆》，播名海内外，其文章立意，可与南宋张择端

《清明上河图》齐观，是以文字为画笔，描就的一幅《清明上河图》。现今嗅得稻花香，有谁人氏喜欢？问我，答曰："谁知道？"

娄如松 识

二〇一七年二月十日

丁酉年正月十四

目录

卷一

卷二

卷三

卷四

卷五

卷六

卷七

卷八

卷一

钟山

钟山上有云气，浮浮冉冉，红紫间之，人言王气，龙蜕藏焉。高皇帝与刘诚意、徐中山、汤东瓯定寝穴，各志其处，藏袖中，三人合，穴遂定。门左有孙权墓，请徙。太祖曰："孙权亦是好汉子，留他守门。"及开藏，下为梁志公和尚塔。真身不坏，指爪绕身数匝，军士辇之不起。太祖亲礼之，许以金棺银椁，庄田三百六十奉香火，舁灵谷寺塔之。今寺僧数千人，日食一庄田焉。陵寝定，闭外羡，人不及知。所见者门三、飨殿一、寝殿一，后山苍莽而已。壬午七月，朱兆宣簿太常，中元祭期，岱观之。飨殿深穆，暖阁去殿三尺，黄龙幔幔之。列二交椅，褥以黄锦孔雀翎，织正面龙，甚华重。席地以毡，走其上必去舄轻趾。稍咳，内侍辄叱曰："莫惊驾！"近阁下一座，稍前为硕妃，是成祖生母。成祖生，孝慈皇后妊为己子，事甚秘。再下，东西列四十六席，或坐或否。祭品极简陋。硃红木簋、木壶、木酒樽甚粗朴。簋中肉止三片，粉一铗，黍数粒，东瓜汤一瓯而已。暖阁上一几，陈铜炉一，小箸瓶二、杯棬二；下一大几，陈太牢一、少牢一而已。他祭或不同，岱所见如是。先祭一日，太常官属开牺牲所中门，导以鼓乐旗帜，牛羊自出，龙袱盖之。至宰割所，以四索缚牛蹄。太常官属至，牛正面立，太常官属朝牲揖，揖未起，而牛头已入㶳所。㶳已，舁至飨殿。次日五鼓，魏国至，主祀，太常官属不随班，侍立飨殿上。祀毕，牛羊已臭腐不堪闻矣。平常日进二膳，亦魏国陪祀，日必至云。戊寅，岱寓鹫峰寺。有言孝陵上黑气一股，冲入牛斗，百有余日矣。岱夜起视，见之。自是流贼猖獗，处处告警。壬午，朱成国与王应华奉敕修陵，木枯三百年者尽出为薪，发根，隧其下数丈，识者以为伤地脉、泄王气，今果有甲申之变，则寸斩应华亦不足赎也。孝陵玉石二百八十二年，今岁清明，乃遂不得一盂麦饭，思之猿咽。

【注释】

〔龙蜕藏焉〕蜕（音退），蝉、蛇之类脱下的皮。蜕，亦具“尸体”义，如“遗蜕”。龙蜕，指明朝开国皇帝朱元璋遗骸。

〔真身不坏，指爪绕身数匝，军士辇之不起〕匝，环绕一周为“匝”；辇（音捻），载运。

〔舁灵谷寺塔之〕舁（音于），抬；塔，名词用作动词，“葬”义。和尚葬用塔，少林寺有塔林，为和尚葬所。灵谷寺，在南京钟山。

〔陵寝定，闭外羡〕羡，墓道。

〔去舄轻趾〕脱去鞋，轻脚走。舄（音戏），鞋；趾，脚。

〔或坐或否〕否，对“坐”的否定，指“坐”以外如倚等姿态。

〔杯棬二〕杯棬（音圈），《孟子·告子上》：“以杞柳为杯棬。”赵岐注：“杯棬，杯素也。”焦循正义：“《大戴记·曾子事父母篇》：卢辩注云：‘杯，盘、盎、盆、盏之总名也。’盖杯为总名，其未雕未饰时，名其质为棬，因而杯器之不雕不饰者，即通名为棬也。”

〔下一大几，陈太牢一、少牢一而已〕牛、豕、羊三牲，称太牢；羊、豕，称少牢。《礼记·王制》："天子社稷皆太牢，诸侯社稷皆少牢。"祭用太牢，天子之制。此所谓"太牢一"，专指牛；"少牢一"，专指羊。几，桌。

〔太常官属开牺牲所中门〕官属，指太常寺长官及其僚属；牺牲所，宰杀太牢、少牢的场所。

〔焊已〕焊（音潜），用开水去毛。晁补之《猪齿白化佛赞》："扬汤焊毛，毛须弥聚。"

【笺疏】

〔钟山上有云气〕

钟山，在南京。

嘉庆《新修江宁府志·山水》卷六："钟山，在上元东北朝阳门外，其周回六十里，其高一百五十八丈，一名金陵山，一名蒋山，一名紫金山，一名神烈山。"上元，县名，倚在府城南京。

〔高皇帝与刘诚意、徐中山、汤东瓯定寝穴，各志其处，藏袖中，三人合，穴遂定〕

高皇帝，明太祖朱元璋；刘诚意，即刘基；徐中山，即徐达；汤东瓯，即汤和。刘、徐、汤三人各书"独龙阜玩珠峰"。嘉庆《新修江宁府志·古迹》卷十："明太祖孝陵，在钟山之阳，与马皇后合葬，懿文太子附于左。嘉靖十年，更名钟山为神烈山。"照片所示，即高皇帝孝陵。

〔门左有孙权墓，请徙。太祖曰："孙权亦是好汉子，留他守门。"及开藏，下为梁志公和尚塔。真身不坏，指爪绕身数匝，军士舉之不起。太祖亲礼之，许以金棺银椁，庄田三百六十奉香火，舁灵谷寺塔之〕

孙权，字仲谋，三国吴国的创立者，因称吴大帝。公元220～252年在位。曾与刘备联合，大败曹操于赤壁。

"梁志公和尚"，志公和尚俗姓朱，称以"梁"，是因其为梁朝人，逝于梁天监十二年（513）故。唐诗人李白，撰有《志公画赞》，载《李太白集注》第二十八卷，曰："水中之月，了不可取。虚空其心，寥廓无主。锦幪鸟爪，独行绝侣。刀齐尺梁，扇迷陈语。丹青圣容，何往何所？"题下清王琦注曰："《传灯录》宝志禅师金城人，姓朱氏，少出家，止道林寺修习禅定。宋太始初，忽居止无定，饮食无时，发长数寸，徒跣执锡杖，杖头擐剪刀、尺、铜鉴，或挂一两尺帛，数日不食无饥容。时或歌吟，词如谶记，士庶皆共事之。齐建元中，武帝谓师惑众，收付建康狱。明旦，人见其人市，及检狱如故。建康令以事闻帝，延之于宫中之后堂。师在华林园，忽一日，重著三布帽，亦不知于何所得之。俄而武帝崩，豫章王文惠太子继薨，由是禁师出入。梁高祖即位，下诏曰：志公迹拘尘垢，神□冥寂，水火不能焦濡，蛇虎不能侵惧，语其佛理，则声闻以上，谈其隐□，则遁仙高者，乃以俗士常情空相拘制，何其鄙陋一至于此，自今勿得复禁。天监十二年冬，忽告众僧，令移金刚神像出置寺外，密谓人曰'菩萨将去'。未及旬日，无疾而终，举体香煖。临亡燃一烛，以付后阁舍人吴庆，庆以事闻帝，叹曰：'大师不复留矣！烛者，将以后事嘱我也。'因厚礼葬于钟山独龙阜，仍立开善精舍，敕陆倕制铭于冢内，王筠勒碑于寺门，处处传其遗像焉。《南史》：沙门释宝志虽剃须发，而常冠下裙帽衲袍，故俗呼为志公。"

陆倕《志法师墓志铭》，刊《全梁文》。铭曰："法师自说姓朱，名保志，其生缘桑梓莫能知之，齐故特进吴人张绪、兴皇寺僧释法义，并见法师于宋太始初，出入钟山，往来都邑，年可五六十岁，未知其异也。齐宋之交，稍显灵迹，被发徙跣，负杖挟镜，或征索酒肴，或数日不食，豫言未兆，悬识他心，一时之中分身四处。天监十三年，即化于华林门之佛堂。先是忽移寺之金刚像出置户外，语僧众云：'菩萨当去！'尔后旬日，无疾而殒，沉舟之痛，有切皇心，殡葬资须事丰供厚，望方坟而陨涕，瞻白帐而拊心。爰诏有司式刊景行，辞曰：欲化毗城，金粟降灵。猗欤大士，权迹帝京。绪胄莫详，邑居罕见。譬彼涌出，犹如空现。哀兹景像，愍此风电。将导舟梁，假我方便。形烦心寂，外荒内辩。观往测来，睹微知显。动足墟立，发言风偃。业穷难诏，因谢弗援。慧云昼歇，慈灯夜昏。"

志公卒年，墓志铭与王琦注差一年。

〔庄田三百六十奉香火〕

庄田，旧时皇室、贵族、官僚、寺观等雇人耕种或出佃的田地。田以亩计，此"三百六十"后无量词"亩"，疑指为"庄田三百六十处"。徙后志公墓在灵谷寺，"庄田三百六十"其数，约与年日数等，供奉志公香火，当然也要顾及寺中和尚，故下句曰"今寺僧数千人，日食一庄田焉"。若"三百六十"庄田为"亩"，一日一亩，数千和尚"日食一庄田"，能饱肚皮？因此，一处庄田非只一亩。

〔壬午七月，朱兆宣簿太常，中元祭期，岱观之〕

俗以阴历七月十五为"中元节"。壬午，明崇祯十五年（1542），是年张岱四十六岁。

"太常"，职祭祀礼乐之太常寺省称。朱兆宣，山阴白洋人。朱恒岳燮元四子曰"兆宣"。《绍兴白洋朱氏宗谱·明少师恒岳公传》："季曰兆宣，官生，户部主事、通议大夫、顺天府尹。"张岱与白洋朱氏，排起来多少有点姻亲关系，通过在南京“簿太常”的白洋人朱兆宣，壬午七月十五孝陵祭高皇帝，因此得以往观。

〔近阁下一座，稍前为碽妃，是成祖生母〕

在飨殿“近阁下”，碽妃能有“一座”，应始于永乐朝。洪武几多妃子，如不是成祖朕意，她能占得？“成祖生，孝慈皇后妊为己子，事甚秘”，既然“事甚密”，置座碽妃于飨殿“近阁下”，说明成祖知道碽妃是其“生母”的，或许在当时，在一定范围内，这并不是一个秘密，否则，大臣疏问，众多后妃为何碽妃独尊？成祖将何以答？

“孝慈皇后妊为己子，事甚秘”，是对“成祖出高皇后”的揭露。“成祖出高皇后”，是嗣出正统皇权观念的需要，是御用的一种鼓吹手法，其形成时间，应与将碽妃置座飨殿“近阁下”相前后。“成祖出高皇后”，也影响到了《明史》的撰写，《明史·本纪第五》卷五载“成祖启天弘道高明肇运圣武神功纯仁至孝文皇帝讳棣，太祖第四子也。母孝慈高皇后”。

〔硃红木簋、木壶、木酒樽甚粗朴。簋中肉止三片，粉一铗，黍数粒，东瓜汤一瓯而已〕

状祭器祭品简陋。簋，圆口，圈足，或有耳并带盖，也有方形，古代食用器具，贵族用一般质为青铜。簋、壶，樽以木，做工不精而显“粗朴”。“黍数粒”，何其少也；“东瓜汤”，即冬瓜汤。冬瓜，菜中贱物。以冬瓜为汤，且“一瓯”，瓯，小盆，真“极简陋”。

〔次日五鼓，魏国至，主祀，太常官属不随班，侍立飨殿上。祀毕，牛羊已臭腐不堪闻矣。平常日进二膳，亦魏国陪祀，日必至云〕

“主祀”及“陪祀”者“魏国”，是明朝开国功臣徐达裔孙。《明史·徐达传》卷一百二十五载：“诏振旅还京师，帝迎劳于龙江。乃下诏大封功臣，授达开国辅运推诚宣力武臣，特进光禄大夫、左柱国、太傅、中书右丞相参军国事，改封魏国公，岁禄五千石。予世券。”又载：“自承宗至弘基，六世皆守备南京，领军府事。”张岱壬午（崇祯十五年）中元祭期往观，是日主祀之魏国，当是徐弘基。

〔今果有甲申之变〕

甲申，明崇祯十七年（1644），李自成克北京，崇祯自缢，明亡。是年张岱四十八岁。

〔孝陵玉石二百八十二年，今岁清明，乃遂不得一盂麦饭，思之猿咽〕

孝陵，高皇帝朱元璋墓。洪武三十一年（1398）五月，太祖崩，葬于孝陵，始受祭祀，由此而“二百八十二年”，至“今岁清明”，是康熙十八年（1679）清明，朝代更替，遂“不得一盂麦饭”祭。是年张岱八十三岁。

【校勘】

〔戊寅，岱寓鹫峰寺〕

戊寅，明崇祯十一年（1638），是年张岱四十二岁。自此句起至文末，乾隆甲寅本无，据《砚云甲编》本补。

报恩塔

中国之大古董，永乐之大窑器，则报恩塔是也。报恩塔成于永乐初年，非成祖开国之精神、开国之物力、开国之功令，其胆智才略足以吞吐此塔者，不能成焉。塔上下金刚佛像千百亿金身。一金身，琉璃砖十数块凑成之，其衣摺不爽分，其面目不爽毫，其须眉不爽忽，斗笋合缝，信属鬼工。闻烧成时，具三塔相，成其一，埋其二，编号识之。今塔上损砖一块，以字号报工部，发一砖补之，如生成焉。夜必灯，岁费油若干斛。天日高霁，霏霏霭霭，摇摇曳曳，有光怪出其上，如香烟缭绕，半日方散。永乐时，海外夷蛮重译至者百有余国，见报恩塔必顶礼赞叹而去，谓四大部洲所无也。

【注释】

〔报恩塔成于永乐初年〕永乐，明成祖朱棣年号。永乐朝二十二年，元年为1403年。

〔其衣摺不爽分〕爽，差错，失误。

〔其须眉不爽忽〕忽，古代极小的长度单位。《孙子算经》卷上："度之所起，起于忽。欲知其忽，蚕吐丝为忽。十忽为一丝，十丝为一毫，十毫为一厘，十厘为一分。"

〔斗笋合缝〕斗，接合，拼合。笋，通"榫"，亦称"榫头"。斗笋，即木工拼接笋卯之谓。木器两部相接处，突出部分叫"笋头"，凿空部分叫"卯眼"，笋头入卯眼，"合缝"而器成。

〔信属鬼工〕鬼工，形容制作精巧，似非人工所能及。皮日休《初夏游楞伽精舍》诗："穴恐水君开，龛如鬼工凿。"

〔具三塔相〕准备了可建塔三座的构件。具，具备；相，佛教名词，一切事物的外现形状称"相"。此指塔之构件。

〔天日高霁，霏霏霭霭〕霁，天气放晴。霏霏，云气盛貌，《楚辞·九叹·远逝》："云霏霏而陨集。"亦以形容雨雪之盛，《诗·小雅·采薇》："今我来思，雨雪霏霏。"此处当以前者解。霭（音蔼）霭，云密集貌，陶潜《停云》诗："霭霭停云，蒙蒙时雨。"

〔海外夷蛮重译至者百有余国〕海外四方路途遥远的人来，有百余国。夷蛮，旧时泛指四方少数民族。夷，古代对东方各族的泛称，郭璞《尔雅注》："九夷在东。"亦泛指四方少数民族，如汉有"西南夷"之谓；蛮，古代对南方各族的泛称。重译，语言经多次转译，意谓路途遥远。

〔见报恩塔必顶礼赞叹而去〕顶礼，四肢伏地，以头触地，佛教中最高礼节。

〔四大部洲〕佛教名词，谓住须弥山四方咸海之四大洲，即一南瞻部洲，二东胜神洲，三西牛货洲，四北瞿卢洲。此指谓"世界各国"。

【笺疏】

〔中国之大古董，永乐之大窑器，则报恩塔是也〕

报恩塔，在南京大报恩寺，址在今中华门外。大报恩寺及琉璃塔，是在长干寺及阿育王塔基址上，于明永乐初，成祖朱棣为纪念母恩而建：依大内图式，造九级琉璃塔，塔曰第一塔，寺曰大报恩寺。嘉靖间（1522～1566），寺遭雷火而塔存。咸丰四年（1854），大报恩寺塔毁于乱。寺亦焚毁。近闻今已复建是塔。

天台牡丹

天台多牡丹，大如拱把，其常也。某村中有鹅黄牡丹，一株三干，其大如小斗，植五圣祠前。枝叶离披，错出檐甃之上，三间满焉。花时数十朵，鹅子、黄鹂、松花、蒸栗，萼楼穰吐，淋漓簇沓。土人于其外搭棚演戏四五台，婆娑乐神。有侵花至漂发者，立致奇祟。土人戒勿犯，故花得蔽芾而寿。

【注释】

〔错出檐甃之上〕错出，即“叉出”，具“超出”义。

〔花时数十朵，鹅子、黄鹂、松花、蒸栗，萼楼穰吐，淋漓簇沓〕“鹅子、黄鹂、松花、蒸栗”四物色皆黄。鹅子，出壳小鹅；萼楼，花朵层迭貌；穰吐，枝干外伸。

〔有侵花至漂发者，立致奇祟〕漂发，本义为头发摇动，此言侵犯花朵程度为些微，若头发之摇动。

〔土人戒勿犯，故花得蔽芾而寿〕土人，当地人。蔽芾（音费），植物茂盛貌。《诗·召南·甘棠》首节：“蔽芾甘棠，勿剪勿伐，召伯所茇。”

【笺疏】

〔天台多牡丹〕

天台，山名。入境黄岩，在浙江省东南。光绪《黄岩县志·土产·花之属》卷三十二，首品即载为牡丹，曰：“牡丹《赤城志》多种；欧阳公《花品序》云：‘南出越州。’”民国《台州府志·物产略上·花之属》载：“牡丹，详后黄岩花属。”天台多牡丹，产在黄岩。

〔某村中有鹅黄牡丹，一株三干，其大如小斗，植五圣祠前〕

五圣祠并不在“村”，“某村”有特佳“鹅黄牡丹”，植于五圣祠前，在于献供礼神。五圣祠，即五圣庙，亦灵济庙，在黄岩县衙东南二百五十步永利桥畔。

光绪《黄岩县志·丛祠》卷九第二十二页，载：“灵济庙，在永利桥之西，旧名桥亭，神姓柴，婺源人，兄弟五人。相传齐永明中，避乱猎于圣堂山，能扼虎。邑令萧景恐其生乱，谕遣之。后复至，狂叫山岙中，云：‘吾五圣也，能为地方捍灾御患。’言讫，列坐圣堂岩下，啗松柏三日而殂。是后每闻山间有鼓噪声。梁天监癸未，邑大疫，五人复骑虎现圣堂山巅，一村遂无恙。邑令陆襄奏之，封永宁昭惠卫国保民五圣显应灵官；乙丑，立庙圣堂。唐宝应壬寅，州贼袁兆反，见神列五帜于永宁江浒，贼惊遁，刺史李光弼奏赐令额，建庙于永利桥，直河北，南临孔道。有郭朝奉者，五十无子，与妻郝氏祷于庙。元和庚寅，夫妻梦衣黄者五人告曰：'吾与汝邻，汝宅跨河，面卧虎神祠也，当无嗣。与吾宅，吾与汝子。'郭疑未决，一夕就寝，见大蛇五采文，向郭若有所求，遂舍于庙，即今址也。后生子昭文，官至御史中丞。宋开禧二年，火逼檐梠，竟逾河而南，有枕庙居者，抱一神像置于室火，亦不犯人，传以为异《赤城志》。元延祐间，宫殿火，帝梦云际有五神人执五大瓢滴水救止，且下告曰：'臣柴某兄弟五人，原籍婺州，今受庙食于黄岩，宫殿火发，敢不奔救！'觉使迹其事，立庙封五圣侯王。明嘉靖壬子，寇毁后重建。"

光绪《黄岩县志·桥梁》卷七第三十八页，载："永利桥，在县东南二百五十步景贤巷西口，旧名钱家桥，上有桥亭。同治九年，孙令熹浚河重建，崇于旧数尺。"

民国《台州府志》亦载永利桥、五圣庙、灵济庙。民国《台州府志·祠祀略一·黄岩》卷五十四第十四页，载："五圣庙，在黄岩溪上详见上灵济庙。"

金乳生草花

金乳生喜莳草花。住宅前有空地，小河界之。乳生濒河构小轩三间，纵其趾于北，不方而长，设竹篱经其左。北临街，筑土墙，墙内砌花栏护其趾。再前，又砌石花栏，长丈余而稍狭。栏前以螺山石累山披数摺，有画意。草木百余本，错杂莳之，浓淡疏密，俱有情致。春以莺粟、虞美人为主，而山兰、素馨、决明佐之。春老以芍药为主，而西番莲、土萱、紫兰、山矾佐之。夏以洛阳花、建兰为主，而蜀葵、乌斯菊、望江南、茉莉、杜若、珍珠兰佐之。秋以菊为主，而剪秋纱、秋葵、僧鞋菊、万寿芙蓉、老少年、秋海棠、雁来红、矮鸡冠佐之。冬以水仙为主，而长春佐之。其木本如紫白丁香、绿萼玉楪蜡梅、西府滇茶、日丹白梨花种之墙头屋角，以遮烈日。乳生弱质多病，早起不盥不栉，蒲伏阶下，捕菊虎，芟地蚕，花根叶底，虽千百本，一日必一周之。瘙头者火蚁，瘠枝者黑蚰，伤根者蚯蚓、蜒蝣，贼叶者象干、毛猬。火蚁，以鲞骨、鳖甲置旁引出弃之；黑蚰，以麻裹箸头捋出之；蜒蝣，以夜静持灯灭杀之。蚯蚓，以石灰水灌河水解之；毛猬，以马粪水杀之；象干虫，磨铁线穴搜之。事必亲历，虽冰龟其手，日焦其额不顾也。青帝喜其勤，近产芝三本，以祥瑞之。

【注释】

〔乳生濒河构小轩三间，纵其趾于北〕趾，指“小轩三间”之墙脚。

〔设竹篱经其左〕经，经纬之经，南北纵贯之谓。

〔草木百余本，错杂莳之〕本，指草木的根或茎干，如草本、木本。引申为草木的计量单位，若“株”，若“颗”。《宋史·黄震传》：“广南岁进异花数千本。”错杂，犹言错落，交错缤纷貌。

〔瘙头者火蚁，瘠枝者黑蚰，伤根者蚯蚓、蜒蝣，贼叶者象干、毛猬〕火蚁，即蚂蚁。瘙，是一种疲病。《汉书·高帝纪下》：

“年老癃病勿遣。”颜师古注：“癃，疲病也。”花草曰“癃头”，是花草顶部出现枯萎情况。癃头者火蚁，花草之“癃头”，是蚂蚁在其根部噬食的缘故。瘠枝者黑蚰，枝干表层破败，是蚰虫侵蚀的缘故。黑蚰，俗呼“蚰虫”，体黑，有黏液，于植物有害。蜒蝣，即蜗牛。绍兴口语曰“蜒蝣螺”，有带壳、无壳两种。贼叶者象干、毛猬：贼叶，损害或吃掉叶子。象干，一种硬壳虫；毛猬，刺猬。

〔虽冰龟其手〕冰龟，冻裂。

〔青帝喜其勤〕青帝，春神。

【笺疏】

〔金乳生喜莳草花。住宅前有空地，小河界之〕

金乳生莳花艺草之“住宅”，叫“亦园”。“亦园”，或在绍兴府城鲤鱼桥畔。祁彪佳《越中园亭记·城内》有《亦园》一篇，文曰：“亦园在龙门桥，主人金乳生，植草花数百本，多殊方异种，虽老圃不能辨识。四时烂熳为绣，所居仅斗室，看花人履满户外矣。”

绍兴城内旧无桥名“龙门”，所谓“亦园在龙门桥”之“龙门桥”，或系鲤鱼桥之别称，以谚有“鲤鱼跃龙门”句。

鲤鱼桥，在府山北麓跨出西郭门河道上。鲤鱼桥西，为古贡院址，绍兴士子欲“鲤化龙”赴考乡试、礼试，必由此桥起程，祁彪佳载以“龙门”，原因大概在此。照片左侧道路，即“北临街”之“街”，今称胜利路；远端街边石栏

杆，为鲤鱼桥栏杆。亭柱间阳光照射之瓦屋，已在河对岸。从街至河岸处，地不能算广，在此处，金乳生因此只能“濒河构小轩三间”，且“不方而长”。祁彪佳载曰“所居仅斗室”，是符合实情的。金乳生“小轩”其址，应在环山河鲤鱼桥一段“濒河”处。

今宝珠桥北约五十米余处，有龙门桥，是近年新筑。

【校勘】

〔春以莺粟、虞美人为主〕

乾隆甲寅本作“莺粟”；粤雅堂本作“莺栗”；上海古籍出版社本作“罂粟”。罂粟，二年生草本，夏花。“春以莺粟、虞美人为主”，此处“莺粟”，当为春花。

光绪《嘉兴府志·物产》载有“莺粟”：“禾中产莺粟，相传八月十五夜，俾女郎解衣播种，则花倍繁鸳鸯湖櫂歌注。”秋播莺粟，花果在第二年，“莺粟”，或是罂粟之别写。

康熙《会稽县志》、嘉庆《山阴县志》在《物产》篇，均载有罂粟。

日月湖

宁波府城内，近南门，有日月湖。日湖圆，略小，故日之；月湖长，方广，故月之。二湖连络如环，中亘一堤，小桥纽之。日湖有贺少监祠，季真朝服拖绅，绝无黄冠气象。祠中勒唐玄宗饯行诗以荣之。季真乞鉴湖归老，年八十余矣。其《回乡》诗曰：“幼小离家老大回，乡音无改鬓毛衰。儿孙相见不相识，笑问客从何处来？”八十归老不为早矣，乃时人称为急流勇退，今古传之。季真曾谒一卖药王老，求冲举之术，持一珠贻之。王老见卖饼者过，取珠易饼。季真口不敢言，甚懊惜之。王老曰："慳吝未除，术何由得！"乃还其珠而去。则季真直一富贵利禄中人耳。《唐书》入之《隐逸传》，亦不伦甚矣。月湖一泓汪洋，明瑟可爱，直抵南城。城下密密植桃柳，四围湖岸，亦间植名花果木以萦带之。湖中栉比皆士夫园亭，台榭倾圮，而松石苍老。石上凌霄藤有斗大者，率百年以上物也。四明缙绅，田宅及其子，园亭及其身，平泉木石，多暮楚朝秦，故园亭亦聊且为之，如传舍衙署焉。屠赤水娑罗馆亦仅存娑罗而已。所称"雪浪"等石，在某氏园久矣。清明日，二湖游船甚盛，但桥小船不能大。城墙下址稍广，桃柳烂漫，游人席地坐，亦饮亦歌，声存西湖一曲。

【注释】

〔中亘一堤，小桥纽之〕亘(音根)，横；纽，连接。

〔日湖有贺少监祠，季真朝服拖绅，绝无黄冠气象〕日湖今不存。季真，贺知章字。朝服拖绅，系着朝服的带子下垂着。拖，下垂；绅，古代士大夫束在衣外的大带。《论语·卫灵公》："子张书诸绅。"邢昺疏："以带束腰，垂其余以为饰，谓之绅。"道士之冠色尚黄，"黄冠"，道士之别称。贺知章晚年请为道士归里，以宅为千秋观。左图为贺少监祠西壁。

〔求冲举之术〕冲举，道家升天成仙之道。

〔四明缙绅〕四明，山名，因在宁波府境内，故为宁波别称。

〔如传舍衙署焉〕衙署，亦有“传舍”之性质。传舍，古时供行人休憩住宿之所。《史记·郦生传》：“沛公至高阳传舍，使人召郦生。”行人住于传舍，朝来暮往，故曰“田宅及其子，园亭及其身，平泉木石，多暮楚朝秦”。

【笺疏】

〔宁波府城内，近南门，有日月湖〕

日月湖，在宁波市西南隅。月湖尚存。图为月湖景色。

〔其《回乡》诗曰：“幼小离家老大回，乡音无改鬓毛衰。儿孙相见不相识，笑问客从何处来？”〕

贺知章《回乡偶书》诗，张岱录入本篇，易“少小”为“幼小”，以绍兴话读来更觉上口。“幼小离家”说法，绍兴口语中至今尚能听到。易“儿童”为“儿孙”，与前面“离家”有了呼应。将祖父以“客”相视，是真“不相识”。儿孙不识爷翁面，才是怪事一桩，添无限诗情。

〔屠赤水娑罗馆亦仅存娑罗而已〕

屠赤水，即屠隆，字长卿，号赤水，浙江鄞县人。万历进士。明戏曲家，文学家。

〔桥小船不能大〕

打造船只，全凭桥洞大小。绍兴有谚曰“候城门造船”，意为打造船只，要考虑进城，得依水城门阔窄建造，与“桥小船不能大”，异曲同工。

金山夜戏

崇祯二年中秋后一日，余道镇江往兖。日晡，至北固，舣舟江口。月光倒囊入水，江涛吞吐，露气吸之，噀天为白。余大惊喜，移舟过金山寺，已二鼓矣。经龙王堂，入大殿，皆漆静。林下漏月光，疏疏如残雪。余呼小仆携戏具，盛张灯火大殿中，唱韩蕲王金山及长江大战诸剧。锣鼓喧填，一寺人皆起看。有老僧以手背搬眼瞖，翕然张口，呵欠与笑嚏俱至。徐定睛，视为何许人，以何事何时至，皆不敢问。剧完将曙，解缆过江。山僧至山脚，目送久之，不知是人、是怪、是鬼。

【注释】

〔日晡，至北固，舣舟江口〕晡（音布），申时，下午三时至五时；舣（音蚁）舟，船只靠岸。

〔移舟过金山寺，已二鼓矣〕左照片为金山寺山门。

〔入大殿，皆漆静〕漆静，既黑且静。漆，黑色。《周礼·春官·巾车》："漆车藩蔽。"郑玄注："漆车，黑车也。"

〔有老僧以手背摋眼瞖〕有老僧用手背轻轻揉搓眼角结垢处。摋（音飒），按揉。瞖，"翳"之异体，眼角因病留下的隆起组织，此处可以解为眼角处结垢。

【笺疏】

〔崇祯二年中秋后一日〕

崇祯二年（1629），是年张岱三十三岁，赴兖州父亲五十五岁寿庆。父张耀芳时任鲁宪王府右长史。

〔至北固，舣舟江口〕〔余呼小仆携戏具，盛张灯火大殿中，唱韩蕲王金山及长江大战诸剧〕

"北固"，山名，在江苏镇江市北，山有南、中、北三峰，北峰临长江，形势险要，因称"北固"。南宋建炎四年（1130）韩世忠于此截击金兀术，张岱身处其景，又正带着为父寿庆戏班，于是"移舟过金山寺"，在漆黑夜晚，不管台下有人无人，"盛张灯火大殿中，唱韩蕲王金山及长江大战诸剧"，不是韵人张岱，谁人做得？

韩世忠死后追封"蕲王"。照片为金山寺大雄宝殿，即"盛张灯火大殿中，唱韩蕲王金山及长江大战诸剧"之"大殿"。

筠芝亭

筠芝亭，浑朴一亭耳。然而亭之事尽，筠芝亭一山之事亦尽。吾家后此亭而亭者，不及筠芝亭；后此亭而楼者、阁者、斋者，亦不及。总之，多一楼，亭中多一楼之碍；多一墙，亭中多一墙之碍。太仆公造此亭成，亭之外更不增一椽一瓦，亭之内亦不设一槛一扉，此其意有在也。亭前后，太仆公手植树皆合抱，清樾轻岚，滃滃翳翳，如在秋水。亭前石台，躐取亭中之景物而先得之，升高眺远，眼界光明，敬亭诸山，箕踞麓下，溪壑萦回，水出松叶之上。台下右旋曲磴三折，老松偻背而立，顶垂一干，倒下如小幢，小枝盘郁，曲出辅之，旋盖如曲柄葆羽。癸丑以前，不垣不台，松意尤畅。

【注释】

〔清樾轻岚，滃滃翳翳〕树荫清凉，山岚轻浮，筠芝亭周遭都被浓重云气遮蔽。樾（音月），指树荫；岚，指山林中雾气。滃滃，云气四散貌；翳翳，为物遮蔽貌。

〔躐取亭中之景物而先得之〕躐（音猎），通“擸”。《说文·手部》：“擸，理持也”。段玉裁注：“谓分理而持之也”。

〔敬亭诸山，箕踞麓下〕从筠芝亭南望，郡城外九里，为山阴道上亭山一带，山光水色，一似敬亭山，因借言曰“敬亭诸山”。李白有《独坐敬亭山》诗，云：“众鸟高飞尽，孤云独去闲。相看两不厌，只有敬亭山。”敬亭山，在安徽宣城。

〔曲柄葆羽〕以鸟羽为饰物的弯柄仪仗。

【笺疏】

〔筠芝亭，浑朴一亭耳〕

筠芝亭在绍兴城内卧龙山西岗。

祁彪佳《越中园亭记·城内》，有同题《筠芝亭》篇，文曰："卧龙山之右岭有城隍庙，即古蓬莱阁，折而下，孤松兀立，古木纷披，张茂之先生构亭曰筠芝，楼曰霞外，南眺越山，明秀特绝，亭之右为啸阁，以望落霞晚照，恍若置身天际外，复一丘一壑之胜已也，主人自叙其园，有内景十二，外景七，小景六。其犹子张宗子各咏一绝记之。"

绍兴城内府城隍庙有二，一在卧龙山西南麓，称下城隍庙；一在卧龙山西岗巅，即祁彪佳所谓"右岭有城隍庙"者，称上城隍庙，址在西岗风雨亭处。几方殿柱础石，尚遗留在亭右城隍庙原址。祁彪佳在《越中园亭记》记述筠芝亭之所在，即是以上城隍庙作为标志的。

根据祁彪佳《筠芝亭》文，筠芝亭在城隍庙"折而下"，那么筠芝亭址就应该在上城隍庙南下那块平坦地了。从遗址现场看，自上城隍庙址直接南下，即是崖壁，要到筠芝亭遗址，确如祁彪佳所述，须"折而下"。庙址至今尚存旧时向下石磴数级。

上城隍庙址前，为筠芝亭遗址，是符合张岱在《筠芝亭》文描述场景，南望尽处，山阴道上诸山清秀，正所谓"升高眺远，眼界光明，敬亭诸山，箕踞麓下"。

〔太仆公造此亭成〕

太仆公，张岱高祖张天復。张天復，字復亨，号内山，嘉靖丁未（1547）进士。历官礼部主事、督学湖广，云南副使。在迁调甘肃道"行太仆卿"时，被诬落职。子张元忭隆庆五年（1571）状元，请

以己官赎父职，帝诏复父官。张天復于万历二年八月三十日去世。由于张天復曾官太仆卿，家族中咸称“太仆公”。徐渭是张天復县学的同学，俩人保持了一世的友谊。

〔癸丑以前，不垣不台，松意尤畅〕

“癸丑以前，不垣不台”另一层意思，是此年后有垣有台。祁彪佳曰“张茂之先生构亭曰筠芝”，张茂之只是增筑，其在筠芝亭傍增筑楼阁，围以墙，或是就在“癸丑”年。癸丑，万历四十一年(1613)。

砎园

砎园，水盘据之，而得水之用，又安顿之若无水者。寿花堂，界以堤，以小眉山，以天问台，以竹径，则曲而长，则水之；内宅，隔以霞爽轩，以酣漱，以长廊，以小曲桥，以东篱，则深而邃，则水之；临池，截以鲈香亭、梅花禅，则静而远，则水之；缘城，护以贞六居，以无漏庵，以菜园，以邻居小户，则閟而安，则水之用尽，而水之意色，指归乎庞公池之水。庞公池，人弃我取，一意向园，目不他矚，肠不他回，口不他诺，龙山夔蚭，三摺就之，而水不之顾。人称砎园能用水，而卒得水力焉。大父在日，园极华缛。有二老盘旋其中，一老曰：“竟是蓬莱阆苑了也！”一老咈之曰：“个边那有这样！”

【注释】

〔砎园〕砎（音拮），小石。一九七九年版《辞海》，不载此字。

〔缘城，护以贞六居〕“缘城”之城，为绍兴府城西城墙。

〔龙山夔蚭〕夔（音夔）蚭（音尼），虬龙动貌，此指卧龙山如欲动之龙。

〔蓬莱阆苑〕蓬莱、阆苑，古代传说中的仙境。

〔一老咈之曰：“个边那有这样！”〕咈（音扶），违逆，反对。“个边那有这样”，绍兴口语，意为“那地方哪有这样”。个边，那边。

【笺疏】

〔寿花堂，界以堤，以小眉山〕

名园以“砎”，园主人要告诉人们的是园中那块小石——小眉山。

将园中小石，取名“小眉山”，大有深意。张氏祖籍四川，南宋张远遒官绍兴知府，因战乱而始定居绍兴。张岱在《夜航船·序》，署为“古剑陶庵老人张岱”，以示不忘祖籍。而张汝霖名砎园中一石为小眉山，除不忘祖籍四川外，恐怕还有另一层意思：四川眉山苏洵父子三人，著称于文学，而同是四川人的绍兴张氏，自张天復，张元忭至张汝霖祖孙三人都成进士，其中张元忭还是状元，从这一点上看，张氏祖孙三人，大体能与眉山苏氏父子相埒，因此“小眉山”，因此“砎园”。

〔缘城，护以贞六居，以无漏庵〕

无漏庵，为纪念明代嘉靖年间，绍兴大能仁寺和尚无漏而构筑。嘉靖丙辰（1556），绍兴城内大能仁寺被相国吕本侵占，寺内佛像，悉被捶为尘埃。寺主持无漏和尚目击其惨，忿恨自经。死前遗言其徒："五十年后，我必复此寺。我来有奇兆，以门前古槐再生为验。"五十年后，万历甲辰（1604），张汝霖典住已成吕氏花园的大能仁寺，此时古槐半株复荣。曾经有幸听到无漏和尚遗言的邻居，一见张汝霖说："庞眉赭鼻，何其似无漏和尚也。"于是相传张汝霖为无漏和尚后身。张汝霖一听此言，即破口大骂："何物老秃，恋恋此刹，竟以身殉，我恨不得一棒打杀此秃料与狗吃，乃谓我是其后身耶。"为了这个原因，张汝霖退典此园。但后来张汝霖却是"大悔"。晚年构筑砎园时，特意在园中造了这座无漏庵，并请当时湛老和尚摩顶受记，号曰"无漏居士"，是为：一、纪念无漏和尚，二、表明其忏悔之情。事见《琅嬛文集》卷二辑录的《兴复大能仁寺因果记》篇。

〔大父在日，园极华缛〕

大父，张岱的祖父张汝霖。张汝霖，字雨若，又字肃之，元忭子，万历乙未（1595）进士，知广昌县，升兵部郎，副考山东。以诖误，去。再入仕籍，升广西参议。著有《易经因旨》《四书珠荷录》《郊居杂记》。幼时曾受父命入狱探视徐渭。

砎园，张汝霖开园于天启辛酉（1621），址在绍兴城内卧龙山西、庞公池南。祁彪佳《越中园亭记·砎园》曰："张肃之先生晚年筑室于龙山之旁，而开园其左。有鲈香亭，临王公池上，凭窗眺望，收拾龙山之胜殆尽。寿花堂、霞爽轩、酣漱阁皆在水石萦回，花木映带处。"祁彪佳文点出砎园"水石萦回"。

【校勘】

〔龙山夔蚭〕

夔蚭，乾隆甲寅本、上海古籍出版社本等，均作"夔蚭"。

"夔蚭"此词，来历不明。夔，《康熙字典》不载；蚭，《康熙字典》解为"蚰蜒"。蚰蜒，古称"草鞋虫"，多足，全身分十五节，栖息房屋内外潮湿处。

《康熙字典》收有"夔蚭"，其"蚭"字下解曰："夔蚭，虬龙动貌。"龙子有角者称"虬"。此"夔蚭"者虬龙，指是龙山。卷三《南镇祈梦》有"某也夔蚭偃潴"句，所用即是"夔蚭"。据此改。

葑门荷宕

天启壬戌六月二十四日，偶至苏州，见士女倾城而出，毕集于葑门外之荷花宕。楼船画舫至鱼艖小艇，雇觅一空。远方游客，有持数万钱无所得舟，蚁旋岸上者。余移舟往观，一无所见。宕中以大船为经，小船为纬，游冶子弟，轻舟鼓吹，往来如梭。舟中丽人皆倩妆淡服，摩肩簇舄，汗透重纱。舟楫之胜以挤，鼓吹之胜以集，男女之胜以混，歊暑燂烁，靡沸终日而已。荷花宕经岁无人迹，是日，士女以鞋靸不至为耻。袁石公曰："其男女之杂，灿烂之景，不可名状。大约露帏则千花竞笑，举袂则乱云出峡，挥扇则星流月映，闻歌则雷辊涛趋。"盖恨虎丘中秋夜之模糊躲闪，特至是日而明白昭著之也。

【注释】

〔葑门荷宕〕葑门，在苏州城东南，其处护城河阔处植荷，因称荷花塘。

〔楼船画舫至鱼艓小艇〕鱼艓小艇，即小船。

〔蚁旋岸上者〕蚁旋，如蚂蚁一样岸上原地往还游走。

〔宕中以大船为经，小船为纬〕经，南北向。纬，东西向。

〔摩肩簇舄〕簇舄：簇，聚集；舄（音戏），鞋子。此处簇舄，即接踵，脚跟着脚。

〔男女之胜以混〕以，在于。

〔歊暑燂烁，靡沸终日而已〕歊（音熇）暑，盛夏。燂（音旬）烁，阳光闪动。靡沸，热腾腾闹盈盈。

〔荷花宕经岁无人迹〕经岁，整年。

〔士女以鞋靸不至为耻〕鞋靸（音洒），此指足迹。靸，拖鞋。

〔不可名状〕名，指称、描述。

〔闻歌则雷辊涛趋〕听到的歌声，如雷涛之响之急。辊，辊轴。雷辊，雷声如辊轴滚动。

【笺疏】

〔天启壬戌六月二十四日，偶至苏州〕

天启壬戌，为天启二年（1622），张岱二十六岁。

〔毕集于葑门外之荷花宕〕

宕，与“荡”通。绍兴自隋始，方志就有伐山取石为城的记载。其后为桥、为路、为亭者，多以石为材质。旧时绍兴石匠，往往在近城近镇选择可伐之山，开山采石，这采石场，在绍兴是被称作为“石宕”的。采石的匠工，称“石宕师傅”；石匠头领，称“把宕师傅”。“宕”字，在绍兴并非是生冷字。也由于通借的关系，在用“荡”的地方，也往往顺手用上了“宕”字，诸如张岱这篇《葑门荷宕》。文学色彩，就此染上绍兴风味。

公安袁宏道，也有一篇写葑门荷宕的文章，篇名就叫《荷花荡》。张岱《葑门荷宕》“袁石公曰”一句，即引自袁宏道《荷花荡》：“荷花荡在葑门外，每年六月廿四日，游人最盛。画舫云集，渔刀小艇，雇觅一空。远方游客，至有持数万钱，无所得舟，蚁旋岸上者。舟中丽人，皆时妆淡服，摩肩簇舄，汗透重纱如雨。其男女之杂，灿烂之景，不可名状。大约露帏则千花竞笑，举袂则乱云出峡，挥扇则星流月映，闻歌则雷辊涛趋。苏人游冶之盛，至是日极矣。”

越俗扫墓

越俗扫墓，男女袨服靓妆，画船箫鼓，如杭州人游湖，厚人薄鬼，率以为常。二十年前，中人之家尚用平水屋帻船，男女分两截坐，不坐船，不鼓吹。先辈谑之曰：“以结上文两节之意。”后渐华靡，虽监门小户，男女必用两坐船，必巾，必鼓吹，必欢呼鬯饮。下午必就其路之所近，游庵堂寺院，及士夫家花园。鼓吹近城，必吹《海东青》《独行千里》，锣鼓错杂。

酒徒沾醉，必岸帻嚣嚎，唱无字曲，或舟中攘臂，与侪列厮打。自二月朔至夏至，填城溢国，日日如之。乙酉方兵画江而守，虽鱼艭菱舠，收拾略尽。坟垅数十里而遥，子孙数人挑鱼肉楮钱，徒步往返之，妇女不得出城者三岁矣。萧索凄凉，亦物极必反之一。

【注释】

〔男女袨服靓妆〕袨（音炫）服，盛服。《汉书·邹阳传》：“武力鼎士袨服丛台之下者，一旦成市。”颜师古注：“袨服，盛服也。”

〔男女分两截坐，不坐船〕“坐船”之“坐”，通“座”。座船，设有桌椅、灶具有篷轩船只，比只在船后梢盖一木棚，供船家起居，所谓“平水屋帻船”者，更具气派。

〔先辈谑之曰：“以结上文两节之意。”〕上文，疑为“上坟”。先辈所“谑”，是“二十年前”事，当时越俗扫墓，尚求节俭，“两节”，因此可以理解为“人也节俭鬼也节俭”。鬼求节俭为何？此直可以供为先辈“谑”。

〔必巾，必鼓吹，必欢呼鬯饮〕巾，衣饰之物。《周礼·春官·序官》有曰“巾车”，贾公颜疏：“巾，犹衣也者，谓玉金象革等以衣饰其车。”必巾，即人亦必以“玉金象革等”饰之。因是“渐华靡”，恐怕只戴上一头巾，是称不得“华靡”的。鬯（音唱），通“畅”。

〔必岸帻嚣嚎，唱无字曲〕岸帻，无拘无束的样子。无字曲，有曲调无词章，乱哼哼。

〔子孙数人挑鱼肉楮钱〕楮（音楚）钱，祭祀时焚化的纸钱。成串纸银锭即是，因此可以挂在担头“挑”。

【笺疏】

〔中人之家尚用平水屋幘船〕

周知堂先生是绍兴人，他的散文《上坟船》，有关于对《越俗扫墓》的述说。其文有曰：“据说乙酉以后妇女已有三年不得出城，似写文时当在丁亥之顷，那么所谓二十年前应该是天启丁卯以往，后渐华靡可见是崇祯间事也。平水屋幘船不知是何物，平水自然是地名，屋幘船则后来不闻此语，若是田庄船，容积不大，未必能男女分两截坐，疑不能明。座船大抵是三道船亦名三明瓦，一船至多也只容七八人，因饭时用方桌坐八人便已很挤了，故不能再分两截而须分船，亦正是事势必然，华靡尚在其次。鼓吹后世仍用，普通称吹手或鼓手，有两种，一是乐户，世袭的堕民为之，品最低，二是官吹，原是平民，服务于协台衙门者，唯大家得雇用之，窍意此当本名鼓手，乐户是吹手，后来乃混为一称耳。上坟用官吹者，归途必令奏《将军令》，似为其特技，或乐户所不能也，《海东青》等名目则未曾闻。大家丁口众多，遗有祭田者，上坟船之数，大率一房中男女各一只，鼓手船厨司船酒饭船各一只，酒饭船并备祭品，如干三牲，香蜡纸钱爆仗，锡五事，桌帏棕荐等，此其大较也。”周知堂先生以为农用“田庄船”，不是“平水屋幘船”，且点明“平水自然是地名”，这给理解“平水屋幘船”，提供了一条思路。

平水，绍兴城南山区一集镇，城南山货，尤其是珠茶的集散之地。镇中清流，即是若耶溪水。若耶溪顺流而东五里，有埠曰“平水埠头”，山货由此落船，发运各方。反之，山区百姓日用之需，也须经此输入。因此，在旧时，平水埠内，货运之船舣集。而我想，这些专跑平水埠头的运货船，大概就是“平水屋幘船”了。因为只有那些货运船，才具备《越俗扫墓》所述的一些特征。

首先，这种货运船比较大，中舱装货，如若用来作上坟船，就可以“男女分两截坐”了。其次，这种货运船忙时运货，上坟时节移用作上坟船，这于船家、于上坟人家都是相宜的。由于雇平水埠头运货之船，船租低贱，因此，为求节俭，《越俗扫墓》有“二十年前，中人之家，尚用平水屋帻船”句。

那么，平水埠头货运船，何以称“屋帻”？原来，旧时绍兴专跑运输的货船（明清时期，暮发于萧山西兴，晓至绍城西郭门头的夜航船，也是此类船只），为避风雨，多覆以竹制的船篷。这船篷呈弓形，一扇一扇嵌在船两舷内侧。每扇船篷在装卸货物时，可以移动。船尾处搭以简易木棚，且稍高耸，为船家居息处，既简且陋，形如古时地位卑贱者束发之帻，而此种船大都为平水埠货运船，张岱文中因称以“平水屋帻船”。这种型制的货船，绍兴至今仍有。周知堂先生知有夜航船，其实张岱所言“平水屋帻船”，就是当时常见的夜航船。

〔乙酉，方兵画江而守〕

方兵，鲁王监国时方国安所掌控之军队。乙酉，清顺治三年（1645），明朝兵驻钱塘江南岸，与清军隔江对峙。祁彪佳《祁忠敏公日记·乙酉日历》六月十四载：“吴思行自武林探归，亲见北兵于十三日午后入城。初有安抚牌至，方镇国安碎其牌，欲与交战。监国犒之师二万金，及北兵至，止发数铳即逃，以木排渡江，抢义桥、店口一带，至诸暨矣。”

奔云石

南屏石，无出“奔云”右者，“奔云”得其情，未得其理。石如滇茶一朵，风雨落之，半入泥土。花瓣棱棱三四层摺，人走其中，如蝶入花心，无须不缀也。黄寓庸先生读书其中，四方弟子千余人，门如市。余幼从大父访先生。先生面黧黑，多髭须，毛颊，河目海口，眉棱鼻梁，张口多笑。交际酬酢，八面应之。耳聆客言，目睹来牍，手书回札，口嘱傒奴，杂沓于前，未尝少错。客至，无贵贱，便肉便饭食之，夜即与同榻。余一书记往，颇秽恶，先生寝食之不异也，余深服之。丙寅至武林，亭榭倾圮，堂中窀先生遗蜕，不胜人琴之感。余见"奔云"黝润，色泽不减，谓客曰："愿假此一室，以石磥门，坐卧其下，可十年不出也。"客曰："有盗。"余曰："布衣褐被，身外长物则瓶粟与残书数本而已。王弇州不曰：'盗亦有道'也哉？"

【注释】

〔先生面黧黑〕黧（音离），黑色。《韩非子·外储说左上》："手足胼胝，面目黧黑，劳有功者也。"

〔交际酬酢〕酬酢，具三义：一宴饮时主客相互敬酒，敬客曰"酬"，客还敬曰"酢"。二应对。《易·系辞上》："是故可与酬酢，可与祐神矣。"韩康伯注："可以应对万物之求。"三唱和。韩愈、李正封《晚秋郾城夜会联句》："道旧生感激，当歌发酬酢。"此处"酬酢"，当以"应对"解。

〔堂中窀先生遗蜕，不胜人琴之感〕窀（音谆），埋葬，此处应为"停柩"义。"人琴之感"，睹物思人，怀念死者之辞。晋王献之卒，其弟王徽之不胜感慨，"取献之琴弹之，久而不调，叹曰：'呜呼子敬，人琴俱亡！'"事见《晋书·王徽之传》。

〔愿假此一室，以石磥门〕假：借；租赁。《孟子·尽心上》："久假而不归。"磥（音磊），同"磊"，石累积貌。

〔布衣褐被〕贫贱人之服。《孟子·滕文公上》:“许子衣褐。”赵岐注:“褐以毳织之，若今马衣也。或曰褐，枲衣也;一曰粗布衣也。”

〔王弇州不曰〕弇州，王世贞号。王世贞，字元美，号凤洲、弇州山人，太仓(今属江苏)人。嘉靖进士，官至南刑部尚书。与李攀龙同为“后七子”首领。

【笺疏】

〔南屏石，无出“奔云”右者〕

杭州西湖南屏山旧有庐，为黄寓庸(贞父)寓所，有奔云石。其址今称西子宾馆。

〔黄寓庸先生读书其中〕

黄寓庸，名汝亭，字贞父，寓庸其号，仁和县人，明万历二十六年(1598)进士，授进贤知县，任南京工部主事、布政、参议等职。后谢病返乡，结庐南屏，曰寓林。有《寓林文集》行世。

〔丙寅至武林〕

武林，杭州别称。丙寅，天启六年(1626)，是年张岱三十岁。

木犹龙

木龙出辽海，为风涛漱击，形如巨浪跳蹴，遍体多著波纹，常开平王得之辽东，辇至京。开平第毁，谓木龙炭矣。及发瓦砾，见木龙埋入地数尺，火不及，惊异之，遂呼为龙。不知何缘出易于市，先君子以犀觥十七只售之，进鲁献王，误书

"木龙"犯讳，峻辞之，遂留长史署中。先君子弃世，余载归，传为世宝。丁丑诗社，恳名公人锡之名，并赋小言咏之。周墨农字以"木犹龙"，倪鸿宝字以"木寓龙"，祁世培字以"海槎"，王士美字以"槎浪"，张毅儒字以"陆槎"，诗遂盈帙。木龙体肥痴，重千余斤，自辽之京、之兖、之济，繇陆；济之杭，繇水；杭之江、之萧山、之山阴、之余舍，水陆错。前后费至百金，所易价不与焉。呜呼，木龙可谓遇矣！余磨其龙脑尺木，勒铭志之，曰："夜壑风雷，骞槎化石；海立山崩，烟云灭没；谓有龙焉，呼之或出。"又曰："扰龙张子，尺木书铭。何以似之？秋涛夏云。"

【注释】

〔为风涛漱击，形如巨浪跳蹴，遍体多著波纹〕漱，水冲刷，《考工记·匠人》："善沟者水漱之。"孙诒让正义："案'漱'本为荡口，引申为凡水荡物之称。"蹴，踏。著，明显；显出。《礼记·中庸》："诚则形，形则著，著则明。"

〔开平第毁〕毁，此指火灾而毁。

〔先君子以犀觥十七只售之〕先君子，去世的父亲，此指张岱的父亲张耀芳。觥（音工），酒器。犀觥，犀牛角制成的酒器。

〔恳名公人锡之名〕锡，赐也。《公羊传·庄公元年》："王使荣叔来锡桓公命。锡者何？赐也。"

〔自辽之京、之兖、之济，繇陆〕繇（音尤），通"由"。从；自。《尔雅·释水》："繇膝以下为揭，繇膝以上为涉。"

〔水陆错〕水路、陆路交替运输。

〔所易价不与焉〕交易价所不能对付。与，对付。焉，表决定语气。

〔余磨其龙脑尺木〕尺木，《夜航船·鳞介》载：“尺木。经头上有一物，如博山形，名曰‘尺木’。龙无尺木，不能升天。”

〔夜壑风雷，骞槎化石〕夜来沟壑惊风雷，腾飞树杈化为石。骞（音牵），飞起；槎（音察），同“楂”，此处可理解为树段。

【笺疏】

〔常开平王得之辽东〕

常开平王，明开国功臣常遇春，死后封开平王。

〔见木龙埋入地数尺，火不及〕

由于化石火灾时“入地数尺”，“火不及”，化石在绍兴传为“避火石”，大户人家往往竖于庭除以镇火。

〔误书“木龙”犯讳〕

鲁献王，明之藩王，府署兖州。木，呆笨，对于以龙称己之藩王，赠木化石而书以“木龙”，有讽喻呆笨之嫌，此非张岱“先君子”本意，因曰“误书”。

【校勘】

〔进鲁献王，误书“木龙”犯讳，峻辞之，遂留长史署中〕

张岱父亲张耀芳，字尔弢，号大涤。《琅嬛文集·家传》卷四，张岱父耀芳传文有载：“甲子、丁卯闱牍佳甚，而又不售，是年五十有三矣。诸叔父劝驾，乃以副榜贡谒选，授鲁藩长史司右长史。鲁献王好神仙，先子精引导，君臣道合，召对宣室，必夜分始出。”又载曰：“壬申十二月，先子强健如常，忽言‘二十七日吾将去’，三日前，遍辞亲友，果于是日午时，无疾而逝。”鲁藩长史司署，为张岱父亲仕所，因此可以将这段化石“遂留长史署中”。

据《明史·列传第四·诸王一》记载，府署兖州的鲁藩王，是没有“鲁献王”的。其文记载如下：“鲁荒王檀，太祖第十子。洪武三年生，生两月而封。十八年就藩兖州……子恭王颐坦嗣，有孝行，捐邸中田湖，赡贫民，辞常禄，给贫宗，前后七赐玺书嘉劳。万历二十二年薨。世子寿铸先卒，弟敬王寿鐣嗣，二十八年薨。弟宪王寿鋐嗣，崇祯九年薨。弟肃王寿镛嗣，薨。子以派嗣，十五年，大清兵克兖州，就执死。”鲁藩王恭王颐坦自万历二十二年（1594）薨，至大清兵克兖州，其间先后为敬王寿鐣、宪王寿鋐、肃王寿镛，共四位鲁藩王，没有一个叫“鲁献王”的。

从张岱父亲任兖州鲁藩王右长史年份看，张岱父亲是在五十三岁那年，由于张岱诸叔的劝说，以副榜贡谒选，授鲁藩长史司右长史的，这一年是天启七年（1627）。崇祯二年（1629），张岱曾携家中戏班赴兖州，为父亲五十五岁寿庆。而崇祯四年（1631），据张岱《家传》“辛未罢职”这样算来，张岱父亲在兖州鲁王府中，连头带尾共五年。而这五年，正是鲁宪王寿鋐时期。由此而看，这“鲁献王”，应该就是“鲁宪王”。张岱在《琅嬛文集·家传》中，也是把鲁宪王写作“鲁献王”的。

〔丁丑诗社，恳名公人锡之名〕

丁丑，崇祯十年（1637），是年张岱四十一岁。

祁彪佳《祁忠敏公日记·山居拙录》丁丑年（崇祯十年，1637）六月二十二日：“早，止祥兄文载弟自公车抵家。先是，得张宗子所作《木犹龙》诗，用苏长公木假山韵也。予与郑九华至寓山。午后属和成章，再为之作铭。”“祁世培字以‘海槎’”，即在此日。

天砚

少年视砚，不得砚丑。徽州汪砚伯至，以古款废砚，立得重价，越中藏石俱尽。阅砚多，砚理出。曾托友人秦一生为余觅石，遍城中无有。山阴狱中大盗出一石，璞耳，索银二斤。余适往武林，一生造次不能辨，持示燕客。燕客指石中白眼曰："黄牙臭口，堪留支桌。"赚一生还盗。燕客夜以三十金攫去。命砚伯制一天砚，上五小星一大星，谱曰"五星拱月"。燕客恐一生见，铲去大、小二星，止留三小星。一生知之，大懊恨，向余言。余笑曰："犹子比儿。"亟往索看。燕客捧出，赤比马肝，酥润如玉，背隐白丝类玛瑙，指螺细篆，面三星坟起如弩眼，着墨无声而墨沈烟起，一生痴痞，口张而不能翕。燕客属余铭，铭曰："女娲炼天，不分玉石。鳌血芦灰，烹霞铸日。星河混扰，参横箕翕。"

【注释】

〔山阴狱中大盗出一石，璞耳〕璞（音仆），未经雕琢之玉石坯料。

〔一生造次不能辨〕造次，匆忙间。《后汉书·吴汉传》："汉为人质厚少文，造次不能以辞自达。"

〔犹子比儿〕犹子，指侄子。

〔背隐白丝类玛瑙，指螺细篆，面三星坟起如弩眼〕状天砚之背与面部其形：背部"隐白丝类玛瑙"，类，似也；指螺细篆，是指砚背白丝其形如指纹回旋，且如细篆字体流畅。螺，其壳回旋状，如指之罗纹。指螺，即指具回旋状之指纹。坟，本指高出地面的土堆，后专指坟墓。《礼记·檀弓上》：“古也墓而不坟。”郑玄注：“土之高者曰坟。”本篇“坟起”之“坟”，隆起也。

〔女娲炼天，不分玉石。鳌血芦灰，烹霞铸日〕女娲补天，《淮南鸿烈解·览冥训》：“于是女娲炼五色石以补苍天，鳌足以立四极，杀黑龙以济冀州，积芦灰以止淫水。”

〔参横箕翕〕参、箕，二十八宿星名。翕（音吸），聚合，《诗·小雅·常棣》：“兄弟暨翕。”

【笺疏】

〔曾托友人秦一生为余觅石〕

秦一生，绍兴人，家殷实，自己却是无行无业，亦是一名嬉客大少爷。秦一生“以闲散终其身”，却是张岱不可缺少的伴儿。崇祯戊寅（1638）八月十二日，秦以病暴死，张岱撰有《祭秦一生文》。

〔持示燕客〕

燕客，张岱的堂弟，二叔烶芳之子。性特急，且一执己见。明末，赴明难而死。卷八《瑞草溪亭》，专文介绍燕客。

【校勘】

〔铲去大、小二星，止留三小星〕

“铲去大、小二星”，上海古籍出版社本作“铲去大小三星”。

此篇“命砚伯制一天砚，上五小星一大星，谱曰‘五星拱月’”句，“一大星”，指的是月，这样，砚上星大一，小五，共六星，即所谓“五星拱月”。“铲去大、小二星”，是将大星一颗即月，连同二颗小星铲去，砚上因此只存三星，故后言有云“面三星坟起如弩眼”。

〔一生痴瘖，口张而不能翕〕

瘖，《康熙字典》不载。《琅嬛文集·祭文》卷五，载有《祭秦一生文》，中有“此亦可以想其痴痞，一往之致矣”句。句中有“痴痞”一词，因此，句“一生痴瘖口张而不能翕”之“痴瘖”，应为“痴痞”。痞（音哈），病也。

吴中绝技

吴中绝技：陆子冈之治玉，鲍天成之治犀，周柱之治嵌镶，赵良璧之治梳，朱碧山之治金银，马勋、荷叶李之治扇，张寄修之治琴，范昆白之治三弦子，俱可上下百年保无敌手。但其良工苦心，亦技艺之能事。至其厚薄深浅，浓淡疏密，适与后世赏鉴家之心力目力，针芥相对，是岂工匠之所能办乎？盖技也而进乎道矣。

【注释】

〔陆子冈之治玉，鲍天成之治犀，周柱之治嵌镶，赵良璧之治梳，朱碧山之治金银，马勋、荷叶李之治扇，张寄修之治琴，范昆白之治三弦子，俱可上下百年保无敌手〕“敌”，“匹”义。敌手，水平相当的人。“荷叶李”，姓李名昭，阮癸生《茶余客话》载曰“李昭（一作荷叶李）”。阮癸生《茶余客话》卷二十：“昔人治一业攻一器，足以传世行远而不朽，较之抱兔园一册，饱食终日，老死牖下，淹没而无问者，不可同年语矣。如陆子冈（一作冈）治玉，鲍天成治犀，朱碧山治银，濮谦治竹；又，嘉兴王二漆竹，苏州姜华雨莓菉竹，赵良璧、黄元占、归懋德治锡，李昭（一作荷叶李）马勋治扇，周柱治镶嵌，吕爱生治金，王小溪治玛瑙，蒋抱云、王吉治铜，雷文、张越治琴，范昌白治三弦子，杨茂、张成治漆器，江千里治嵌漆，胡四治铜炉，谈氏笺，顾氏绣，张氏炉，洪氏漆，孙春阳烛；又，文衡山非方扇不书，及近时薛晋臣治镜，曹素功治墨，穆天展刻字，顾青娘、王幼君治研，张玉贤火□竹器，皆名闻朝野，信今传后无疑也。濮谦，壬午生，与老蒙同庚。尝赠以诗，云：'沧海茫茫感劫尘，灵光无恙见遗民。少将楮叶供游戏，晚向莲花结净因。杖底青山为老友，窗前翠竹似闲身。尧年甲子欣相并，何处名山许卜邻。'"引文所载，亦可为卷二《砂罐锡注》、卷五《诸工》诸篇，提供参考。治竹之"濮谦"，如是卷一《濮仲谦雕刻》中之濮仲谦，不知"壬午生"之"壬午"，是否是万历十年（1582）？如是，明朝亡，濮仲谦六十余岁，与诗所云"灵光无恙见遗民""晚向莲花结净因"，倒是相合。

【笺疏】

〔针芥相对〕

针，指衣针眼，芥，指芥菜子。越谚有"芥菜子落进针眼中"，言其适合。

濮仲谦雕刻

南京濮仲谦，古貌古心，粥粥若无能者，然其技艺之巧，夺天工焉。其竹器，一帚一刷，竹寸耳，勾勒数刀，价以两计。然其所以自喜者，又必用竹之盘根错节，以不事刀斧为奇，则是经其手略刮磨之，而遂得重价，真不可解也。仲谦名噪甚，得其款，物辄腾贵。三山街润泽于仲谦之手者数十人焉，而仲谦赤贫自如也。于友人座间见有佳竹、佳犀，辄自为之。意偶不属，虽势劫之、利啖之，终不可得。

【注释】

〔古貌古心，粥粥若无能者〕粥粥，卑微恭谦之貌。《礼记·儒行》有“其难进而易退也，粥粥若无能也”句。

〔价以两计〕两，银两之两。

〔三山街润泽于仲谦之手者数十人焉〕润泽，滋润。《孟子·滕文公上》：“若夫润泽之，则在君与子矣。”南京三山街上“数十人”，靠“仲谦之手”，生活由此滋润，即所谓“润泽”也。

〔而仲谦赤贫自如也〕仲谦赤贫依然如故。《汉书·李广传》：“会暮，吏士无人色，而广意气自如。”颜师古注：“自如，犹言如旧。”

〔意偶不属〕意见认识，偶有谈不拢。属，接连。

〔虽势劫之、利啖之〕劫，威逼；啖（音淡），引诱。

【笺疏】

〔濮仲谦雕刻〕

《夜航船·玩器》卷十二：“竹器，南京所制竹器，以濮仲谦为第一，其所雕琢，必以竹根错节盘结怪异者，方肯动手。时人得其一款物，甚珍重之。又有以斑竹为椅桌等物者，以姜姓第一，因有姜竹之称。”

明刘銮《五石瓠》，有《濮仲谦刻竹》一篇，文曰：“苏州濮仲谦水磨竹器，如扇骨、酒杯、笔筒、臂阁之类，妙绝一时。亦磨紫檀、乌木、象牙、然不多。或见其为柳夫人如是制弓鞋底板二双，又或见其制牛乳□酪筒一对，风斯下矣。”

〔三山街润泽于仲谦之手者数十人焉〕

三山街，在南京，地名仍存。照片所示，为南京三山街地铁入口。

卷二

孔庙桧

己巳至曲阜谒孔庙，买门者门以入。宫墙上有楼耸出，匾曰“梁山伯祝英台读书处”，骇异之。进仪门，看孔子手植桧。桧历周、秦、汉、晋几千年，至晋怀帝永嘉三年而枯。枯三百有九年，子孙守之不毁，至隋恭帝义宁元年复生。生五十一年，至唐高宗乾封三年再枯。枯三百七十有四年，至宋仁宗康定元年再荣。至金宣宗贞祐三年罹于兵火，枝叶俱焚，仅存其干，高二丈有奇。后八十一年，元世祖三十一年再发。至洪武二十二年己巳，发数枝蓊郁。后十年又落。摩其干，滑泽坚润，纹皆左纽，扣之作金石声。孔氏子孙恒视其荣枯，以占世运焉。再进一大亭，卧一碑，书“杏坛”二字，党英笔也。亭界一桥，洙、泗水汇此。过桥入大殿，殿壮丽，宣圣及四配、十哲俱塑像冕旒。案上列铜鼎三：一牺、一象、一辟邪，款制遒古，浑身翡翠，以钉钉案上。阶下竖历代帝王碑记，独元碑高大，用风磨铜赑屃，高丈余。左殿三楹，规模略小，为孔氏家庙。东西两壁，用小木匾书历代帝王祭文。西壁之隅，高皇殿焉。庙中凡明朝封号，俱置不用，总以见其大也。孔家人曰：“天下只三家人家：我家与江西张、凤阳朱而已。江西张，道士气；凤阳朱，暴发人家，小家气。”

【注释】

〔买门者门以入〕买门者，付了进门费的人。如“买舟东下”之“买舟”，非是将船只买下，而是付了乘船费用的意思。

〔高二丈有奇〕奇，余。

〔发数枝蓊郁〕蓊（音翁）郁，枝叶茂盛状。左思《蜀都赋》：“松柏蓊郁于山峰。”

〔纹皆左纽〕纽，旋。

〔孔氏子孙恒视其荣枯，以占世运焉〕恒视，常常观察。占，预测。

〔亭界一桥，洙、泗水汇此〕洙，洙水。洙水源出今山东新泰县东北，旧时与泗水汇合，今为小汶河上流，已与泗水隔绝。

〔宣圣及四配、十哲俱塑像冕旒〕宣圣，即孔子；四配：复圣颜回、述圣子思伋、宗圣曾参、亚圣孟轲；十哲，绍兴府学为十二哲，闵损、冉雍、端木、仲由、卜商、有若，此六人俱在殿内，次东西向；冉耕、宰予、冉求、言偃、颛孙师、朱熹，此六人俱在殿内，次西向东。冕旒，古代帝王、诸侯、卿大夫的礼冠。以冕旒冠“宣圣”等，在于礼尊也。

〔案上列铜鼎三：一牺、一象、一辟邪〕牺、象、辟邪，是案上三铜鼎图饰。祭祀所用纯色牲曰“牺”；辟邪，传说中的狮形带翼兽。

〔独元碑高大，用风磨铜赑屃〕赑（音备）屃（音戏），喜负重，碑下龟形者，即赑屃。俗传“龙生九子不成龙”。龙生九子，赑屃其一。

〔天下只三家人家：我家与江西张、凤阳朱而已〕江西张：道教张道棱玄孙盛，于西晋永嘉年间（307 ~ 312）移居江西龙虎山，被尊为“正一天师”。其后，天师世代相袭。唐宋以后受朝封，建天师府，一如山东孔府制。凤阳朱：安徽凤阳，明朝皇帝朱元璋未发迹时家居之地，因此以“凤阳朱”，称代明皇家。

【笺疏】

〔己巳至曲阜谒孔庙〕

己巳，崇祯二年（1629），是年张岱三十三岁。曲阜，县名，在山东省中部，孔子故里，有孔庙、孔府、孔林等古迹。

〔进仪门，看孔子手植桧〕

《阙里志·古迹志》卷十一：“手植桧。两株在赞德殿前，高六丈余，围一丈四尺，其文左者左纽，右者右纽。一枝在杏坛东南隅，高五丈余，围一丈三尺，其枝盘屈如龙形，世谓之再生桧。”

张岱对孔子手植桧荣枯之记述，参考了明朝孔泾祖撰《桧记》，曰：“手植之桧，历周、秦、汉、晋几千岁。至怀帝永嘉三年己巳而枯，枯三百九年，子孙守之不敢有毁。至隋恭帝义宁元年丁丑复生，生五十一年，至唐高宗干封二年丁卯再枯。枯三百七十四年，至宋仁宗康定元年庚辰再荣，荣三百三十七年，至金宣宗贞佑二年甲戌兵燹，枝干无遗。后八十一岁甲午，是为元世祖至元三十一年，故根重发，至我皇明洪武二十二年己巳，凡九十年。其高三丈有奇，围仅四尺，根本枝叶，凌云而盛，纹理复左旋，与故本无异。详其理，似有关于世道之理乱。其始枯也，晋兆五寇之乱，其复生也，有唐贞观之治。再枯于干封丁卯，武后窃政之兆兴，自后玄宗幸蜀，乱亡相继，以及五代。再荣于康定，有宋三百余年，九儒之兴。罹于贞佑之火，寇运将更。重发于至元甲午，七十四年中原文物兆开，是为洪武之治。庙中古桧数多翠色参天，惟此本异于寻常万万。圣人手泽，益有系于纲常名教；芘覆斯文，甄陶万品，岂惟宗枝之盛哉！”《桧记》成文于洪武二十二年（1389），引录自清金埴《巾箱说》。

对照乾隆甲寅本《孔庙桧》，与孔泾祖《桧记》，有三点不同：

一、孔庙桧在唐高宗乾封年间“再枯”时间不同。乾隆甲寅本《孔庙桧》再枯在“唐高宗乾封三年”，孔泾祖则在“唐高宗乾封二年丁卯再枯”。孔文“乾封二年丁卯再枯”大致正确。因张、孔两文都提到唐乾封年间再枯之前“五十一年”，孔庙桧在“隋恭帝义宁元年复生”，由义宁元年（617）顺数“五十一年”，恰是“乾封二年丁卯”；且孔之《桧记》对桧再枯于“乾封二年丁卯”有说法：“再枯于乾封丁卯，武后窃政之兆兴”。这里的“丁卯”却是用钉铆定了的“乾封二年”。由此而看，乾隆甲寅本《孔庙桧》之桧，于“唐高宗乾封三年再枯”有误。

二、至金宣宗贞佑年间孔庙桧罹于兵火时间不同。张岱《孔庙桧》罹于兵火在“贞佑三年”，而孔泾祖《桧记》遭兵燹在“贞佑二年甲戌”。而两文同时记述到，孔庙桧“后八十一年，元世祖三十一年再发”。由“元世祖三十一年”上溯“八十一年”，恰是“金宣宗贞佑二年”。由此而看，乾隆甲寅本《孔庙桧》所记“至金宣宗贞佑三年罹于兵火”有误。

三、在孔泾祖《桧记》“至宋仁宗康定元年庚辰再荣”“至金宣宗贞佑二年甲戌兵燹”句之间“荣三百三十七年”一句。其实，从宋仁宗康定元年算到金宣宗贞佑二年，也才一百七十五年。看来张岱注意到了这一点，因此在这两句之间，没有“荣三百三十七年”一句。

〔**党英笔也**〕

党英，即党怀英，字世杰，号竹溪。大定进士，官至翰林学士承旨。金代文学家，能诗文，工书法。

【校勘】

〔**西壁之隅，高皇殿焉**〕

乾隆甲寅本、粤雅堂本、上海古籍出版社本，均作“高皇殿”。

作家出版社本作“高皇帝殿”。

孔林

曲阜出北门五里许，为孔林。紫金城城之，门以楼，楼上见小山一点，正对东南者，峄山也。折而西，有石虎、石羊三四，在榛莽中。过一桥，二水汇，泗水也。享殿后有子贡手植楷。楷大小千余本，鲁人取为材、为棋枰。享殿正对伯鱼墓，圣人葬其子得中气。由伯鱼墓折而右，为宣圣墓。去数丈，案一小山，小山之南为子思墓。数百武之内，父子孙三墓在焉。谯周云：“孔子死后，鲁人就冢次而居者百有余家，曰‘孔里’。”《孔丛子》曰：“夫子墓方一里，在鲁城北六里泗水上”。诸孔氏封五十余所，人名昭穆，不可复识。有碑铭三，兽碣俱在。《皇览》曰：“弟子各以四方奇木来植，故多异树不能名。一里之中未尝产棘木荆草。”紫金城外，环而墓者数千家，三千二百余年，子孙列葬不他徙，从古帝王所不能比隆也。宣圣墓右有小屋三间，匾曰“子贡庐墓处”。盖自兖州至曲阜道上，时官以木坊表识，有曰“齐人归讙处”，有曰“子在川上处”，尚有义理。至泰山顶上，乃勒石曰“孔子小天下处”，则不觉失笑矣。

【注释】

〔正对东南者，峄山也〕峄（音译）山，即邹山，在山东邹县东南，秦始皇曾登临，刻石以颂秦德。

〔在榛莽中〕榛莽，丛杂的草木。

〔由伯鱼墓折而右，为宣圣墓〕伯鱼，孔子子。

〔小山之南为子思墓〕子思，孔子孙。

〔数百武之内〕武，半步。

〔鲁人就冢次而居者百有余家〕就，依。

〔诸孔氏封五十余所，人名昭穆，不可复识〕堆土为坟曰“封”。昭穆，坟地葬位左右次序。《周礼·春官·冢人》：“先王之葬居中，以昭穆为左右。”

〔从古帝王所不能比隆也〕比隆，同等兴盛。

【笺疏】

〔曲阜出北门五里许，为孔林〕

孔林，张岱《夜航船·古迹》卷二载：“自泰山发脉，石骨走二百里，至曲阜结穴，洙泗二水会于其前，孔林数百亩，筑城围之。城以外皆孔氏子孙围绕列葬，三千年来，未尝易处。南门正对峄山，石羊石虎皆低小，埋土中。伯鱼墓，孔子所葬，南面居中，前有享堂。堂右横去数十武，为宣圣墓。墓坐一小阜，右有小屋三楹，上书‘子贡庐墓处’。墓前近案，对一小山，其前即葬子思。父子孙三墓，所隔不远，马鬣之封不用石砌，土堆而已。林中树以千数，惟一楷木老本，有石碑刻‘子贡手植楷’，其下小楷生植甚繁。此外合抱之树皆异种，鲁人世世无能辨其名者，盖孔子弟子异国人，皆持其国中树来种者。林以内不生荆棘，并无刺人之草。”

〔谯周云〕

谯周，字允南，三国时蜀人。炎兴元年（263），劝蜀主刘禅降魏，受魏封，为阳城亭侯。著有《古史考》。

〔《孔丛子》曰〕

《孔丛子》，著者署为孔子裔孙孔鲋，载孔子及子思、子尚、子鱼等言行，共二十一篇。宋朝宋咸注。后人多疑为伪托之作。

〔《皇览》曰〕

《皇览》，自五经群书，分类成篇，以供皇帝阅读，故名。撰者为三国魏诸臣，有人言为刘劭、王象，亦有言为王象、缪袭。

〔齐人归讙处〕讙（音欢），古地名，春秋鲁地，故城在今山东肥城县南。《春秋·桓公三年》：“齐侯送姜氏于讙。”

〔孔子小天下处〕《孟子·尽心上》：“孔子登东山而小鲁，登泰山而小天下，故观天海者难为水，游于圣人之门者难为言。”

【校勘】

〔三千二百余年，子孙列葬不他徙〕

“三千二百余年”。有孔子，然后有孔林。“弟子各以四方奇木来植”，方成孔林。如以张岱己巳年（明崇祯二年，公元1629）算起，至孔子逝世年（前479）才二千一百余年，至孔子诞生年（前551），也不过二千一百八十年。据孔子裔孙女孔德懋所撰《孔府内宅轶事》记载：“孔父嘉的第四代，也就是孔子的曾祖父孔防叔，为逃避宋国内乱，迁到鲁国定居”。这样再由孔子而上溯再到孔防叔，“子孙列葬不他徙”，充其量，也仅在二千二百余年之数。

燕子矶

燕子矶，余三过之。水势湁潗，舟人至此，捷捽抒取，钩挽铁缆，蚁附而上。篷窗中见石骨棱层，撑拒水际，不喜而怖，不识岸上有如许境界。戊寅到京后，同吕吉士出观音门，游燕子矶，方晓佛地仙都，当面蹉过之矣。登关王殿，吴头楚尾，是侯用武之地，灵爽赫赫，须眉戟起。缘山走矶上，坐亭子，看水江濑洌，舟下如箭。折而南，走观音阁，度索上之。阁傍僧院有峭壁千寻，碚礌如铁；大枫数株，蓊以他树，森森冷绿；小楼痴对，便可十年面壁。今僧寮佛阁，故故背之，其心何忍？是年，余归浙，闵老子、王月生送至矶，饮石壁下。

【注释】

〔水势淴潗〕淴（音催）潗（音集），水微转细涌貌，司马相如《上林赋》有"淴潗鼎沸"句。

〔捷捽抒取〕迅速揪住舀出。捽（音昨），揪住。抒，舀出，《诗·大雅·生民》："或舂或揄。"毛传："揄，抒臼也。"孔颖达疏："谓抒米以出臼也。"

〔当面蹉过之矣〕蹉过，错过。

〔登关王殿，吴头楚尾，是侯用武之地〕关王殿，供奉关羽之殿，在矶之巅。侯，指关羽。关羽曾封为汉寿亭侯。

〔灵爽赫赫，须眉戟起〕爽，明。戟起，如戟一样竖起。

〔看水江濑洌〕濑（音撇）洌（音列），水疾流貌，司马相如《上林赋》："横流逆折，转腾濑洌。"

〔碚礌如铁〕碚（音贝）礌（音雷），坚硬之石。

〔故故背之〕故故，常常。背之，后部对着它（峭壁）。

【笺疏】

〔燕子矶，余三过之〕〔戊寅到京后，同吕吉士出观音门，游燕子矶〕

照片为燕子矶。

张岱“三过”燕子矶，第一次船而过，因此“不识岸上有如许境界”；第二次过，是在戊寅年（1638），与吕吉士一起“游燕子矶”；第三次，也是在戊寅（1638）年，归浙而再次过燕子矶，“闵老子、王月生送至矶”，并且“饮石壁下”。

戊寅，明崇祯十一年（1638），是年张岱四十二岁。

同游者吕吉士，与陈洪绶同岁，小张岱二岁。吕与张岱是友，与陈洪绶亦是友。陈洪绶《宝纶堂集》，有《吕吉士诗序》一篇，可知吕吉士其人大概。文曰：“余于戊午与吉士游。吉士与余同年生，予长其十余日，常兄事余。余见其诗有‘脚头寻野趣’之语，直言有中郎语气，又用‘哗’字嫩，结语有‘不妨乌帽斜’，甚弱，后宜去此。十年来，来往疏远，闻为诗日长。今年饮酒湖上，读近作，有似香山者，有似东坡者，老格淡韵，渐近自然，戊午诸病尽去。吉士可谓信予极矣。然予今日之信吉士亦极矣。余每于试蹶后，辄多怨恨悲愁之语，不能如吉士旷观。与余同饮同诗，无一怨恨悲愁之语，是知命人也。不以朝觐之荣为眷眷，是有志千秋事业人也。曾子固曰：‘吾儒胸次，惟读书能宽大。’吉士之诗工，以读书故；能不为愁恨悲怨语，以读书明理故。刘后村曰：‘诗以人重。’吉士诗即工矣，而不能为旷观，人毋取也。予诗，人皆许可，予所自不许可者，为怨恨悲愁之语。今见吉士，当不复为也。吉士兄事余，益余者多多矣。”

〔折而南，走观音阁，度索上之〕

观音阁亦在长江边，在燕子矶西南约二里处。张岱时上观音阁，须登绳梯方可“上之”，因曰“度索”。照片所示，即观音阁。

〔是年，余归浙，闵老子、王月生送至矶，饮石壁下〕

文有“戊寅到京后”句，“是年”，是崇祯十一年（1638），这年“余归浙”，滞于南京时间不长，因其到南京，据《闵老子茶》篇载“戊寅九月至留都”。

闵老子汶水，当时茶道名家，家桃叶渡，此年九月，张岱专程礼访，卷三有《闵老子茶》篇记其事。王月生，南京名妓，卷八有《王月生》篇，写到她与闵老子极友善，虽大风雨，每日必至闵老子家饮茶数壶始去，约人相见，亦往往定在闵家。桃叶渡，长江一著名渡口，是年张岱归浙，看来是从闵老子家出发，送到燕子矶始别，好深情宜。

王月生跟着闵老子，小范围地出现在送别之列，不是情深，焉能若此。王月生性孤冷，点出王月生相送，是张岱得意之处。

鲁藩烟火

兖州鲁藩烟火妙天下。烟火必张灯，鲁藩之灯，灯其殿，灯其壁，灯其楹柱，灯其屏，灯其座，灯其宫扇伞盖。诸王公子、宫娥僚属、队舞乐工，尽收为灯中景物。及放烟火，灯中景物又收为烟火中景物。天下之看灯者，看灯灯外；看烟火者，看烟火烟火外。未有身入灯中、光中、影中、烟中、火中，闪烁变幻，不知其为王宫内之烟火，亦不知其为烟火内之王宫也。殿前搭木架数层，上放“黄蜂出窠”“撒花盖顶”“天花喷礴”。四旁珍珠帘八架，架高二丈许，每一帘嵌孝、悌、忠、信、礼、义、廉、耻一大字。每字高丈许，晶映高明。下以五色火漆塑狮、象、橐驼之属百余头，上骑百蛮，手中持象牙、犀角、珊瑚、玉斗诸器，器中实“千丈菊”“千丈梨”诸火器，兽足蹑以车轮，腹内藏人，旋转其下。百蛮手中瓶花徐发，雁雁行行，且阵且走。移时，百兽口出火，尻亦出火，纵横践踏。端门内外，烟焰蔽天，月不得明，露不得下。看者耳目攫夺，屡欲狂易，恒内手持之。昔有一苏州人，自夸其州中灯事之盛，曰：“苏州此时有起火亦无处放，放亦不得上。”众曰：“何也？”曰：“此时天上被烟火挤住，无空隙处耳！”人笑其诞。于鲁府观之，殆不诬也。

【注释】

〔火漆塑狮、象、橐驼之属百余头，上骑百蛮〕火漆，颜料入松香熔化后即成，本用于封口，如密封文件等。旧时肉身菩萨，尸体上涂以火漆得以不腐；橐（音妥）驼，即骆驼。《史记·匈奴列传》：“其奇畜则橐驼。”百蛮，百个少数民族人。蛮，旧时对西南少数民族的统称。

〔器中实“千丈菊”“千丈梨”诸火器〕实，充实，填塞；千丈菊、千丈梨，烟花名。

〔百蛮手中瓶花徐发〕瓶花，“百蛮”手中所持火器之烟花。

〔尻亦出火〕尻（音考），臀部。

〔屡欲狂易，恒内手持之〕狂易，精神失常；内手，把持行为之精神。

【笺疏】

〔兖州鲁藩烟火妙天下〕

兖州，在山东。烟火，今称烟花。

〔殿前搭木架数层，上放“黄蜂出窠”“撒花盖顶”“天花喷礴”〕

“黄蜂出窠”“撒花盖顶”“天花喷礴”，为烟花名。“器中实‘千丈菊’‘千丈梨’诸火器”，‘千丈菊’‘千丈梨’亦是烟花名。“百蛮手中瓶花徐发”之“瓶花”，即由“千丈菊”“千丈梨”中燃放出来。“百兽口出火，尻亦出火”，所出之“火”，亦是烟花。

【校勘】

〔苏州此时有起火亦无处放〕

“有起火亦无处放”，乾隆甲寅本、粤雅堂本、上海古籍出版社本均作“起火”。上海古籍出版社本篇末注曰：“起火，《中国文学珍本丛书》本作‘烟火’。”

朱云崃女戏

朱云崃教女戏，非教戏也。未教戏先教琴，先教琵琶，先教提琴、弦子、箫管，鼓吹歌舞，借戏为之，其实不专为戏也。郭汾阳、杨越公、王司徒女乐，当日未必有此。丝竹错杂，檀板清讴，入妙腠理，唱完以曲白终之，反觉多事矣。西施歌舞，对舞者五人，长袖缓带，绕身若环，曾挠摩地，扶旋猗那，弱如秋药。女官内侍，执扇葆璇盖、金莲宝炬、纨扇宫灯二十余人，光焰荧煌，锦绣纷叠，见者错愕。云老好胜，遇得意处，辄盱目视客，得一赞语，辄走戏房，与诸姬道之，俛出俛入，颇极劳顿。且闻云老多疑忌，诸姬曲房密户，重重封锁，夜犹躬自巡历，诸姬心憎之。有当御者，辄遁去，互相藏闪，只在曲房，无可觅处，必叱咤而罢。殷殷防护，日夜为劳，是无知老贱自讨苦吃者也，堪为老年好色之戒。

【注释】

〔丝竹错杂，檀板清讴，入妙腠理〕错杂，混合掺杂；清讴，清唱；腠理，中医学名词，指气血流通灌注之处，此指朱云崃女戏之妙，非仅在其表。

〔曾挠摩地，扶旋猗那，弱如秋药〕曾挠，屈曲貌；摩，通“磨”。摩地，摩擦于地面。扶旋，旋转；猗那，即“猗娜”，柔美模样。

〔见者错愕〕错愕，即“惊愕”。

〔辄盱目视客〕辄，立即；盱目，睁大眼睛。

〔俛出俛入〕俛，神色异常。

〔殷殷防护〕多处防护。殷殷，众多貌。《盐铁论·国病》：“殷殷屯屯，人衍而家富。”

【笺疏】

〔朱云崃教女戏，非教戏也〕

朱云崃，为明万历三十八年（1610）进士，工部主事，历官太常寺卿华亭人朱国盛。明袁中道《游居柿录·万历四十三年》卷十，载："饮松江朱工部云来处，见董玄宰书画数十幅，又见其效张僧繇画一小幅，山树皆作殷红色。"袁中道所指"松江朱工部云来"，即华亭人朱国盛。"云来"，朱国盛其号。华亭，属松江府。袁中道于万历四十三年（1615）十月初三到北京，时朱官工部主事。"饮松江朱工部云来处"，饮在朱国盛京中寓所。

朱国盛附魏忠贤，得加尚书衔。魏氏败，尚书衔除名，故方志述其官职，止于"历官太常寺卿"。从朱国盛人品而言，令人掩鼻，张岱借题骂以"老贱"，闻者入耳。

其号"云来"，张岱作"云崃"。

〔郭汾阳、杨越公、王司徒女乐，当日未必有此〕

杨越公，指的是隋朝杨素。杨素，隋之功臣，赏赉极丰，《隋书·杨素传》卷四十八："又赐陈主妹及女妓十四人。素言于上曰：'里名胜母，曾子不入。逆人王谊前封于郢，臣不愿与之同。'于是改封越国公。"杨越公所得"女妓十四人"，可以为"女乐"班底。郭汾阳子仪，与王司徒，连同杨越公，其因时代不同，女乐当然比不得朱云崃。

人是人，艺是艺，此两点，张岱区分明白。

绍兴琴派

丙辰，学琴于王侣鹅。绍兴存王明泉派者推侣鹅，学《渔樵问答》《列子御风》《碧玉调》《水龙吟》《捣衣环珮声》等曲。戊午，学琴于王本吾，半年得二十余曲：《雁落平沙》《山居吟》《静观吟》《清夜坐钟》《乌夜啼》《汉宫秋》《高山流水》《梅花弄》《淳化引》《沧江夜雨》《庄周梦》，又《胡笳十八拍》《普庵咒》等小曲十余种。王本吾指法圆静，微带油腔。余得其法，练熟还生，以涩勒出之，遂称合作。同学者范与兰、尹尔韬、何紫翔、王士美、燕客、平子。与兰、士美、燕客、平子俱不成，紫翔得本吾之八九而微嫩，尔韬得本吾之八九而微迂。余曾与本吾、紫翔、尔韬取琴四张弹之，如出一手，听者骇服。后本吾而来越者有张慎行、何明台，结实有余而萧散不足，无出本吾上者。

【注译】

〔以涩勒出之，遂称合作〕涩勒，干燥停顿，不滑润。合作，符合琴曲蕴义。

〔听者骇服〕骇，惊骇。

〔结实有余而萧散不足〕萧散，潇洒飘逸。

【笺疏】

〔丙辰，学琴于王侣鹅〕

丙辰，万历四十四年（1616），是年张岱二十岁。

〔戊午，学琴于王本吾〕

戊午，万历四十六年（1618），是年张岱二十二岁。

〔王本吾指法圆静，微带油腔。余得其法，练熟还生，以涩勒出之，遂称合作〕

以“还生”补“圆静”，以“涩勒”补“油腔”，故“遂称合作”。

〔同学者范与兰、尹尔韬、何紫翔、王士美、燕客、平子〕

范与兰，卷八有《范与兰》篇。

尹尔韬，字紫芝，号袖花老人，明末绍兴府人。遍游海内，多有琴曲问世。曾为崇祯所撰词谱曲，称“有仙气”，官武英殿中书舍人，整理内府所藏古谱。有曲谱《徽言秘旨》《徽言秘旨订》传世。

《琅嬛文集》卷三，有《与何紫翔》篇。文云：“昨听松江何鸣台、王本吾二人弹琴，何鸣台不能化板为活，其蔽也实；王本吾不能练熟为生，其蔽也油。二者皆是大病，而本吾为甚。何者？弹琴者，初学入手，患不能熟，及至一熟，患不能生。夫生，非涩勒离歧遗忘断续之谓也。古人弹琴，唫揉掉注，得心应手。其间勾留之巧，穿度之奇，呼应之灵，顿挫之妙，真有非指非弦，非勾非剔，一种生鲜之气，人不及知，己不及觉者。非十分纯熟，十分淘洗，十分脱化，必不能到此地步。盖此练熟还生之法，自弹琴拨阮，蹴踘吹箫，唱曲演戏，描画写字，作文做诗，凡百诸项，皆藉此一口生气。得此生气者，自致清虚；失此生气者，终成渣秽。吾辈弹琴，亦惟取此一段生气已矣。今苏下之人弹琴者，一字音绝，方出一声，停搁既久，脉络既断，生气全无。此是死法，吾辈不学之可也。吾兄素以钟期自任，其以弟言为然否？”

平子，是张岱胞弟岷。

花石纲遗石

越中无佳石。董文简斋中一石，磊块正骨，窋窱数孔，疏爽明易，不作灵谲波诡，朱勔花石纲所遗，陆放翁家物也。文简竖之庭除，石后种剔牙松一株，辟咡负剑，与石意相得。文简轩其北，名“独石轩”，石之轩独之无异也。石篑先生读书其中，勒铭志之。大江以南花石纲遗石，以吴门徐清之家一石为石祖。石高丈五，朱勔移舟中，石盘沉太湖底，觅不得，遂不果行。后归乌程董氏，载至中流，船复覆。董氏破资募善入水者取之，先得其盘，诧异之，又佽水取石，石亦旋起。时人比之延津剑焉。后数十年，遂为徐氏有。再传至清之，以三百金竖之。石连底高二丈许，变幻百出，无可名状。大约如吴无奇游黄山，见一怪石辄瞋目叫曰："岂有此理！岂有此理！"

【注释】

〔董文简斋中一石，磊块正骨〕磊，大；正骨，正直气韵。

〔窋咤数孔〕谓莲房之实，窋咤然，见于房外，如垂珠。窋，《说文》解作"物在穴中貌"。段玉裁《灵光殿赋》有注："绿房紫菂，窋咤垂珠。"咤义与窋同。

〔灵谲波诡〕机巧怪异，变化多端。

〔文简竖之庭除〕庭除，庭前阶下。

〔石后种剔牙松一株〕剔牙松，五针松。

〔辟咡负剑〕辟尔，或为"辟咡"，《礼记·曲礼上》："负剑辟咡诏之。"与人言谈，持略微侧头姿态，避口气，以示敬重称"辟咡"。《礼记·少仪》："有问焉，则辟咡而对。"负剑，郑玄注曰："负谓置之于背，剑为挟之于旁。"孔颖达疏引张逸："儿在怀中亦称负，谓儿负之；故《内则》云：'三日始负子。'注云：'负之谓抱之。'"辟咡负剑，是两人之间的一种相距关系，本文借用于松石间距情状。

〔文简轩其北〕文简构轩其北。轩，名词用作动词，义为"构轩"。

〔遂不果行〕果，成事实。陶潜《桃花源记》："闻之欣然规往，未果。"

【笺疏】

〔朱勔花石纲所遗，陆放翁家物也〕

北宋崇宁四年（1105），徽宗在东京（今河南开封）为建“寿山艮岳”，使朱勔掌苏杭应奉局，凡民间有一奇石一异木，拆墙毁壁，舁至东京。这种运送花石的船队，号为“花石纲”。

“朱勔花石纲所遗”在董文简斋中，只一石，因此轩名“独石”。徐渭有《松花石牡丹》诗，吟诵的也是董玘家中花石纲遗石，不过，不是一块，而是两截。诗刊《徐文长三集》第三九七页，题作《松花石牡丹》。诗云：“松花石边垂牡丹，花石纲移来海山。十五年前二三月，董侍郎家园内看。”题下有原注，曰：“松化石二，各高六七尺，大可两三抱，初是一块，则高丈余矣。童贯自台温海载至此，重而折，会汴京陷，遂委之。古今绝奇物也。”现此两截松化石，移至府山越王台。

董侍郎家园东，有大、小梅园弄，又有香桥，此地传为放翁家园。《花石纲遗石》那片石，所以能竖在独石轩，或许在于近便。如果那片石，遗在越中一直不动，因其为“陆放翁家物也”，那么，“董文简斋”那地方，也就是陆放翁家故址了。

〔文简轩其北，名“独石轩”，石之轩独之无异也。石篑先生读书其中〕

文简，董玘谥号。董玘，字文玉，号中峰先生，绍兴会稽人。弘治辛酉年（1501）乡试第二，乙丑（1505）会试第一，廷对第二，授翰林编修。做过吏部左侍郎。死后赠礼部尚书，谥文简。张岱因称“董文简”。

石篑，陶望龄号。陶望龄，字周望，绍兴会稽人，万历十七年（1589）会试第一，殿试一甲第三，授编修，历官国子监祭酒。

“独石轩”，属山阴东中坊。嘉庆《山阴县志·古迹》卷七载：“独石轩，在东中坊，明吏部尚书董文简玘家塾。陶望龄、董其昌尝谭艺于此。各存题句。庭前奇石兀立，名曰：奎星石。傍有池，曰：奎星池。”

明清时期的东中坊，在今绍兴城内萧山街中正弄（今称斜桥弄）以东一带。这里有明朝建筑探花台门，这台门就是“董文简斋”董玘府第。台门底称后花园的地方，即所谓“文简轩其北”，构独石轩以为家塾之处。独石轩墙外，便是中正弄。

曾探访萧山街探花台门。台门底有一方天井，不大，之东墙壁下有一水池，约三平方米，水清澈。池北有平屋数间。问自幼居平屋中一老者，说天井中曾有一假山，四十余年前，被石粉厂购去磨成了石粉。由此猜测：这所谓“假山”，或许正是《花石纲遗石》写到的“董文简斋中一石”，即县志记载的“庭前奇石兀立，名曰：奎星石”那石。

独石轩这块石头，说它是“董文简斋中一石”，是因为它是“朱勔花石纲所遗，陆放翁家物也”；说它是“奎星石”，是因为明朝状元余煌，天启五年曾读书董氏独石轩书塾。余煌一日夜读，见池中荷叶上有物跳动，还以为是一只青蛙，细视之下，发觉竟是一奎星，长寸许，握笔提锭，跟世人所画奎星没有两样。其后余煌果然中了状元。这池，便被称作“奎星池”，石，便被称作“奎星石”。遗憾的是，此石磨成了石粉，从此消失于世。奎星池仍在。

〔大江以南花石纲遗石，以吴门徐清之家一石为石祖。石高丈五，朱勔移舟中，石盘沉太湖底，觅不得，遂不果行。后归乌程董氏，载至中流，船复覆。董氏破资募善入水者取之，先得其盘，诧异之，又价水取石，石亦旋起〕

袁宏道《锦帆集·园亭纪略》卷四，有曰：“徐冏卿园在阊门外下塘，宏丽轩举，前楼后厅，皆可醉客。石屏为周生时臣所堆，高三丈，阔可二十丈，玲珑峭削，如一幅山水横披画，了无断续痕迹，真妙手也。堂侧有土垅甚高，多古木，垅上太湖石一座，名瑞云峰，高三丈余，妍巧甲于江南。相传为朱勔所凿，才移舟中，石盘忽沉湖底，觅之不得，遂未果行。后为乌程董氏构去，载至中流，船亦覆没，董氏乃破赀募善没者取之，须臾忽得其盘，石亦浮水而出，今遂为徐氏有。范长白又为余言，此石每夜有光烛空，然则石亦神物矣哉？”

因为有“乌程董氏构去”“今遂为徐氏有”“范长白又为余言”一节事在，袁中郎所述之“瑞云峰”，即是被张岱在此篇中，奉为“石祖”之“吴门徐清之家一石”。

〔时人比之延津剑焉〕

福建南平，旧称延平。富屯溪、建溪汇合在延平，其南称闽江。两溪一江汇合处，即为剑潭，亦称双剑潭、剑津、龙津。延津剑，即是发生于延平剑潭有关龙泉、太阿两柄宝剑事。《晋书·张华传》载，张华因“斗牛之间紫气常见”，邀请雷焕夜晚登楼仰观天文，得宝剑龙泉、太阿于豫章丰城狱中。一柄属张华，雷焕自己留了一柄。人问雷焕：“得二送一，张公岂可欺乎？”雷焕答曰：“本朝将乱，张公当受其祸。此剑当系徐君墓树耳。灵异之物，终当化去，不永为人服也。”其后，张华受诛，失剑所在。待雷焕卒，做了州从事的雷焕的儿子雷华，身持雷焕遗下之宝剑，行经延平津，只见宝剑跃出腰间坠于水。令人寻觅，不见剑影，只见两龙各长数丈，蟠索有文章，入水者害怕而赶忙出水。一会工夫，波浪惊沸，光彩照人，剑由此失去。雷华见此，感而叹曰：“先君化去之言，张公终合之论，此其验乎！”

雷焕所言“此剑当系徐君墓树耳”，龙泉、太阿失于水，而复得者为“徐君”；花石纲遗石亦沉于水，最终亦“遂为徐氏有”，剑与石都曾沉于水，终而都为“徐氏”有，因此，将花石纲遗石归“徐氏”，曰“时人比之延津剑焉”。

焦山

仲叔守瓜州，余借住于园，无事辄登金山寺。风月清爽，二鼓，犹上妙高台，长江之险，遂同沟浍。一日，放舟焦山，山更纡谲可喜。江曲濄山下，水望澄明，渊无潜甲。海猪、海马，投饭起食，驯扰若豢鱼。看水晶殿，寻瘗鹤铭，山无人杂，静若太古。回首瓜州，烟火城中，真如隔世。饭饱睡足，新浴而出，走拜焦处士祠。见其轩冕黼黻，夫人列坐，陪臣四，女官四，羽葆云罕，俨然王者。盖土人奉为土谷，以王礼祀之。是犹以杜十姨配伍髭须，千古不能正其非也。处士有灵，不知走向何所？

【注释】

〔长江之险，遂同沟浍〕浍（音侩），小水流。

〔山更纡谲可喜〕纡谲，纡曲而多变化。

〔江曲濄山下〕江水一曲，回旋于焦山下。濄（音倭），同“涡”。

〔渊无潜甲〕潜甲，指虾鳖类水族。

〔见其轩冕黼黻〕轩冕，古时卿大夫乘车之服。冕，又为王者冠，且有“陪臣”、“女官”，故下有曰“俨然王者”。黼（音府）黻（音弗），古代礼服所绣的花纹。《荀子·正名》：“目视黼黻而不知其状。”

〔羽葆云罕〕羽葆，带羽饰的仪仗；云罕，旌旗名。罕，同

"罕"。

〔是犹以杜十姨配伍髭须〕杜十姨，即剧中名妓杜丽娘；伍髭须，战国时楚人伍子胥，两人毫不搭界。

【笺疏】

〔仲叔守瓜州〕

仲叔，张岱二叔张㷆芳，字尔葆，号二酉，书画、收藏名家。万历戊午顺天副贡生，历官太平、苏州通判、孟泽知县、扬州司马，甲申二月十日卒。张岱仲叔，即燕客之父。张岱仲叔是因"积劳致疾"而卒。张二酉亡于任上，《琅嬛文集·张尔葆传》载："甲申，岱同萼弟奔丧"。"萼弟"，张萼，即燕客。

祁彪佳《祁忠敏公日记·甲申日历》四月十一日，有载："又，张二酉姨夫家人自淮上来，言姨夫已有变，为之涕泣。"所谓"变"，即是"亡故"。

据《琅嬛文集·附传》卷四，张岱仲叔于崇祯四年（1631）"大计，中忌者以不及镌级"。"次年升孟津县令"。孟津"满六年，升扬州司马，分署淮安，督理船政。"由此，"仲叔守瓜州"，在崇祯十一年（1638），是年张岱四十二岁。

〔寻瘗鹤铭〕

瘗鹤铭，华阳真逸撰，上皇山樵正书，原刻在焦山西麓石壁。宋以后，雷击而崩落长江中，至清康熙五十二年（1713），由陈鹏年募工移置山上，后砌入焦山定慧寺壁。明末，张岱到焦山，想看一看《瘗鹤铭》刻石，需要用一个"寻"字了。今残石数片尚存。张岱有《焦山瘗鹤铭》诗，云："焦山寻鹤铭，磊块委大壑。犹见雷火痕，铲削同斧凿。突起霹雳威，公然肆暴虐。细想得其由，焦先遭恶谑。隐侠轻轩冕，何乃塑王爵？侍立皆宫娥，夫人坐锦幕。子胥配拾遗，仅堪恣笑噱。韦布服山龙，真如受炮烙。无地雪奇冤，轰雷起林薄。立碑瘗鹤碑，崩厓断齿。高士被污名，焚琴而煮鹤。聊用以解嘲，勿为世人错。”

〔走拜焦处士祠〕

焦处士即焦光，东汉末隐居焦山，山因以其姓命名。

表胜庵

炉峰石屋，为一金和尚结茆守土之地，后住锡柯桥融光寺。大父造表胜庵成，迎和尚还山住持。命余作启。启曰：“伏以丛林表胜，惭给孤之大地布金；天瓦安禅，冀宝掌自五天飞锡。重来石塔，戒长老特为东坡；悬契松枝，万回师却逢西向。去无作相，住亦随缘。伏惟九里山之精蓝，实是一金师之初地。偶听柯亭之竹篴，留滞人间；久虚石屋之烟霞，应超尘外。譬之孤天之鹤，尚眷旧枝；想彼弥空之云，亦归故岫。况兹胜域，宜兆异人，了住山之夙因，立开堂之新范。护门容虎，洗钵归龙。茗得先春，仍是寒泉风味；香来破腊，依然茅屋梅花。半月岩似与人猜，请大师试为标指；一片石正堪对语，听生公说到点头。敬藉山灵，愿同石隐。倘净念结远公之社，定不攒眉；若居心如康乐之流，自难开口。立返山中之驾，看回湖上之船，仰望慈悲，俯从大众。”

【注释】

〔为一金和尚结茆守土之地〕茆，通“茅”。结茆，构建屋宇。

守土，《书·舜典》："岁二月东巡守。"孔传："诸侯为天子守土，故称守。"守土，本指诸侯之责，移用表胜庵，意此曾是一金和尚为主持职责之所。

〔伏以丛林表胜〕伏，敬辞；丛林，佛教名词，佛教僧众聚居的寺院。僧众聚而相居，犹如树木相倚成丛，故曰"丛林"。

〔惭给孤之大地布金〕"给孤"，为善施长者号。建"表胜"而请一金和尚，如善施之"出藏金，随言布地"而有惭愧。《大唐西域记》卷六："善施长者仁而聪敏，积而能散，拯乏济贫，哀孤恤老，时美其德，号给孤独焉。闻佛功德，深生尊敬，愿建精舍，请佛降临，世尊命舍利子随瞻揆焉。唯太子逝多园地爽垲。寻诣太子，具以情告。太子戏言：'金遍乃卖。'善施闻之，心豁如也，即出藏金，随言布地。"

〔冀宝掌自五天飞锡〕冀，希冀；飞锡，锡卓地即是和尚止居之处。《夜航船·佛教》卷十四载："飞锡《高僧传》：梁武时，宝志爱舒州潜山奇绝，时有方士白鹤道人者亦欲之。帝命二人各以物识其地，得者居之。道人以鹤止处为记，宝志以卓锡处为记。已而，鹤先飞去，忽闻空中锡飞声，遂卓于山麓，而鹤止他处，遂各以所识筑室焉。故称行僧为飞锡，住僧为卓锡，又曰挂锡。"

〔偶听柯亭之竹篴〕竹篴，即竹笛。嘉庆《山阴县志·古迹》卷七，载："柯亭在山阴县西四十里。《郡国志》云：'千秋亭，一名柯亭，一名高迁亭。汉末蔡邕避难会稽，宿于柯亭，仰观椽竹，知有奇响，因取为笛。'"柯亭其址，即在柯桥镇老街。因一金和尚"住锡柯桥融光寺"，故有"偶听柯亭之竹篴，留滞人间"此句。

【笺疏】

〔后住锡柯桥融光寺〕

柯桥融光寺，柯桥在绍兴城西三十里处，融光寺旧在柯桥镇。今不存。

〔大父造表胜庵成，迎和尚还山住持〕

据《琅嬛文集·家传》卷四，张汝霖“辛亥，朱恭人亡后，乃尽遣姬侍，独居天镜园，拥书万卷，日事紬绎，暇则开山九里，每日策杖于猿崖鸟道间”。辛亥，万历三十九年（1611），是年张岱十五岁，表胜庵筑于此年前后。过了三年，万历四十二年（1614），张汝霖起复，官南刑部。

祁彪佳集《越中园亭记·城南》卷三有《表胜庵》篇，曰：“表胜，庵也，而列之园，则张肃之先生精舍在焉。山名九里，以越盛时笙歌闻于九里，故名。渡岭穿溪，至水尽路穷而庵始出，冷香亭居庵之左，矿阁、钟楼若断若续，俱悬崖架壑为之，而奇石陡峻，则莫过于鸥虎轩，至炉峰石屋之胜，载主人开山缘起，予不复缕数矣。”

肃之，张汝霖之又字。张汝霖造表胜庵成，命张岱作启文，请时移在绍兴城西三十里柯桥融光寺作主持的一金和尚，还山主持。

〔天瓦安禅，冀宝掌自五天飞锡〕

“天瓦安禅”之“天瓦”，为庵名，《炉峰月》篇中，就有“天瓦庵”的记述：“丁卯四月，余读书天瓦庵，午后同二三友人登绝顶看落照”。天瓦庵，其实就是表胜庵，天瓦庵是表胜庵的俗称。

石屋禅院（即表胜庵）因靠着九里山肩处南北两块巨大山岩构筑而成。两岩上部相攒（见下页照片），下有通道。张岱“午后同二三友人登绝顶看落照”，就是从这两岩下通道上炉峰顶的。南面一块山岩，临绝壁，跃跃欲飞。而北面一块，东北面与山体相连接，下成空穴。穴高约二米，约四十余平方米。穴内平坦，只要在穴之东、

西各砌起砖壁，就是一间好屋。一金和尚在此依石为庐，因称“石屋禅院”。石屋禅院山岩作瓦，瓦自天成，当然“天瓦庵”。

〔九里山之精蓝，实是一金师之初地〕

一金和尚之“初地”，即县志所载之“石屋禅院”。嘉庆《山阴县志·寺观冢墓》卷二十四载：“石屋禅院在县东南十里炉峰之阴，有奇石攒为莲花峰。折而上，两石峡对峙如门，旧有佛寺。明隆庆万历间，僧一金倚石为庐，禅寂于此。里绅张汝霖构书院于傍，晨夕相从，即舍书院为梵刹，号表胜庵。内有鸥虎轩、斫阁、冷香亭。名僧雪窦奇东山密宝寿鼎皆出炉锤之下。后改称石屋禅院。国朝康熙初，僧智骧修整，遂为名蓝。”

石屋禅院，在绍兴城东南十里香炉峰之西岗。香炉峰西岗离城九里，这里的山，这里的村，因名以“九里”。石屋禅院就在九里山肩处。《表胜庵》文中所说“九里山之精蓝”，指的就是石屋禅院。现表胜庵址处，有寺极陋，且复无人礼佛矣。

〔茗得先春，仍是寒泉风味；香来破腊，依然茅屋梅花〕

寒泉风味。寒泉，九里山溪水名。有庵，亦以“寒泉”名，址在表胜庵下溪边。徐谓诗作《元夕之辰，偕友人集九里之天瓦、寒泉二庵，各赋一篇，令予为序》，诗有序，云：“去郭九里，曰九里者，炉峰舒臂其西，高则乱石偃拔，骇兽穿林，下则回泉纡萦，惊虺入草，两精舍各据所胜，止息缁黄，因石以覆，则为天瓦，依流而茨，乃题寒泉，鸾鹤之所必栖，猿麋舍此莫集也”。寒泉庵亦称“下石屋禅院”。寒泉庵址侧山崖石佛刻像，为清乾隆年间雕刻。寒泉庵今已不存。

茅屋梅花，指元画家王冕在九里植梅、构筑茅屋隐居故事。

〔**半月岩似与人猜，请大师试为标指；一片石正堪对语，听生公说到点头**〕

半月岩，在绍兴城南三十里法华山天衣寺侧。嘉泰《会稽志·泉》卷十一载：“半月泉在法华山天衣寺侧，唐李公垂诗云：‘殿湧全身塔，池开半月泉。’姚氏《丛语》云：‘泉隐岩下虽月圆，池中只见其半，最为佳处。’绍兴初，僧法聪凿开岩上，名曰‘满月’。甚可惜也。”之后，半月岩莫辨，因请“试为标指”。

一片石，原出庾信所言。庾信至北方，只喜爱温子升作的《韩山碑》。人问庾信北方如何？答曰：“惟韩山一片石堪共语，余若驴鸣犬吠耳”。表胜庵处山中，人烟稀少，惟有山涯石在，正“堪共语”，结果将如称“生公”者晋沙门竺道生，讲经虎丘寺，聚石为徒，坐而说法，石皆点头。

〔**倘净念结远公之社，定不攒眉；若居心如康乐之流，自难开口**〕

如慧远结社而一心念佛，请还山主持，“定不攒眉”；如谢康乐幼居寺院称“客儿”。后乐于游玩山水，请还山主持，“自难开口”。

“远公之社”。东晋慧远与慧永、慧持和刘遗民、雷次宗等一百廿三人，于庐山东林寺结社，专修念佛法门，誓愿往生西方净土。时掘池种白莲，社因此名“白莲”。

“康乐之流”。谢灵运“袭封康乐公”，“康乐”指的是谢灵运。嘉泰《会稽志·人物》卷十四，《谢灵运传》载：“出为临海太守，郡有名山水，灵运素所爱好，遂肆意游遨，遍历诸县，所至辄为歌诗，以致其意。灵运父祖并葬始宁，有故宅及墅，遂修营旧业，傍山带江，尽幽居之美。与隐士王弘之、孔淳之等放荡为娱，有终焉之志。”

〔立返山中之驾，看回湖上之船〕

自柯桥融光寺返表胜庵，有经鉴湖一条水路，故曰“看回湖上之船”。湖，指的是鉴湖。

梅花书屋

陔萼楼后老屋倾圮，余筑基四尺，造书屋一大间。傍广耳室如纱幮，设卧榻。前后空地，后墙坛其趾，西瓜瓤大牡丹三株，花出墙上，岁满三百余朵。坛前西府二树，花时，积三尺香雪。前四壁稍高，对面砌石台，插太湖石数峰。西溪梅骨古劲，滇茶数茎妩媚其傍；梅根种西番莲，缠绕如缨络。窗外竹棚，密宝襄盖之。阶下翠草深三尺，秋海棠疏疏杂入。前后明窗，宝襄西府，渐作绿暗。余坐卧其中，非高流佳客，不得辄入。慕倪迂“清闷”，又以“云林秘阁”名之。

【注释】

〔傍广耳室如纱幮〕广，扩充；象耳之分列两旁。句中“耳室”，指所筑于“书屋一大间”旁之小室。

〔西瓜瓤大牡丹三株〕西瓜瓤，指牡丹色。西瓜瓤，有红、黄两种。黄称鸡油黄。

〔坛前西府二树，花时，积三尺香雪〕西府，地名，人有曰为宝鸡，又曰唐五代时，越州为东府，西府为杭州。句中“西府”为花名，以称代西府海棠。海棠落叶乔木，故以“树”称。花有色白者，可以曰为“香雪”。

〔西溪梅骨古劲〕西溪，在福建省南部，源出博平岭，注九龙江入于厦门湾。

〔密宝襄盖之〕宝襄，遮掩之物。密，厚实之谓。

【笺疏】

〔陔萼楼后老屋倾圮，余筑基四尺，造书屋一大间〕

陔（音该）萼（音饿）楼，在绍兴城内五马坊口张状元台门内，此亦即张元忭书屋处。台门今已不存。祁彪佳《祁忠敏公日记·山居拙录》丁丑年（崇祯十年，1637）五月二十四日：“发棹，舟中作《越中名园记》。抵偏门，齐企之来晤，与之访张介子。顷之，张宗之来促，遂赴其酌，枫社诸友已集于不二斋宗子新构云林秘阁，诸友多晤谈于此。倪鸿宝最后至。饭后听宗子弹琴，优人以鼓吹佐之。及暮观演《红丝记》，席散宿舟。”张岱《梅花书屋》末，有句“又以‘云林秘阁’名之”，就此，梅花书屋又名“云林秘阁”。祁彪佳日记中，记载的宗之“云林秘阁”，即张岱的梅花书屋。由此，梅花书屋之构筑，在崇祯十年（1637），是年张岱四十一岁。宗之，张岱之字。

〔慕倪迂“清闷”，又以“云林秘阁”名之〕

倪瓒，字符镇，号云林子，元时无锡人。善画，与黄公望、吴镇、王蒙合称“元四家”。性迂而好洁，故得“倪迂”之称。家筑清閟阁以储书。

【校勘】

〔前四壁稍高，对面砌石台，插太湖石数峰〕

此句难为理解。

如是“四壁”，如何“砌石台”于其之“对面”？且“四壁”既属

"稍高"，其实就是同样的高，"前四壁稍高"，岂非是一句废话？再从"陔萼楼后老屋倾圮，余筑基四尺，造书屋一大间"、"傍广耳室如纱幮"这个环境看，无论从"一大间"之"书屋"，或从"傍广"之"耳室"，都是无从见到"四壁"的。所能见到的，可能是"西壁"。将"西壁"称以"前"，梅花书屋西向，夏日朝西日头毒，故得以"前后明窗，宝襄西府，渐作绿暗"、"窗外竹棚，密宝襄盖之"。

"前四壁稍高"，或为"前西壁稍高"。

不二斋

不二斋，高梧三丈，翠樾千重，墙西稍空，腊梅补之，但有绿天，暑气不到。后窗墙高于槛，方竹数竿，潇潇洒洒，郑子昭"满耳秋声"横披一幅。天光下射，望空视之，晶沁如玻璃、云母，坐者恒在清凉世界。图书四壁，充栋连床；鼎彝尊罍，不移而具。余于左设石床竹几，帷之纱幕，以障蚊虻，绿暗侵纱，照面成碧。夏日，建兰、茉莉芗泽浸人，沁入衣裾。重阳前后，移菊北窗下，菊盆五层，高下列之，颜色空明，天光晶映，如沈秋水。冬则梧叶落，腊梅开，暖日晒窗，红炉毾㲪。以昆山石种水仙列阶趾。春时，四壁下皆山兰，槛前芍药半亩，多有异本。余解衣盘礴，寒暑未尝轻出，思之如在隔世。

【注释】

〔翠樾千重〕樾（音月），两木交聚而成的树荫。翠樾，绿荫。

〔后窗墙高于槛〕槛，窗户下的栏杆。

〔晶沁如玻璃、云母〕晶，明净；沁（音揿），渗入、透入。晶沁，明净光亮透入。

〔鼎彝尊罍，不移而具〕三代礼器“鼎彝尊罍”，焉用移动，而到处都有陈设。尊，通“樽”；罍（音雷），盛酒与水一类液体器具，形似瓶，盛行于商周时期。移，移动；具，具备。

〔帷之纱幕〕帷，本义为围在四周的布幕，此处用作动词“围”。

〔夏日，建兰、茉莉芗泽浸人，沁入衣裾〕芗（音乡）泽，香气，同“香泽”。《史记·滑稽列传》有“微闻芗泽”句。裾本衣之一部分，如单用一“衣”字，读无韵味，因此“衣裾”，解则曰“衣”。字典释“裾”：一，衣服的前襟；二，衣袖。

〔如沈秋水〕沈，同“沉”。

〔红炉毾㲪〕毾（音榻）㲪（音登），毛毯，《后汉书·西域传》：“（天竺国）又有细布、好毾㲪。”

〔余解衣盘礴〕“寒暑未尝轻出”，因不二斋美丽，且四季皆宜，故可以“解衣盘礴”，松宽束人之衣衫，闲适起卧活动于其内。“盘礴”，具“来回”、“盘旋”义。

【笺疏】

〔不二斋，高梧三丈，翠樾千重〕

不二斋，张岱曾祖张元忭书斋，在绍兴城内五马坊口，今人民西路西端。一九九八年拓宽道路，旧屋已经不存。祁彪佳《越中园亭记》，辑有同题《不二斋》文，曰：“张文恭于居第旁有楼三楹为讲学地，其家曾孙宗子更新之，建云林秘阁于后，宗子嗜古擅诗文，多蓄奇书文玩之具，皆极精好，洵惟懒瓒清秘足以拟之。”

〔以昆山石种水仙列阶趾〕

昆山石，出江苏省昆山玉峰山。石多窍，以色白，晶莹如玉者为佳。又名巧石，亦称玲珑石。块粒适宜盒架，置案头，为文人清玩。碎粒者置花盆水中，以植根水仙，如本篇所言："以昆山石种水仙列阶趾。"

砂罐锡注

宜兴罐，以龚春为上，时大彬次之，陈用卿又次之。锡注，以王元吉为上，归懋德次之。夫砂罐，砂也；锡注，锡也。器方脱手，而一罐一注价五六金，则是砂与锡与价，其轻重正相等焉，岂非怪事！然一砂罐、一锡注，直跻之商彝、周鼎之列而毫无惭色，则是其品地也。

【注释】

〔锡注〕锡制壶具。

〔直跻之商彝、周鼎之列而毫无惭色〕直，通"值"。跻，达到。

〔则是其品地也〕品地，品格与质地。

【笺疏】

〔宜兴罐，以龚春为上，时大彬次之〕

《夜航船·玩器》卷十二："无锡瓷壶，以龚春为上，时大彬次之，其规格大略粗蠢，细泥精巧，皆是后人所溷。"

龚春，即供春，宜兴制壶第一人。其后，"时大彬次之，陈用卿又次之”，次之，辈次也。供春之后至清初，宜兴制壶名家非只时、陈俩人，而张岱特别赞赏之，原因当然是时、陈是这一时期的代表人物。

《茶余客话》卷二十：“龚春壶式，茗具中逸品。其后复有四家：董翰、赵良、袁锡，其一则时鹏。鹏，大彬父也。大彬□擅长，名重遐域，其后有彭君实、龚春、陈用卿。又，徐氏壶皆不及大彬。彬弟子李仲芳小圆壶制精□，又□大彬之右，今不可得。近时宜兴砂壶，复加饶州之鎏，光彩射人，却失本来面目。陈其年诗云：‘宜壶作者推龚春，同时高手时大彬。碧山银槎濮谦竹，世间一艺皆通神。’”

完好的供春壶，至今难以得见。而时大彬壶则有之，其之紫砂提梁壶藏南京博物院，天方紫砂壶藏扬州市博物馆，三足圆壶藏无锡县文管会。其中三足圆壶，一九九四年还上了邮电部发行的《宜兴紫砂陶》邮票。

对于时大彬其人，同时文人徐应雷有《时大彬》文。大略曰：犀象金牛之器，非不贵重；商周彝鼎，非不甚古，余性不能好也。自余来阳羡，有客示以时大彬罍，甚小，而其价甚贵，余心恶之，曰：必击碎之为快，而所谓时大彬者，必屏之四夷为快。一日，遇诸杨纯父斋中，其人朴野，黧面垢衣。余问纯父：渠何以淫巧索高价若此？纯父曰：是渠世业。渠偶然能精之耳。初无他淫巧，渠故不索价。性嗜酒，所得钱辄付酒家，与所善村夫野老剧饮，费尽乃已。又懒甚，必空乏久，又无从称贷，始闭门，竟日专埴，始成一器，所得钱辄复沽酒，尽当其柴米赡。虽以重价投之，不应。且购者甚众，四方缙绅往往寓书县令，必取之。彼维穷昼夜，疲精神，力不给，故其势自然重价如此。渠但嗜酒，焉知其他！余近遇云间康季修，谈之更详。余于是欲尽碎其壶而足其酒终身焉。嗟呼！吾吴中祝希哲草书、唐伯虎画，并称神品，为本朝第一，又并有文章盛名。然其人皆日坐松竹间，散发裸饮，胸中翛然无一事。当盛暑，虽以台使者之重造门通之，不屑也。今观时大彬，一艺至微不足言，然以转嗜酒故能精，而况于书与画，而况于文章，而况于学圣人，学佛者也。

〔锡注，以王元吉为上，归懋德次之〕

《夜航船·玩器》卷十二："嘉兴锡壶，所制精工，以黄元吉为上，归懋德次之。初年价钱极贵，后渐轻微。"

沈梅冈

沈梅冈先生忤相嵩，在狱十八年。读书之暇，傍攻匠艺，无斧锯，以片铁日夕磨之，遂铦利。得香楠尺许，琢为文具一，大匣三、小匣七、壁锁二；棕竹数片，为箑一，为骨十八，以笋、以缝、以键，坚密肉好，巧匠谢不能事。夫人丐先文恭志公墓，持以为贽，文恭拜受之。铭其匣曰："十九年，中郎节；十八年，给谏匣。节邪匣邪同一辙。"铭其箑曰："塞外毡，饥可飡；狱中箑，尘莫干；前苏后沈名班班。"梅冈制，文恭铭，徐文长书，张应尧镌，人称四绝，余珍藏之。又闻其以粥炼土凡数年，范为铜鼓者二，声闻里许，胜暹罗铜。

【注释】

〔沈梅冈先生忤相嵩〕相嵩，严嵩。时严嵩为首辅，故以"相"称。忤，触犯。

〔棕竹数片，为箑一，为骨十八〕棕竹，亦称棕榈竹，制折扇（绍兴称油纸扇）用材。箑，扇。骨，此指扇骨。

〔坚密肉好〕扎实弥缝，敲击起来响声洪亮。声音丰满洪亮曰

"肉好"。《礼记·乐记》:"宽裕肉好顺成和动之音作。"《史记·乐书》裴骃集解引王肃曰:"肉好,言音之洪美。"

〔巧匠谢不能事〕谢,谦逊。

〔夫人丐先文恭志公墓,持以为贽〕丐,乞求;贽,古时初次求见时所送的礼物,此指匣、箧。

〔饥可飡〕飡,同"餐"。

〔尘莫干〕干,犯,侵犯、冒犯。杜甫《兵车行》有"哭声直上干云霄"句。

〔范为铜鼓者二〕范,本作"笵",铸物之模具。句中"范",具"用模子浇铸"义。

〔胜暹罗铜〕暹罗铜,此指泰国铜鼓。

【笺疏】

〔沈梅冈先生忤相嵩〕

沈束,号梅冈,会稽皋埠人。康熙《会稽县志·列传》卷二十三:"沈束,字宗安,嘉靖癸卯乡试第一,寻举进士,出理徽郡三年,拜礼科给事中。世宗末年,严嵩父子专政,诸所进退,一以贿入为低昂。束触事愤慨,将列其罪状,语稍漏,会总兵周尚文卒,请恤典,嵩恶其素不附已,寝之。束抗疏,言'尚文忠勇素著,国之长城,其死也,边人无不洒泣,而身后之典格而不议,奈何以示劝。且大臣当体国奉公,何以爱憎为予夺。'疏入,嵩大怒,条旨口阙下，几死。寻下诏狱幽禁之。自束疏上，后沈锦衣鍊、赵御史锦、徐刑部学诗，先后论嵩，时号‘越中四谏’，而嵩愈恨越人，禁束愈固，在狱凡十有八年，艰危无状，唯兀坐玩《周易》，著《周易通解》，发为诗歌，悲壮凄惋，令读者裂眦酸鼻。会严氏败，而束父年八十有七，其妻张乃伏阙上疏，请以身代系，令夫得一见父以瞑，凡三上，乃得旨放归。归则固有心疾，且其意欲佯狂以避世，时时对客作谵语，然平居谈道赋诗，惺如也。隆庆初，诏起原官，寻迁南通政，皆不赴，自是扫迹城市，日以著述自娱。家故贫，有田十余亩，妻妾并日而食，处之怡然。居十余年而卒。妻张妾潘载《贞妇传》。”

〔夫人丐先文恭志公墓〕

夫人，沈束妻张氏。康熙《会稽县志·列女》卷二十七：“张氏，沈束妻。束自徽州推官擢给事中，尚未有子，张自家为置妾潘氏俱往，抵京，则束已抗疏下狱矣。束父年八十余，张数伏阙乞哀，愿以身代系令归一省父，皆不报。束家故贫，养父且不给，张与潘日夜力女红，用给橐饘。甚不给，则有乡中父老，为泣贷于同郡宦京者。久之，诏出束，时家益贫窭，张乃身为汲炊，而令潘当夕。后束起南京通政参议，不赴。卒，竟无子。张亦寻卒。山阴徐令表其闾，建坊于山阴之中正里，曰‘一门风节’。”

绍兴城萧山街斜桥，清光绪年间称中正桥，桥北有弄，即中正弄，所谓“建坊于山阴之中正里”，所指中正里，应是这条中正弄。入弄四十米转弯处，旧有沈家台门，是沈束家宅。

张岱曾祖张元忭，隆庆五年（1571）状元，授修撰，后官左谕值经筵。谥文恭。沈束无子，亡后由张夫人出面，向张元忭求墓志铭。沈束卒年，据张岱《石匮书》：“辛巳，年六十有八，遂卒。”辛巳，万历九年（1581），此年或是张氏以沈束所制匣等为贽，向张元忭乞墓志铭之年。墓志铭载在张元忭《不二斋稿》。

〔前苏后沈名班班〕

前苏，指苏武。苏武，西汉杜陵（今陕西西安东南）人，字子卿。天汉元年（前100），以“中郎”职，受遣持节出使匈奴被扣，又逼迫于北海（今贝加尔湖）畔牧羊，风寒缺吃，坚贞不屈，始元六年（前81）匈奴与汉和好，始得返回汉朝。

后沈，指沈束。沈束，嘉靖二十三年（1544）秦鸣雷榜进士。在徽郡为官三年，入为礼科给事中。乾隆《绍兴府志·沈束传》载，沈束自诏狱归越，“甫两月，世宗崩”，世宗嘉靖帝崩于嘉靖四十五年（1566），此年亦即沈束放还之年，在狱十八年，入狱当在嘉靖二十八年（1549）。

名班班，名声显然。因铭曰：“十九年，中郎节；十八年，给谏匣。节邪匣邪同一辙。”

岣嵝山房

岣嵝山房，逼山、逼溪、逼弢光路，故无径不梁，无屋不阁。门外苍松傲睨，蓊以杂木，冷绿万顷，人面俱失。石桥底磴可坐十人。寺僧刳竹引泉，桥下交交牙牙，皆为竹邮。天启甲子，余键户其中者七阅月，耳饱溪声，目饱清樾。山上下多西栗、边笋，甘芳无比。邻人以山房为市，蓏果羽族日致之，而独无鱼。乃潴溪为壑，系巨鱼数十头。有客至，辄取鱼给鲜。日晡，必步冷泉亭、包园、飞来峰。一日，缘溪走看佛像，口口骂杨髡，见一波斯坐龙象，蛮女四五献花果，皆裸形，勒石志之，乃真伽像也。余椎落其首，并碎诸蛮女，置溺溲处以报之。寺僧以余为椎佛也，咄咄作怪事，及知为杨髡，皆欢喜赞叹。

【注释】

〔故无径不梁〕梁，桥梁。

〔门外苍松傲睨〕傲睨，傲然睨视，状松树高大神情。

〔寺僧刳竹引泉，桥下交交牙牙，皆为竹邮〕“交交牙牙”者，指寺僧所剖竹，此竹尾端，与彼竹头部，交相叠加以“引泉”状。刳，剖。泉因竹而“引”，或曰传递，一如驿站之“邮”。此处用“邮”，词义雅而确。

〔余键户其中者七阅月〕键户，关门；阅，经历。

〔边笋〕即鞭笋。

〔系巨鱼数十头〕系，本义绳系，引申为以绳绑缚，此指蓄养。

〔见一波斯坐龙象〕龙象，佛教用语，大德高僧之敬称。

【笺疏】

〔岣嵝山房，逼山、逼溪、逼弢光路〕

岣嵝山房主人李茇，杭州人，岣嵝其号。《西湖梦寻》卷二辑有《岣嵝山房》篇，曰：“李茇号岣嵝，武林人，住灵隐韬光山下。造山房数楹，尽驾回溪绝壑之上。溪声淙淙出阁下，高厓插天，古木蓊蔚，大有幽致。山人居此，孑然一身，好诗，与天池徐渭友善。客至，则呼僮驾小舫，荡桨于西泠断桥之间，笑咏竟日。以山石自磦生圹，死即埋之。著有《岣嵝山房诗集》四卷。天启甲子，余与赵介臣、陈章侯、颜叙伯、卓珂月、余弟平子，读书其中。主僧自超，园蔬山蔌，淡薄凄清，但恨名利之心未净，未免唐突山灵，至今犹有愧色。”

〔冷绿万顷，人面俱失〕

人面非失。状人面与万顷冷绿一色，隐于其中，故曰“俱失”。

〔天启甲子，余键户其中者七阅月〕

天启甲子（1624），是年张岱二十八岁。此年有乡试甲子科。乡试八月开考，张岱“键户其中者七阅月”，或为备考乡试，“七阅月”满，出为考试也。

〔日晡，必步冷泉亭、包园、飞来峰〕

《西湖梦寻》卷二，辑有《冷泉亭》篇。曰：“冷泉亭在灵隐寺山门之左。丹垣绿树，翳映阴森。亭对峭壁，一泓冷然，凄清入耳。亭后西栗十余株，大皆合抱，冷飔暗樾，遍体清凉。秋初栗熟，大若樱桃，破苞食之，色如蜜珀，香若莲房。天启甲子，余读书岣嵝山房，寺僧取作清供，余谓鸡头实无其松脆，鲜胡桃逊其甘芳也。夏月乘凉，移枕簟就亭中卧月，涧流淙淙，丝竹并作。张公亮听此水声，吟林丹山诗：‘流出西湖载歌舞，回头不似在山时。’言此水声带金石，已先作歌舞声矣，不入西湖安入乎？余尝谓住西湖之人，无人不带歌舞，无山不带歌舞，无水不带歌舞。脂粉纨绮，即村妇山僧，亦所不免。因忆眉公之言曰：‘西湖有名山，无处士；有古刹，无高僧；有红粉，无佳人；有花朝，无月夕。’曹娥雪亦有诗嘲之曰：‘烧鹅羊肉石灰汤，先到湖心次岳王。斜日未曛客未醉，齐抛明月进钱塘。’余在西湖，多在湖船作寓，夜夜见湖上之月。而今又避嚣灵隐，夜坐冷泉亭，又夜夜对山间之月，何福消受。余故谓西湖幽赏，无过东坡，亦未免遇夜入城。而深山清寂，皓月空明，枕石漱流，卧醒花影，除林和靖、李岣嵝外，亦不见有多人矣。即慧理、宾王，亦不许其同在卧次。”

青莲山房，即包园。《西湖梦寻》卷二，辑有《青莲山房》篇。曰：“青莲山房，为涵所包公之别墅也。山房多修竹古梅，倚莲花峰，跨曲涧，深岩峭壁，掩映林麓间。公有泉石之癖，日涉成趣，台榭之美，冠绝一时。外以石屑砌坛，柴根编户，富贵之中，又着草野。政如小李将军作丹青界画，楼台细画，虽竹篱茆舍，无非金碧辉煌也。曲房密室，皆储偫美人，行其中者，至今犹有香艳。当时皆珠翠团簇，锦绣堆成。一室之中，宛转曲折，环绕盘旋，不能即出。主人于此，精思巧构，大类迷楼。而后人欲如包公之声伎满前，则亦两浙荐绅先生所绝无者也。今虽数易其主，而过其门者，必曰包氏北庄。”

《西湖梦寻》卷二，辑有《飞来峰》篇。曰：“飞来峰，棱层剔透，嵌空玲珑，是米颠袖中一块奇石。使有石癖者见之，必具袍笏下拜，不敢以称谓简亵，只以石丈呼之也。深恨杨髡，遍体俱凿佛像，罗汉世尊，栉比皆是。如西子以花艳之肤，莹白之体，刺作台池鸟兽，乃以黔墨涂之也。奇格天成，妄遭锥凿，思之骨痛，翻恨其不匿影西方，轻出灵鹫，受人戮辱。亦犹士君子生不逢时，不束身隐遁，以才华杰出，反受摧残，郭璞、祢衡，并受此惨矣。慧理一叹，谓其何事飞来，盖痛之也，亦惜之也。且杨髡沿溪所刻罗汉，皆貌己像，骑狮骑象，侍女皆裸体献花，不一而足。田公汝成锥碎其一，余少年读书岣嵝，亦碎其一。闻杨髡当日住德藏寺，专发古冢，喜与殭尸淫媾。知寺后有来提举夫人与陆左丞化女，皆以色夭，用水银灌殓。杨命发其冢。有僧真谛者，性呆戆，为寺中樵汲，闻之大怒，嗥呼诟谇，主僧惧祸，锁禁之。及五鼓，杨髡起，趣众发掘。真谛逾垣而出，抽韦驮木杵奋击杨髡，裂其脑盖，从人救护，无不被伤。但见真谛于众中跳跃，每逾寻丈，若隼撇虎腾，飞捷非人力可到。一时灯炬皆灭，耰锄畚插都被段坏。杨髡大惧，谓是韦驮显圣，不敢往发，率众遽去，亦不敢问此僧也。洵为山灵吐气。”

〔一日，缘溪走看佛像，口口骂杨髡，见一波斯坐龙象，蛮女四五献花果，皆裸形，勒石志之，乃真伽像也。余椎落其首，并碎诸蛮女，置溺溲处以报之〕

杨髡，即毁掘宋六陵的西僧杨琏真伽。先是，元至元二十二年（1285），在山阴天衣寺发魏惠宪王坟，多得金玉，由此而发六陵。六陵被掘，江南士子皆悲号痛惜。杨髡横肆骄淫事，被元世祖知晓，召还诛之。

张岱“椎落”飞来山“杨髡”头颅，胆量真不小，不怕被人扯住，要其赔钱来？灵隐寺前那座飞来山，当时自然有主，见雕像被“椎”，能不急？

《徐霞客游记·浙游日记》第九十六页，载：“昔黥于杨髡之刊凿，今苦于游丐之喧污；而是时独诸丐寂然。山间石爽，毫无声闻之溷，若山洗其骨，而天洗其容者。余遍历其下，复各扪其巅，洞顶灵石攒空，怪树搏影，跨坐其上，不减群玉山头也。其峰昔属灵隐，今为张氏所有矣。下山涉涧，即为灵隐。”霞客于崇祯九年（1636）十月初一，游的飞来山。此时飞来山“为张氏所有”。这“张氏”，不知是哪家“张氏”？

张岱是在“天启甲子”，即天启四年（1624）在岣嵝山房，“键户其中者七阅月”，“椎落”飞来山“杨髡”头像事，发生在此期间。“椎落”其首，大有张岱说了算之气概。时张岱二十八岁。

【校勘】

〔寺僧刳竹引泉，桥下交交牙牙，皆为竹郮〕

“竹郮”之“郮”，上海古籍出版社作“节”。乾隆甲寅本、粤雅堂本，为“郮”。

〔山上下多西栗、边笋，甘芳无比〕

西栗之“栗”，乾隆甲寅本、粤雅堂本、上海古籍出版社本，均作“粟”：“山上下多西粟边笋，甘芳无比。”

西栗，栗之一种，比寻常所见板栗小许多。《杭州府志》卷七十八载：“灵隐有西栗，慧理自西天竺携来种此，实小而味美。”西栗之得名，恐在于“自西天竺携来种此”。

光绪本《西湖梦寻·岣嵝山房》篇后，附《陶庵梦忆·岣嵝山房》（在《西湖梦寻》中题名为《张岱岣嵝山房小记》）一篇，即曰“西栗”。辑入上海古籍出版社出版的《西湖梦寻》的《冷泉亭》篇，有曰：“亭后西栗十余株，大皆合抱，冷飔暗樾，遍体清凉。秋初栗熟，大若樱桃，破苞食之，色如蜜珀，香若莲房。”张岱当年吃到的，或许正是这“亭后西栗十余株”所产。

20世纪末，利用十月一日假日，访张岱避兵处嵊县鹿苑寺，在城厢一农贸市场，有妇卖煮熟小栗。栗壳色如常，肉黄，食之甘香糯。此非野毛栗，当时疑是张岱笔下之“西栗”，买了一小包。

三世藏书

余家三世积书三万余卷。大父诏余曰：“诸孙中惟尔好书，尔要看者，随意携去。”余简太仆、文恭、大父丹铅所及有手泽存焉者，汇以请，大父喜，命舁去，约二千余卷。天启乙丑，大父去世，余适往武林，父叔及诸弟、门客、匠指、臧获、巢婢辈乱取之，三代遗书一日尽失。余自垂髫聚书四十年，不下三万卷。乙酉避兵入剡，略携数簏随行，而所存者为方兵所据，日裂以吹烟，并舁至江干，籍甲内挡箭弹，四十年所积，亦一日尽失。此吾家书运，亦复谁尤！余因叹古今藏书之富，无过隋、唐。隋嘉则殿分三品，有红琉璃、绀琉璃、漆轴之异。殿垂锦幔，绕刻飞仙。帝幸书室，践暗机，则飞仙收幔而上，橱扉自启；帝出，闭如初。隋之书计三十七万卷。唐迁内库书于东宫丽正殿，置修文、著作两院，学士得通籍出入。太府月给蜀都麻纸五千番，季给上谷墨三百三十六丸，岁给河间、景城、清河、博平四郡兔千五百皮为笔，以甲、乙、丙、丁为次。唐之书计二十万八千卷。我明中秘书不可胜计，即《永乐大典》一书，亦堆积数库焉。余书直九牛一毛耳，何足数哉！

【注释】

〔大父诏余曰〕诏，告诉，多用于上告下。《庄子·盗跖》："夫为人父者，必能诏其子。"

〔余简太仆、文恭、大父丹铅所及有手泽存焉者〕简，挑选；丹铅，丹砂与铅粉，是古人校勘文字用材；手泽，原意为手汗所沾润，借指为先人的遗物迹存。《礼记·玉藻》："父没而不能读父之书，手泽存焉尔。"孔颖达疏："谓其书有父平生所持手之润泽存在焉，故不忍读也。"

〔父叔及诸弟、门客、匠指、臧获、巢婢辈乱取之〕匠指，工匠。臧获、巢婢，即奴婢。

〔乙酉避兵入剡〕入剡，即避兵于嵊县西白山鹿苑寺。乙酉，清顺治二年（1645），是年张岱五十岁。

〔为方兵所据〕方兵，方国安兵。见卷一《越俗扫墓》笺疏。

〔此吾家书运，亦复谁尤〕尤，怨恨；归咎。《论语·宪问》：

“不怨天，不尤人。”

〔隋嘉则殿分三品，有红琉璃、绀琉璃、漆轴之异〕嘉则殿，隋炀帝书房。其时图书形式，为卷轴装帧，分上品红琉璃轴、中品绀琉璃轴、下品漆轴三种，则句所曰“分三品”。漆轴木质，涂漆为饰而已。绀（音甘），一种深青带点红的颜色。

〔帝幸书室〕幸，临。

〔得通籍出入〕籍，是二尺长的竹片，上写姓名、年龄、身份等，挂在宫门外，以备出入时查对。通籍，谓记名于门籍，凭此进出宫门。

【校勘】

〔天启乙丑，大父去世〕

乾隆甲寅本、粤雅堂本、上海古籍出版社本，作“崇祯乙丑”。崇祯无乙丑年。乙丑在天启，为天启五年（1625），是年张岱二十九岁。

《琅嬛文集·家传·张汝霖传》卷四载，“天启辛酉，大父以病归，龙阿携兵送，尽黔界，恸哭而去。”又载“壬戌，起湖西道。”再载“癸亥还山”；再载“明年，又转副闽臬。大父意不欲出，勉强之福宁，缴凭即归”；再载“乙丑三月病瘰疬，不起”。壬戌，天启二年（1622）；癸亥，天启三年（1623）；“明年，又转副闽臬”，在天启四年（1624）；乙丑，天启五年（1625）三月，终于“不起”。

卷三

丝社

越中琴客不满五六人，经年不事操缦，琴安得佳？余结丝社，月必三会之。有小檄曰："中郎音癖，《清溪弄》三载乃成；贺令神交，《广陵散》千年不绝。器繇神以合道，人易学而难精。幸生岩壑之乡，共志丝桐之雅。清泉磐石，援琴歌《水仙》之操，便足怡情；涧响松风，三者皆自然之声，正须类聚。偕我同志，爰立琴盟，约有常期，宁虚芳日。杂丝和竹，用以鼓吹清音；动操鸣弦，自令众山皆响。非关匣里，不在指头，东坡老方是解人；但识琴中，无劳弦上，元亮辈正堪佳侣。既调商角，翻信肉不如丝；谐畅风神，雅羡心生于手。从容秘玩，莫令解秽于花奴；抑按盘桓，敢谓倦生于古乐。共怜同调之友声，用振丝坛之盛举。"

【注释】

〔越中琴客不满五六人〕越中，指为绍兴。

〔经年不事操缦〕经年，全年；事，从事，《吕氏春秋·尊师》："力耕耘，事五谷。"缦，琴弦。

〔涧响松风，三者皆自然之声，正须类聚〕三者，指中郎《清溪弄》、贺令《广陵散》、伯牙《水仙》之操。类聚，同类相聚。

〔既调商角，翻信肉不如丝〕商角，属五音级宫、商、角、徵、羽之两级；肉，指口唱之音，与乐器声相对；丝，本指弦器之丝，此指弹拨弦器所发出的声音。

【笺疏】

〔中郎音癖，《清溪弄》三载乃成〕

中郎，即蔡邕。蔡邕，字伯喈，汉朝人。蔡邕有琴名绿绮，一时名重天下；在吴时，人烧桐为爨，中郎听到火爆声知为良木，请截而为琴，果有美声，因火焦其尾，名之“焦尾琴”；亡命会稽，中郎于柯桥柯亭得椽竹而为笛，此三种情状，不是“音癖”，焉能为之？蔡邕能谱曲，张岱《夜航船·律吕·琴操》卷九：“蔡邕五弄：《游春》、《渌水》、《幽居》、《坐愁》、《秋思》。”《清溪弄》是其精心之作，故“三载乃成”。

〔贺令神交，《广陵散》千年不绝〕

《太平广记》载：会稽贺思令月夜临风抚琴，忽见一人，着械，有惨色，至中庭与贺共语，自云是嵇中散，说贺“下手极快，但于古法未合”，因授以《广陵散》。

〔幸生岩壑之乡，共志丝桐之雅〕

岩壑之乡，指绍兴。嘉泰《会稽志·杂记》卷十九：“顾长康从会稽还，人问山川之美，顾云：‘千岩竞秀，万壑争流，草木蒙笼其上，若云兴霞蔚。’”因中郎、贺令，均与绍兴有关，故曰“幸生”而“共志丝桐之雅”。

〔清泉磐石，援琴歌《水仙》之操，便足怡情〕

伯牙为《水仙》之操。《夜航船·乐律·将移我情》卷九：“伯牙学琴于成连，三年不成。乃引之东海蓬莱山之侧，刺船迎吾师方子春，旬日不返。伯牙延望无人，但闻海水澒洞崩折之声，山林杳冥，群鸟悲鸣，怆然叹曰：‘先生将移我情矣！’乃援琴而歌水仙之操。”援琴，即拿起琴来，意为弹琴。

〔**非关匣里，不在指头，东坡老方是解人**〕

苏轼《琴诗》：“若言琴上有琴声，放在匣中何不鸣；若言声在指头上，何不于君指上听。”东坡，苏轼号；解人，明白人。

〔**但识琴中，无劳弦上，元亮辈正堪佳侣**〕

元亮，陶潜字。陶渊明不解琴，畜素琴一张，弦徽不具，常扶摩之曰：“但识琴中趣，何劳弦上声。”

〔**从容秘玩，莫令解秽于花奴**〕

“莫令解秽于花奴”，典出唐南卓《羯鼓录》。花奴，唐汝南王李琎的小字。李琎擅羯鼓，且“姿质明莹，肌发光细”，很受唐玄宗宠爱。玄宗不好琴，一日庭内听得琴声，以为是秽物入耳，叱之出，且曰：“速召花奴将羯鼓来，为我解秽。”

“从容秘玩”，琴操是讲究环境幽雅，由少数人静心拨弄品赏的技艺，与大锣大鼓“解秽于花奴”不同，故曰“莫令”。

南镇祈梦

万历壬子，余年十六，祈梦于南镇梦神之前，因作疏曰：“爰自混沌谱中，别开天地；华胥国里，早见春秋。梦两楹，梦赤舄，至人不无；梦蕉鹿，梦轩冕，痴人敢说。惟其无想无因，未尝梦乘车入鼠穴，捣齑啖铁杵；非其先知先觉，何以将得位梦棺器，得财梦秽矢，正在恍惚之交，俨若神明之赐。某也躨跜偃潴，轩翥樊笼，顾影自怜，将谁以告？为人所玩，吾何以堪！一鸣惊人，赤壁鹤耶？局促辕下，南柯蚁耶？得时则驾，渭水熊耶？半榻蘧除，漆园蝶耶？神其诏我，或寝或吪；我得先知，何从何去。择此一阳之始，以祈六梦之正。功名志急，欲搔首而问天；祈祷心坚，故举头以抢地。轩辕氏圆梦鼎湖，已知一字而有一验；李卫公上书西岳，可云三问而三不灵。肃此以闻，惟神垂鉴。”

【注释】

〔爰自混沌谱中，别开天地〕爰（音元），“乃”义。《诗·魏风·硕鼠》：“乐土乐土，爰得我所。”混沌谱，指梦境。《仙鉴》卷四十七有云：一客往华山访仙人陈抟，适值其睡，旁又一仙人谛听其声息，以墨笔乌涂于纸，如是数次，乌涂莫辨。客怪而问之，仙人对曰：“彼先生华胥调，此混沌谱也。”

〔华胥国里，早见春秋〕《列子·黄帝》：（黄帝）昼寝而梦，游于华胥氏之国。华胥氏之国在弇州之西，台州之北，不知斯齐国几千万里。盖非舟车足力之所及，神游而已。华胥是梦境中国度，因用为梦境的代称。

〔梦两楹，梦赤舄，至人不无〕梦两楹，而知死期。《礼记·檀弓上》：孔子蚤作，负手曳杖，消摇于门，歌曰：“泰山其颓乎？梁木其坏乎？哲人其萎乎？”既歌而入，当户而坐，子贡闻之，曰：“泰山其颓，则吾将安仰？梁木其坏、哲人其萎，则吾将安放？夫子殆将病也。”遂趋而入，夫子曰：“赐，尔来何迟也？夏后氏殡于东阶之上，则犹在阼也，殷人殡于两楹之间，则与宾主夹之也，周人殡于西阶之上，则犹宾之也。而丘也殷人也，予畴昔之夜，梦坐奠于两楹之间。夫明王不兴，而天下其孰能宗予？予殆将死也。”盖寝疾七日而没。

舄（音戏），即鞋。古代一种有多层底的鞋。崔豹《古今注·舆服》："舄，以木置履下，干腊不畏泥湿也。"《列仙传》卷上有云：秦始皇东巡至海，闻千岁翁安期生之名，见而与语三昼夜，赐金银珠宝数千万。安期生悉弃驿亭，留书并以赤玉舄为报，飘然而往蓬莱。

至人，指道德达到最高境界的人。《荀子·天论》："故明于天人之分，则可谓至人矣。"

〔梦蕉鹿，梦轩冕，痴人敢说〕梦樵鹿，是将真事化解作梦境。《列子·周穆王》："郑人有薪于野者，遇骇鹿，御而击之，毙之。恐人见之也，遽而藏诸隍中，覆之以蕉，不胜其喜，俄而忘其所藏之处，遂以为梦焉。"轩冕，见前解。

〔惟其无想无因，未尝梦乘车入鼠穴，捣齑啖铁杵〕《世说新语·文学》：卫玠总角时，问乐令梦。乐云是想。卫曰："形神所不接，而梦岂是想邪？"乐云："因也。未尝梦乘车入鼠穴，捣齑啖铁杵，皆无相无因也。"

〔得位梦棺器，得财梦秽矢〕《世说新语·文学》有云：人有问殷中军：何以将得位而梦棺器，将得财而梦矢秽？殷曰："官本是臭腐，所以将得位而梦棺尸；财本是粪土，所以将得财而梦秽污。"位，爵位、官位。

〔某也蠖跜偃潴，轩翥樊笼〕蠖（音逵）跜（音尼），本义为虬龙动貌，此指"某"如虬龙，欲动而偃卧潴滞；轩翥（音铸），飞举貌，此指"某"如鸾鸟，欲飞而陷于樊笼。樊笼，关鸟兽的笼子，此指遭遇不自由之境地。

〔顾影自怜，将谁以告〕顾影自怜，典出陆机诗《赴洛道中作》"顾影凄自怜"句，有自我欣赏之意。告，告诉。

〔为人所玩，吾何以堪〕堪，禁当，承受。《论语·雍也》："人不堪其忧，回也不改其乐。”

〔一鸣惊人，赤壁鹤耶〕赤壁鹤典，见苏轼《后赤壁赋》：时夜将半，四顾寂寥，适有孤鹤，横江东来。翅如车轮，玄裳缟衣，戛然长鸣，掠予舟而西也。须臾客去，予亦就睡，梦一道士，羽衣蹁跹，过临皋之下，揖予而言曰：“赤壁之游乐乎？”问其姓名，俯而不答。“呜呼！噫嘻！我知之矣。畴昔之夜，飞鸣而过我者，非子也邪？”道士顾笑，予亦惊寤。开户视之，不见其处。苏轼赤壁梦鹤，是幻境幻想。

〔局促辕下，南柯蚁耶〕唐代李公佐撰有《南柯太守传》，叙述淳于棼得梦入槐安国，国王以女妻之，官南柯太守，享尽荣华。其后与敌战而败，公主亡故，遭国王遣还，却是一梦醒来，见槐树下一蚁穴，恍若梦中之境。

〔得时则驾，渭水熊耶〕驾，称人行动之敬辞。《晋书·王鉴传》：愚谓尊驾宜亲幸江州。姜太公七十，渭水钓而遇文王，谓“得时”。《史记·齐太公世家》卷三十二：“吕尚盖尝穷困，年老矣，以渔钓奸周西伯。西伯将出猎，卜之，曰‘所获非龙非彨，非虎非罴，所获霸王之辅’。於是周西伯猎，果遇太公於渭之阳，与语大说，曰：‘自吾先君太公曰：当有圣人适周，周以兴。子真是邪？吾太公望子久矣。’故号之曰‘太公望’，载与俱归，立为师。”文王猎获“太公望”于渭水，“非龙非彨，非虎非罴”，是为“渭水熊”也。

〔漆园蝶〕庄周曾为漆园吏，漆园以指代庄周。《庄子·齐物论》载：昔者庄周梦为胡蝶，栩栩然胡蝶也。自喻适志与！不知周也。俄然觉，则蘧蘧然周也。不知周之梦为胡蝶与？胡蝶之梦为周与？周与胡蝶则必有分矣。此之谓物化。

〔故举头以抢地〕抢，碰、撞。

〔轩辕氏圆梦鼎湖〕轩辕氏，即黄帝。《史记·封禅书》有云："华山、首山、太室、泰山、东莱，此五山，黄帝之所常游，与神会。又云：黄帝采首山铜，铸鼎于荆山下。鼎既成，龙垂胡髯迎黄帝上天。"后世因名其处曰鼎湖。

〔李卫公上书西岳，可云三问而三不灵〕李卫公，即唐初兵家李靖。其《上西岳书》载《唐文》卷一五三，曰："布衣李靖，不揆狂简，献书西岳大王阁下：靖闻'上清下浊，爰分天地之仪；昼明夜昏，乃著人神之道。'又闻'聪明正直，依人而行。'至诚感神，信不虚矣。伏惟大王嵯峨擅德，肃爽凝威。为灵术，制百神；配位名，雄四岳。是以历像清庙，作镇金方，遐规历代，哲王莫不顺时禋祀。兴云致雨，天实肯从；转孽为祥，何有不赖！呜呼！靖者，一丈夫尔，何得进不偶用，退不获安？呼吸若穷池之鱼，进退似失林之鸟？忧伤之心，不能自已？社稷凌迟，宇宙倾覆；奸雄竞逐，郡县大崩。遂欲建义横行，云飞电扫；斩鲸鲵而清海岳，卷氛祲以闢山河。使万姓昭苏，庶物昌运，即应天顺时之作也。又大宝不可以妄据，欲杖剑谒节，未有飞龙在天。捧忠义之心，负济世之志，吐肝胆于阶下，惟神鉴之！愿告进退之机，得遂平生之志。有赛德之时，终陈击鼓。若三问不对，亦何神之有灵？然后即靖斩大王头，焚其庙，建纵横之略，亦未晚也！惟神裁之。"中有"若三问不对，亦何神之有灵"句，即变通为"三问而三不灵"。

【笺疏】

〔**万历壬子，余年十六**〕

万历壬子，万历四十年（1612），是年张岱十六岁。

〔**祈梦于南镇梦神之前**〕

南镇庙（俗呼南镇殿），在绍兴府城东十三里会稽山下。其西侧，即是上香炉峰山道。华夏有东、南、中、西、北五镇山，南镇为会稽山。据方志记载，秦、晋时会稽山曾有祭山活动；隋开皇十四年（594），就山立祠，多莳松柏于祠下，此即南镇有祀所之始；唐天宝十年（751），封南镇为永兴公，定"南效迎气之日祭之"；宋淳化二年（991），改在立夏日祭祀，加封为永济王；元大德二年（1298），改封昭德顺应王；明洪武三年（1370），去前代封号，只以"会稽山之神"称之。明、清以来，历代皇帝或遣道士，或遣官致祭，其中康熙致祭十一次，乾隆致祭十四次。祭日在祭禹后一日。旧南镇庙，已毁，其址今为香炉峰景区停车场。本书所以用白地景色（见上图）为插图，在于怀念以往之南镇。

〔择此一阳之始，以祈六梦之正〕

六梦，《列子·周穆王》："一曰正梦，二曰蘁梦，三曰思梦，四曰寤梦，五曰喜梦，六曰惧梦。"冬至，二十四节气之始，阴极而阳始，即所谓"一阳之始"。绍兴坊巷有传言：冬至夜夜长梦多，且最灵验。张岱亦不免俗，万历四十年（1612）冬至夜，宿南镇大殿中，祈美梦于南镇梦神。

〔功名志急，欲搔首而问天；祈祷心坚，故举头以抢地〕

张岱南镇祈梦，在于"功名志急"。为求取"功名"，祈梦于南镇。

禊泉

惠山泉不渡钱唐，西兴脚子挑水过江，喃喃作怪事。有缙绅先生造大父，饮茗大佳，问曰："何地水？"大父曰："惠泉水。"缙绅先生顾其价曰："我家逼近卫前，而不知打水吃，切记之。"董日铸先生常曰："浓、热、满三字尽茶理，陆羽《经》可烧也。"两先生之言，足见绍兴人之村之朴。余不能饮潟卤，又无力递惠山水。甲寅夏，过斑竹庵，取水啜之，磷磷有圭角，异之。走看其色，如秋月霜空，噀天为白；又如轻岚出岫，缭松迷石，淡淡欲散。余仓卒见井口有字画，用帚刷之，"禊泉"字出，书法大似右军，益异之。试茶，茶香发。新汲少有石腥，宿三日，气方尽。辨禊泉者无他法，取水入口，第挢舌舐腭，过颊即空，若无水可咽者，是为禊泉。好事者信之，汲日至，或取以酿酒，或开禊泉茶馆，或瓮而卖，及馈送有司。董方伯守越，饮其水，甘之，恐不给，封锁禊泉，禊泉名日益重。会稽陶溪、萧山北干、杭州虎跑，皆非其伍，惠山差堪伯仲。在蠡城，惠泉亦劳而微热，此方鲜磊，亦胜一筹矣。长年卤莽，水递不至其地，易他水，余笞之，詈同伴，谓发其私。及余辨是某地某井水，方信服。昔人水辨淄、渑，侈为异事，诸水到口，实实易辨，何待易牙？余友赵介臣亦不余信，同事久，别余去，曰："家下水实进口不得，须还我口去。"

【注释】

〔惠山泉不渡钱唐，西兴脚子挑水过江，喃喃作怪事〕惠山泉，号天下第二泉，在无锡惠山。西兴，镇名，在钱塘江南岸，是杭州绍兴间的一处渡口。脚子，挑夫。喃喃，低语声，此作低声自语意。钱唐，江名，即钱塘江。

〔缙绅先生顾其价曰〕缙绅先生回头对他的仆役说。缙绅，官宦代称。顾，回看；价，旧称供役使的人。《宋史·曹彬传》："走价驰书来诣。"

〔余不能饮潟卤〕潟卤，盐水。

〔取水啜之，磷磷有圭角〕取水喝，清澈之中有玉石质味。磷磷，水明净貌；圭角，玉石棱角，此处指水有玉石质味。

〔余仓卒见井口有字画〕卒，同"猝"。仓卒，匆忙；急遽。《论衡·问孔》："仓卒吐言，安能皆是。"

〔取水入口，第挢舌舐腭，过颊即空，若无水可咽者〕"第挢舌舐腭"，只要将舌翘起顶住腭部。第，只；挢（音矫），翘起；舐（音氏），以舌舔。

〔长年卤莽，水递不至其地，易他水，余笞之，詈同伴，谓发其私〕长年，雇佣全年的长工；笞，抽打；詈（音利），骂。

〔昔人水辨淄、渑，侈为异事，诸水到口，实实易辨，何待易牙〕淄（音资）、渑（音绳），淄河渑水，均在山东省；侈（音斥），夸张；易牙，春秋齐桓公宠臣，知味而精烹调。唐张又新《煎茶水记》有云："古人云：'泻水置瓶中，焉能辨淄渑。'"又《吕氏春秋》载："孔子曰：'淄渑之合者，易牙尝而知之。'"

【笺疏】

〔董日铸先生常曰："浓、热、满三字尽茶理，陆羽《经》可烧也"〕

董日铸先生，名懋策，日铸其号。《会稽渔渡董氏族谱·世系》卷四载："懋策，字揆仲，号日铸。行恕八十一。郡廪生。万历丁酉、壬子副榜。生嘉靖四十二年癸亥四月十六日酉时，卒万历四十一年癸丑正月廿六日辰时。乡谥'靖介'。事实详传。"

董日铸其传，载《会稽渔渡董氏族谱·世德》卷三十，曰："讳懋策，字揆仲，号日铸，周噩公仲弟。自幼好古博学，磊落不凡，人皆以文简之业期之。为郡廪生，盛名远播，及门者以百十计。岁丁酉，以太学生就试北场，房师以其卷拟第一，主考不允首选，许以亚魁，房师执意不肯，遂置副车。越十六年，壬子就南闱试，房师又荐为元，主司摘其瑕疵，以为伤巧，又列副榜。一时有南北遗珠之叹。与钱岳阳、陶石篑颉颃其名，然终不第。居家仿陆梭山成法，事事节啬，而家业亦日以起。所著有《周易牀头私录》、《大中衍义》梓行于世。"

"乡谥'靖介'"，是"其友提学副使张汝霖为之私谥置祠"，事见《康熙会稽县志·儒林·董日铸传》卷二十四。

〔两先生之言，足见绍兴人之村之朴〕

"村"，村头村脑，含眼界不广义。"朴"，朴实。

那位家住绍兴卫署前的“缙绅先生”，有财而吃茶不知有无锡惠泉，张汝霖提及“惠泉水”，“缙绅先生”将“惠泉”听作“卫前”，故有“我家逼近卫前，而不知打水吃，切记之”一句。而董日铸先生“事事节啬”，吃茶只为解渴，因此认为“浓、热、满三字尽茶理”。

“浓、热、满”，是绍兴乡野人至今依然遵奉之茶道。

〔**甲寅夏，过斑竹庵，取水啜之，磷磷有圭角，异之。走看其色，如秋月霜空，噀天为白；又如轻岚出岫，缭松迷石，淡淡欲散。余仓卒见井口有字画，用帚刷之，“禊泉”字出，书法大似右军，益异之**〕

“甲寅夏，过斑竹庵。”甲寅，万历四十二年（1614），是年张岱十八岁。

禊泉在斑竹庵。斑竹庵在会稽县长庆寺。康熙《会稽县志·祠祀志下》卷十六载：“长庆寺，在县治东南一里。宋永徽二年，因汉尚书陈嚣竹园建，号竹园寺。唐会昌五年毁。周显德五年重建，号广济院。大中祥符元年改今额。后祀卫士唐琦于寺侧，因呼班值庵，俗名斑竹庵。”张岱在《阳和泉》篇，开首一句点明“禊泉出城中”，因此，禊泉就在俗名斑竹庵的长庆寺内。

长庆寺，在绍兴城内新建北路塔子桥南，因着鲁迅先生的关系，至今仍在。20世纪90年代，为撰写拙著《绍兴古迹笔谭》，寻访到长庆寺，见寺内已无“禊泉”之井。当时井被圈出寺外，且无井圈，现归入长庆寺。照片中井圈，为新置，刻以“稧泉”，可见书家之村朴。下页左图为长庆寺门景。

右军，即王羲之。

〔**会稽陶溪、萧山北干、杭州虎跑，皆非其伍，惠山差堪伯仲。在蠡城，惠泉亦劳而微热**〕

会稽陶溪，绍兴城南九里山溪水；萧山北干，萧山北干山溪水；

杭州虎跑，杭城虎跑泉水。蠡城，即绍兴城。绍兴城为范蠡所筑，故名。

〔余友赵介臣〕

赵介臣，东阳人。

兰雪茶

日铸者，越王铸剑地也。茶味棱棱，有金石之气。欧阳永叔曰："两浙之茶，日铸第一。"王龟龄曰："龙山瑞草，日铸雪芽。"日铸名起此。京师茶客，有茶则至，意不在雪芽也，而雪芽利之，一如京茶式，不敢独异。三峨叔知松萝焙法，取瑞草试之，香扑冽。余曰："瑞草固佳，汉武帝食露盘，无补多欲；日铸茶薮，'牛虽瘠偾于豚上'也。"遂募歙人入日铸。杓法、掐法、挪法、撒法、扇法、炒法、焙法、藏法，一如松萝。他泉瀹之，香气不出，煮禊泉，投以小罐，则香太浓郁。杂入茉莉，再三较量，用敞口瓷瓯淡放之，候其冷，以旋滚汤冲泻之，色如竹箨方解，绿粉初匀，又如山窗初曙，透纸黎光。取清妃白，倾向素瓷，真如百茎素兰同雪涛并泻也。雪芽得其色矣，未得其气，余戏呼之“兰雪”。四五年后，“兰雪茶”一哄如市焉。越之好事者不食松萝，止食兰雪。兰雪则食，以松萝而篡兰雪者亦食，盖松萝贬声价俯就兰雪，从俗也。乃近日徽歙间，松萝亦改名兰雪，向以松萝名者，封面系换，则又奇矣。

【注释】

〔茶味棱棱，有金石之气〕日铸茶产地日铸岭，曾为越王勾践铸剑处，茶得地气，其味犹如金石之棱角，故曰“棱棱”。

〔余曰：“瑞草固佳，汉武帝食露盘，无补多欲；日铸茶薮，‘牛虽瘠偾于豚上’也。”遂募歙人入日铸〕“汉武帝食露盘”，《资治通鉴》卷二十，载：汉武元鼎二年“春。起柏梁台，作承露盘高二十丈，大七围，以铜为之，上有仙掌以承露，和玉屑饮之，云可以长生，宫室之修，自此日盛。”郡城内卧龙山所产之茶，名“瑞草”。卧龙山小，产量不大，如汉武以铜盘承露，露亦不多，而我需求大，故下文有“汉武帝食露盘，无补多欲”句。“牛虽瘠偾于豚上”，出《左传·昭公十三年》：“叔向曰：‘寡君有甲车四千乘在，虽以无道行之，必可畏也，况其率道，其何敌之有？牛虽瘠偾于豚上，其畏不死？南蒯、子仲之忧，其庸可弃乎？若奉晋之众，用诸侯之师，因邾、莒、杞、鄫之怒，以讨鲁罪，间其二忧，何求而弗克？’鲁人惧，听命。”瘠，瘦弱；偾（音奋），仆倒；

豚，猪。牛虽至瘦瘠，倒仆下来，却能压在猪身上。“牛”以喻日铸岭，“豚”以喻卧龙，两两相较，于是“遂募歙人入日铸”。茶薮（音叟），茶树汇聚之处。

〔遂募歙人入日铸〕歙人，安徽歙县人。

〔他泉瀹之，香气不出〕瀹（音跃），煮。此处可以理解为“泡”。

〔再三较量〕较量，比较对照，增减分量。

〔色如竹箨方解〕颜色如笋成竹刚脱去笋箨时。箨（音拓），笋壳。

〔以松萝而纂兰雪者亦食〕纂，与“篡”义同。

【笺疏】

〔日铸者，越王铸剑地也〕

嘉泰《会稽志》卷十七，有《日铸茶》一篇，茶之得名“日铸”，其载曰：“日铸岭，在会稽县东南五十五里。岭下有僧寺名‘资寿’，其阳坡名‘油车’，朝暮常有日，产茶绝奇，故谓之日铸。”茶因岭得名。康熙《会稽县志》卷四，载：“日铸岭”，在县东南五十五里陶晏岭北。

〔王龟龄曰：“龙山瑞草，日铸雪芽。”日铸名起此〕

龟龄，宋绍兴二十七年（1157）丁丑科状元王十朋字。王十朋曾官绍兴府签判。卧龙山茶与日铸茶承传与差异，嘉泰《会稽志·日铸茶》篇有描述：“按今会稽产茶极多佳品，惟卧龙一种得名亦盛，几与日铸相亚。卧龙者出卧龙山，或谓茶种初亦出日铸，盖有知茶者谓二山土脉相类，及蓺成，信亦佳品。然日铸芽纤白而长，其绝品长至三二寸，不过十数株，余虽不逮，亦非他产所可望，味甘软而永，多啜宜人，无停滞酸噎之患。卧龙则芽差短，色微紫黑，类蒙顶紫笋，味颇森严，其涤烦破睡之功，则虽日铸有不能及，顾其品终在日铸下。

自顷二者皆或充包贡，卧龙则易其名曰‘瑞龙’，盖自近岁始也。”

〔三峨叔知松萝焙法〕

三峨，张岱三叔炳芳号。张炳芳只是一名秀才，先在绍兴府衙为幕士，后入京师，谋了个内阁秘书职位。《琅嬛文集·附传》卷四，有张炳芳传文，有曰：“云间何士抑、金斗许芳谷官于越，三叔居幕下，不咨询不敢理郡事。三叔以诸生遂创大厦，土木精工，费且巨万，皆赤手立办之，不为苦。天启丁卯，不携寸镪走京师，以一席言，取内阁秘书如取诸寄。”

“天启丁卯”，天启七年（1627）。“三峨叔”在京为内阁秘书，真是风光得很，其传又载：“凡台省部寺，朝上疏，夕必伺于三叔之门，探问消息，车马填拥，行者不得路，而夜归见客必四鼓。旨一出，有喜事，即以赫蹏走报，时人称之张喜雀。”

张炳芳归越，已在崇祯十四年（1641）前后。归越“不两月而殂”。张三峨“知松萝焙法”，而“取瑞草试之”，应在去京前，其在绍兴府署任事时。府署在卧龙山麓，山上茶叶，所谓“卧龙瑞草”，取试极是方便。

卷三《闵老子茶》有“戊寅九月至留都，抵岸，即访闵汶水于桃叶渡”句，“戊寅”，崇祯十一年（1638），而其诗《曲中妓王月生》，有“今来茗战得异人，桃叶渡口闵老子”句，可以想见，张岱是拿了“兰雪茶”，与闵老子“茗战”的。这样，从三峨叔“取瑞草试之”，到制成兰雪茶，所用时间不短。

〔遂募歙人入日铸。扚法、掐法、挪法、撒法、扇法、炒法、焙法、藏法，一如松萝〕

张岱《琅嬛文集·与胡季望》篇，有制茶描述，其中写道：“盖做茶之法，俟风日清美，茶须旋采，抽筋摘叶，急不待时，武火杀青，文火炒熟，穷日之力，多则半斤，少则四两，一锅一小锡罐盛之，煮水尝试，其香味一样，则合成一瓶，如一锅焦臭，则不可搀和，倘杂一片，则全瓮败坏矣。瑞草雪芽，其托胎具在于此。吾兄精于茶理，故向兄言之。且吾兄家多建兰茉藜，香气熏蒸，纂入茶瓶，则素瓷静递，间发花香，此则吾兄独擅其美，又非弟辈所能几及者矣。”

《与胡季望》与《兰雪茶》篇，都讲到了掺入茉莉一事，由此，“兰雪”属花茶类。至今绍兴，茉莉花茶依然生产，且主要销往北京一带，京城茶客仍保留着兰雪式花茶口味，如“京师茶客，有茶则至，意不在雪芽也。而雪芽利之，一如京茶式，不敢独异”所言。

【校勘】

〔欧阳永叔曰：“两浙之茶，日铸第一。”〕

“两浙之茶，日铸第一”句，“日铸”本作“日注”，见欧阳修《归田录》。嘉泰《会稽志·日铸茶》云：“惟欧阳公著《归田录》，则书为‘日注’，疑公自有所据。其后亦有书作‘注’者，盖自欧阳公始也。”

〔王龟龄曰：“龙山瑞草，日铸雪芽。”〕

王十朋《会稽风俗赋并序》为“日铸雪芽，卧龙瑞草”。

白洋潮

故事，三江看潮，实无潮看。午后喧传曰：“今年暗涨潮。”岁岁如之。庚辰八月，吊朱恒岳少师，至白洋，陈章侯、祁世培同席。海塘上呼看潮，余遄往，章侯、世培踵至。立塘上，见潮头一线从海宁而来，直奔塘上。稍近，则隐隐露白，如驱千百群小鹅，擘翼惊飞。渐近，喷沫冰花蹴起，如百万雪狮蔽江而下，怒雷鞭之，万首镞镞，无敢后先；再近，则飓风逼之，势欲拍岸而上。看者辟易，走避塘下。潮到塘，尽力一礴，水击射溅起数丈，着面皆湿。旋卷而右，龟山一挡，轰怒非常，炮碎龙湫，半空雪舞。看之惊眩，坐半日，颜始定。先辈言：浙江潮头自龛、赭两山漱激而起。白洋在两山外，潮头更大，何耶？

【注释】

〔故事〕此前之事。

〔余遄往，章侯、世培踵至〕遄（音喘），疾速；踵，脚跟。

〔见潮头一线从海宁而来〕海宁，县名，在浙江省杭州湾口。

〔擘翼惊飞〕擘翼，扑打着翅膀。

〔万首镞镞，无敢后先〕镞镞，迅捷貌。

〔看者辟易，走避塘下〕辟易，惊退。《史记·项羽本纪》：“项王瞋目而叱之，赤泉侯人马俱惊，辟易数里。”

〔尽力一礴〕礴，扑击。

〔龟山一挡〕龟山，在白洋村右后约里许。照片中沥青公路，即是旧时海塘。山，即是龟山。沧海桑田，现今，海距此塘，已有四十里之遥。右图片摄影者之左，下塘百余米，即白洋村，村东头旧有大台门，为朱燮元府第。府第毁于太平军一把火。摄影者站立之处，或是文中所云“海塘上呼看潮，余遄往，章侯、世培踵至。立塘

上”处。

〔浙江潮头自龛、赭两山漱激而起〕龛、赭两山，临钱塘江。

【笺疏】

〔白洋潮〕

白洋，村名，在绍兴西北四十里。一条小河，把白洋分成前后两村。一桥纽之，河之南，名前白洋，河之北，名后白洋。桥亦名白洋。依制式看，小石桥应是明代建筑。一九九三年，曾一访白洋村，前白洋十座台门尝整肃，现已是新式楼房林立了。

〔三江看潮，实无潮看。午后喧传曰：“今年暗涨潮。”岁岁如之〕

三江，在绍兴城北二十里，有三江村，旧时为三江卫所，有城墙。其旁旧有明代建造的应宿闸，亦是绍兴观潮地之一。马山镇附近之镇塘殿村，才是绍兴观潮胜地，阴历八月十八，为潮神生日，是日祭拜潮神，聚而为观潮之会。至于三江，一是因为三江闸处在凹处，潮水涌入，只是一小部分；二是潮水阴历八月十五为最大，至十八，已渐趋小，水枯之年尤甚，因此“实无潮看”，不得不“午后喧传曰：‘今年暗涨潮。’”

〔庚辰八月，吊朱恒岳少师，至白洋〕

庚辰，崇祯十三年（1640），是年张岱四十四岁。

朱恒岳少师，名燮元，字懋和，绍兴山阴人。万历二十年（1592）进士，除大理评事，迁苏州知府，累官四川右布政。在平定奢崇明等叛反中有功，朝庭以兵部尚书兼督川、贵、云、广军务官燮元，崇祯元年（1628），朱燮元以原官视师，进少保。四年（1630）以功进少师。崇祯十一年（1638）春卒于官。

张岱白洋吊朱燮元，《瑯嬛文集·祭文》卷六，刊《祭少师朱恒岳公文》，曰："殷际中兴，鬼方滑夏，周当共和，淮夷鲠化。鈇鉞弓矢，天讨勿赦。召虎甘盘，崛起其下。公蚤释褐，久为循吏。处处思之，岘山堕泪。藩宣蜀岷，方安其位。变起仓卒，乃御魑魅。公之勋业，自在鼎彝。肱股既竭，身死边陲。古名将相，堪与齐驱。公之福德，则远过之。成都一郡，死守睢阳。罗雀掘鼠，增垣濬隍。孤城失守，中丞被创。公也独异，不失封疆。蔺囚负固，滇池孟获。七纵七禽，视如几肉。武侯天威，南人慑服。公也独异，一战即服。充国屯田，瓯窭丰穰。用佐军输，蓑薕鞅掌。老将远谋，零幵稽顙。公也独异，不动公帑。水西倾巢，伏波交趾。马革裹尸，男儿愿止。马援丧归，后车招訾。公也独异，不载薏苡。坐镇南天，安危所系。垂二十年，功存带砺。汾阳居之，不胜绮丽。公也独异，不畜声伎。伏波诸葛，功在剑南。峨嵋嵲屼，瞿塘深湛。蜀之二杰，得公而三。浙有留侯，青田诚意。忠肃再造，新建禽伪。半壁龙川，谁立汉帜。三大功臣，得公而四。方藉匡襄，奠安社稷。扬我国威，施及蛮貊。胡天不造，夺我忠贞。大星一陨，枥马皆惊。祁山不出，谁救苍生。减膳撤乐，哀动殿廷。吾辈悲思，匪为私戚。梁木其萎，为天下惜。才非吉甫，难书公绩。譬若蚊虻，以撼霹雳。公之功烈，如岳如崧。公之遇合，非罴非熊。有志之士，愿拜下风。良金写像，世世祀公。"

陈章侯是张岱仲父（燕客父）的女婿。祁彪佳世培与张介子燕客是姨表亲。祁彪佳，绍兴山阴人，天启壬戌（1622）进士，授兴化推官。崇祯十六年（1643）为江南巡抚。明末之际，投水殉明死。撰有

《寓山注》。祁世培媳妇，是朱燮元女，祭文因有曰“吾辈悲思，匪为私戚”语。

【校勘】

〔庚辰八月，吊朱恒岳少师，至白洋，陈章侯、祁世培同席〕

世培，祁彪佳字。祁彪佳至白洋吊朱恒岳，在戊寅崇祯十一年（1638）八月十八日，《祁忠敏公日记·自鉴录》是日载曰：“早抵白洋朱宅，迎王、关两公祖吊朱恒岳已，举酌而别。至安昌游似园不得入，已，操小艇看潮，潮已过矣，与陈长耀登龟山一望。归舟阻浅于上方山，更余始抵家。”

从日记内容看，祁彪佳是日吊朱恒岳，陈章侯、张岱并非与之“同席”。要说明的是：此前，即八月十四日，张岱及张介子、平子受邀，到祁彪佳寓山园过中秋，主人举五簋之酌，又连请看戏，至十六日始别。隔一天是十八日，祁彪佳有赴白洋吊朱恒岳事，如果是日与张岱、陈章侯“同席”，祁彪佳在日记中，一定会一笔不误地记述清楚。确实，是年是月是日，张岱人在绍兴，如要祭吊朱恒岳，这一年最为恰当，然而，没有。

“迎王、关两公祖吊朱恒岳已”。王、关两公祖，一是崇祯十一年（1638），任绍兴知府的宜兴人王期昇；一是崇祯九年（1636），任绍兴府推官的陇西人关永杰。祭拜一罢，有园林癖的祁彪佳，赶去安昌游似园，游园不果，罢而返回塘上看潮，则潮水已过，并未出现如《白洋潮》所述场景：“海塘上呼看潮，余遄往，章侯、世培踵至。”只是和管家陈长耀，登龟山“一望”而罢。登龟山而望，只是为着看个潮的背景，因为在绍兴，去看潮而看不上潮水，以为是大不吉利的。

己卯，崇祯十二年（1639）的九月初七，祁彪佳有到朱恒岳墓祭拜事。《祁忠敏公日记·弃录》载：“游天镜园，登南楼。移舟九里，吴期生晤于舟次。小憩起，至朱恒岳墓所，倪鸿宝、严秋冶相继来，待道府公祖至举谕祭毕，予陪林自名公祖席。及散，登舟已日夕矣。”朱燮元墓，在绍兴稽山门外横棚岭下，距九里马家埠不远，游罢绍兴城南天镜园，“移舟九里”，于是祭拜朱燮元墓。去年白洋吊朱恒岳，今年拜墓于九里，是因朱燮元此时入土故。

《祁忠敏公日记·感慕录》所载，是“庚辰”年日记，是年八月，祁彪佳世培无与张岱等至白洋，吊朱恒岳的记载。

阳和泉

禊泉出城中，水递者日至。臧获到庵借炊，索薪、索菜、索米，后索酒、索肉；无酒肉，辄挥老拳。僧苦之。无计脱此苦，乃罪泉，投之刍秽。不已，乃决沟水败泉，泉大坏。张子知之，至禊井，命长年浚之。及半，见竹管积其下，皆黧胀作气；竹尽，见刍秽，又作奇臭。张子淘洗数次，俟泉至，泉实不坏，又甘洌。张子去，僧又坏之。不旋踵，至再至三，卒不能救，禊泉竟坏矣。是时，食之而知其坏者半，食之不知其坏而仍食之者半，食之知其坏而无泉可食、不得已而仍食之者半。壬申，有称阳和岭玉带泉者，张子试之，空灵不及禊而清洌过之。特以玉带名不雅驯，张子谓：阳和岭实为余家祖墓，诞生我文恭，遗风余烈，与山水俱长。昔孤山泉出，东坡名之“六一”，今此泉名之“阳和”，至当不易，盖生岭生泉，俱在生文恭之前，不待文恭而天固已阳和之矣，夫复何疑！土人有好事者，恐玉带失其姓，遂勒石署之。且曰：“自张志‘禊泉’

而‘禊泉’为张氏有，今琶山是其祖垄，擅之益易。立石署之，惧其夺也。”时有传其语者，阳和泉之名益著。铭曰：“有山如砺，有泉如砥；太史遗烈，落落磊磊。孤屿溢流，‘六一’擅之。千年巴蜀，实繁其齿；但言眉山，自属苏氏。”

【注释】

〔乃罪泉，投之刍秽〕罪，归罪。《左传·庄公十一年》：“禹汤罪己，其兴也悖也。”刍秽，草类污物。

〔张子知之，至禊井，命长年浚之〕张子，张岱自谓；长年，旧时雇佣整年的佣工。

〔皆黧胀作气〕黧（音离），黑色。《韩非子·外储说左上》：“手足胼胝，面目黧黑，劳有功者也。”

〔特以玉带名不雅驯〕特，作“但”解；文辞修饰至善，称“雅驯”。《史记·五帝纪赞》：“学者多称五帝，尚矣。然《尚书》独载尧以来；而百家言黄帝，其文不雅驯，荐绅先生难言之。”张守义正义：“驯，训也。谓百家之言皆非典雅之训。”

〔至当不易〕当，妥当；易，变易。

〔盖生岭生泉〕盖，句首发语词。

〔俱在生文恭之前，不待文恭而天固已阳和之矣〕张岱曾祖张元忭谥“文恭”，“阳和”其号。

〔夫复何疑〕夫，作“此”解。《左传·成公十六年》：“夫二人者，鲁国社稷之臣也。”

〔张志“禊泉”〕指张岱推崇禊泉事。志，志向，志意，此处解作“推崇”。

〔擅之益易〕擅，据有。《国策·秦策三》：“且昔者中山之地，方五百里，赵独擅之。”

〔有山如砺，有泉如砥；太史遗烈，落落磊磊〕砺（音厉）、砥（音底），磨刀石。言琶山为砺，阳和泉为砥，意在名岭名泉问题上，经受得起磨砺，而曾为编撰，即所谓“太史”者状元张元忭遗传之磊落家风，将得以昭著。

〔孤屿溢流，“六一”擅之〕孤屿，杭州西湖孤山。宋元祐六年（1019），苏东坡守杭州，时欧阳修逝世已十八年，为纪念欧阳修，将孤山南麓新出之泉水，以欧阳修晚年号“六一”名之。

【笺疏】

〔壬申，有称阳和岭玉带泉者，张子试之〕

壬申，崇祯五年（1632），是年张岱三十六岁。

阳和泉在阳和岭，阳和岭在琶山，琶山在绍兴城南十五里。琶山有阳和岭，岭之西四五十米有庙，当地称“老庙”。庙与岭之间山麓南坡阳和泉在焉。由于泉的存在，此地已筑成大小约亩许的一洼水库。问乡人，泉名“玉带”，而不知有“阳和”之名。照片水面，为水库一角。公路远端，是为阳和岭。公路削岭而入。水库因玉带泉成，泉眼在近岸水面下。

玉带泉之得名，传说为宋赵构皇帝被金人追击，逃入琶山，正当君臣饥渴难挡之际，寻获此泉，畅饮之中，遗落玉带一条，自此之后，此泉即被村民呼作“玉带泉”。玉带泉水微甘，产妇坐月子舀以饮，据说也不会得病。因此，玉带泉在琶山一带，是很有些名望的。

在水库未筑之时，那块“土人有好事者，恐玉带失其姓，遂勒石署之”之碑，曾立在泉畔，只是修水库时，弃淹于水下。

〔阳和岭实为余家祖墓〕

如张岱直系“祖墓”，确在琶山，何用“实为”两字。

但也确实，琶山有可以认是张岱之“余家祖墓”。自元以来，琶山东南麓，一直是张氏世居之地，族因此称“琶山张氏”。这支琶山张氏，自元驸马张志孙德华，为绍兴稽山书院长，将祖父张志迎养于越，此支始散居越中琶山、峡山、赖山等处。

孝友堂藏版《山阴张氏宗谱》卷一，有万历二十七年（1599）夏，沈寅撰《山阴琶山张氏宗谱序》，其中有曰：“璘以国子祭酒，从僖宗幸蜀，乃居成都。璘子廷坚以父荫受符宝郎，拜正言，由成都徙绵竹。坚子文矩，早世，夫人杨氏挈子紞，依外家之仁贤乡武都里。紞孙浚，封魏国公，寓居潭州，仲子杓守临安。嘉定时，杓长孙坚、次孙岳，避乱自合淝徙浙。坚官台州，治中又居台；岳拜武略将军，居会稽余贵。坚孙志，尚萃宁公主。志孙德华以岁贡，授绍兴稽山书院长，悦其土风，迎祖父居越。时驸马公尚矍铄，率子妇莅止于三山。三山者，琶山、峡山、赖山也。”

琶山张氏，系出宋魏国公张浚，而张岱祖籍绵竹，亦出张浚。由此，琶山张氏与张岱家是同族，言以“阳和岭实为余家祖墓”，实在可以。

张岱撰《西湖梦寻·灵隐寺》篇，有曰“具德和尚为余族弟”，具德和尚是明末修复灵隐大功臣，而其是会稽余贵张氏子，也即“居会稽余贵”之武略将军张岳裔。

张岱是将琶山张氏、余贵张氏，认为同族的。

〔千年巴蜀，实繁其齿；但言眉山，自属苏氏〕

张岱一族自南宋末张远猷为绍兴知府，定居绍兴起，至明朝中晚期，在当地已成望族，加上其他同族人，“千年巴蜀，实繁其齿”，不假。苏东坡，四川眉山人，文学上一讲到眉山，便是指宋“三苏”，故曰“自属苏氏”。而举眉山“苏氏”，意在绍兴“张氏”，意在阳和泉之得名，应如讲到眉山，便与“苏氏”联系起来一样：“但言阳和，自属张氏”。

闵老子茶

周墨农向余道闵汶水茶不置口。戊寅九月至留都，抵岸，即访闵汶水于桃叶渡。日晡，汶水他出，迟其归，乃婆娑一老。方叙话，遽起曰：“杖忘某所。”又去。余曰：“今日岂可空去？”迟之又久，汶水返，更定矣。睨余曰：“客尚在耶！客在奚为者？”余曰：“慕汶老久，今日不畅饮汶老茶，决不去。”汶水喜，自起当罏。茶旋煮，速如风雨。导至一室，明窗净几，荆溪壶、成宣窑磁瓯十余种，皆精绝。灯下视茶色，与磁瓯无别，而香气逼人，余叫绝。余问汶水曰：“此茶何产？”汶水曰：“阆苑茶也。”余再啜之，曰：“莫绐余！是阆苑制法，而味不似。”汶水匿笑曰：“客知是何产？”余再啜之，曰：“何其似罗岕甚也？”汶水吐舌曰：“奇，奇！”余问：“水何水？”曰：“惠泉。”余又曰：“莫绐余！惠泉走千里，水劳而圭角不动，何也？”汶水曰：“不复敢隐。其取惠水，必淘井，静夜候新泉至，旋汲之。山石磊磊藉瓮底，舟非风则勿行，故水之生磊，即寻常惠水犹逊一头地，况他水耶！”又吐舌曰：“奇，奇！”言未毕，汶水去。少顷，持一壶满斟余曰：“客啜此。”

余曰：“香扑烈，味甚浑厚，此春茶耶？向瀹者的是秋采。”汶水大笑曰：“予年七十，精赏鉴者无客比。”遂定交。

【注释】

〔周墨农向余道闵汶水茶不置口〕置，离。

〔即访闵汶水于桃叶渡〕桃叶渡，嘉庆《新修江宁府志·古迹》卷八：“桃叶渡，古建康北江中之洲，其形甚长，殆可百里，故北来之兵，自大岘至江，不能径渡南岸，必须西上历阳，至采石方得过江。惟陈之亡，韩擒虎、贺若弼既破陈矣，晋王广乃自六合镇桃叶山乘陈船而渡，盖渡至洲上，又有陈船相接，故可至南岸。桃叶渡由此而名。”

〔遽起曰〕遽（音据），急；骤然。

〔睨余曰〕睨（音腻），斜视。

〔客在奚为者〕奚为，干什么。

〔自起当罏〕罏（音卢），小口罂。《陶录》：“翁之女，名舒娇，尤善陶。其罏、瓮诸色，几与哥窑等价。”

〔荆溪壶、成宣窑磁瓯十余种〕荆溪，在江苏省南部，于宜兴县大浦附近入太湖。荆溪壶，即宜兴紫砂壶。成宣窑瓷瓯，明朝成化、宣德年间烧制的瓷杯。

〔阆苑茶也〕阆（音浪）苑，传说中神仙居住的地方，亦指宫苑。

〔莫绐余〕绐（音怠），骗。

〔何其似罗岕甚也〕罗岕（音戒），名茶名。浙江长兴有罗岕山，产茶。茶以山名。

〔水劳而圭角不动〕陆贽《赐吐蕃宰相尚结赞书》：“卿涉远而来，当甚劳顿。”劳，“劳顿”之省略，以状“惠泉走千里”。圭角，圭玉的棱角，引申义为“锋芒”。

〔即寻常惠水犹逊一头地〕“逊一头地”，差一截。口语有“出人头地”。

〔向瀹者的是秋采〕向，刚才；的是，的确是。

【笺疏】

〔戊寅九月至留都，抵岸，即访闵汶水于桃叶渡〕

戊寅，崇祯十一年（1638），是年张岱四十二岁。留都，南京。

一到南京，跨上岸就急急寻访闵汶水，一是因为久仰汶水精于茶艺之名，二是作为礼节上的回访。闵汶水曾经到过绍兴，经人介绍，还捧着茶具，专程跑到张岱家去讨教茶艺。只是因为张岱身在杭州，叫闵汶水不遇而返。张岱《琅嬛文集·茶史序》卷一：“周又新先生每啜茶，辄道白门闵汶水，尝曰‘恨不令宗子见’。一日，汶水至越，访又新先生，携茶具急至予舍，余时在武林，不值，后归，甚懊丧。戊寅，余至白门，甫登岸，即往桃叶渡访文水。”张、闵为茶相访，实为“茗战”。

〔予年七十，精赏鉴者无客比〕

客，指谓张岱。张岱自称“水癖茶淫”，茶艺亦是深精。只是这次桃叶渡张、闵相遇，张岱先是不报姓名，不递名片，至生出此等疙瘩事来，但也正因如此，使张岱有了卖弄茶艺的机会，《闵老子茶》此文，也因此益见生动。

汶水殁后，其子闵子长、闵际行继之，在桃叶渡边开了一家“花乳斋”茶店，售卖闵茶。董其昌以“云脚闲勋”额其堂。

龙喷池

卧龙骧首于耶溪，大池百仞出其颔下。六十年内，陵谷迁徙，水道分裂。崇祯己卯，余请太守檄，捐金纠众，畚锸千人，毁屋三十余间，开土壤二十余亩，辟除瓦砾刍秽千有余艘，伏道蜿蜒，偃潴澄靛，克还旧观。昔之日不通线道者，今可肆行舟楫矣。喜而铭之。铭曰："蹴醒骊龙，如寐斯揭；不避逆鳞，抉其鲠噎。潴蓄澄泓，煦湿濡沫。夜静水寒，颔珠如月。风雷逼之，扬鬐鼓鬣。"

【注释】

〔卧龙骧首于耶溪〕卧龙，指绍兴城内卧龙山，即俗称府山者。骧（音襄）首，抬头。耶溪，即若耶溪。若耶溪，绍兴名溪，源自城东南会稽山，入注鉴湖。

〔捐金纠众〕纠（音涛），告。

〔辟除瓦砾刍秽千有余艘〕辟除，"扫除"义。《管子·心术上》："故馆不辟除，则贵人不舍焉。"

〔伏道蜿蜒〕伏道，地道，此指河流。

〔克还旧观〕完成恢复到旧时面貌。克，完成。《春秋·宣公八年》："日中而克葬。"

〔蹴醒骊龙，如寐斯揭〕蹴醒骊（音离）龙，如睡而此起。揭，起。斯，义同"此"，以确定"揭"之行为。骊龙，传说中颔下有珠的黑龙。《庄子·列御寇》："其父谓其子曰：'取石来锻之！夫千金之珠，必在九重之渊而骊龙颔下。子能得珠者，必遭其睡也，使骊龙而寤，子尚奚微之有哉！'”

〔不避逆鳞，抉其鲠噎〕逆鳞，倒生的鳞片，此指违逆龙之意愿。《韩非之·说难》：“夫龙之为虫也，柔可狎而骑也，然其喉下有逆鳞径尺，若人有婴之者则必杀人。”抉，挑出。鲠噎，鲠（音梗），阻塞；噎，食物塞住喉咙。此指河道壅塞。

【笺疏】

〔卧龙骧首于耶溪，大池百仞出其颔下〕

绍兴城内府山蜿蜒委曲，绝具龙状，自唐以来，被称作卧龙山。龙能喷水，水积成池，于是在卧龙山旁有龙喷池，即所谓“大池百仞出其颔下”。

铭曰“夜静水寒，颔珠如月”，“水寒”之“水”，自然是指龙喷池水；如月之“颔珠”，指的则是火珠山。嘉庆《山阴县志·山》卷三：“火珠山，在卧龙山东隅，小而圜，绝类龙颔之珠。”遗憾的是，火珠山因其“小”，已在二十世纪六七十年代被轰平移去，其址盖起了新式楼房。但火珠山址，今人尚能辨认，龙喷池址因此而得以确指。

从“夜静水寒，颔珠如月”句理解，龙喷池与火珠山，相距应该较近，或能出现火珠山如月，静夜时倒映在龙喷池水中景象。而从“昔之日不通线道者，今可肆行舟楫矣”句理解，龙喷池应该与河道相连。后衙池王家，徐渭六十八岁时曾于此居息两月，《畸谱》载“仲春，枚徙我居后衙池王家”。后衙池，在郡城会稽县一侧，其地有后衙桥，池即在桥东河道呈凸处。河道凸处，在绍兴明代，可以“池”称。据此，今仓桥直街宝珠桥南河道凸处，即是“龙喷池”。火珠山址在宝珠桥东桥墩不远，桥名亦因山名得。图停舟处，即是

龙喷池。背景远端洞桥，为宝珠桥。

〔崇祯己卯，余请太守檄〕

崇祯己卯，崇祯十二年（1639），绍兴知府是直隶宜兴人王朝昇，是年张岱四十三岁。王朝昇任知府，在崇祯十一年（1638），崇祯十三年（1640）由无锡人王孙兰接任。

朱文懿家桂

桂以香山名，然覆墓木耳，北邙萧然，不堪久立。单醪河钱氏二桂，老而秃。独朱文懿公宅后一桂，干大如斗，枝叶覭髳，樾荫亩许，下可坐客三四十席。不亭、不屋、不台、不栏、不砌，弃之篱落间。花时不许人入看，而主人亦禁足勿之往，听其自开自谢已耳。樗栎以不材终其天年，其得力全在弃也。百岁老人多出蓬户，子孙第厌其癃瘇耳，何足称瑞。

【注释】

〔北邙萧然，不堪久立〕北邙（音忙），即邙山，在河南省西部，东段称“北邙”，多帝王陵墓。

〔枝叶覭髳〕覭（音冥）髳（音蒙），枝叶繁茂状。

〔樗栎以不材终其天年，其得力全在弃也〕樗（音初）栎（音力），树名，即臭椿与柞树。《庄子·逍遥游》："惠子谓庄子曰：'吾有大树，人谓之樗。其大本拥肿而不中绳墨，其小枝卷曲而不中规矩。立之涂，匠者不顾。'"樗栎，为无用之材而"匠者不顾"，"匠者不顾"而"不夭斤斧，物无害者"，"物无害者"可"终其天年"。"匠者不顾"即是"弃"。天年，人之自然年寿。《史记·范雎蔡泽列传》："终其天年，而不夭伤。"

〔百岁老人多出蓬户〕蓬户，用蓬草编成的门户，贫人所居陋屋。《史记·游侠列传序》："故季次、原宪终身空室蓬户，褐衣素食不厌。"

〔子孙第厌其癃瘇耳〕《史记·陈丞相世家》："陛下第出伪游云梦。""索隐"苏林云：第，"且"也；小颜云"但"也。癃（音龙）瘇（音肿），手足不便，衰老病弱。

【笺疏】

〔单醪河钱氏二柱〕

单醪河，即箪醪河，在绍兴城内。旧传勾践伐吴之日，有献壶浆者，勾践跪而受之，取以倾入上流水中，命士卒承流而饮，人百其勇，一战而沼吴。故此，名河为箪醪河，属会稽县，与朱文懿宅隔一条山阴县大街。

〔独朱文懿公宅后一柱〕

朱文懿，即明礼部尚书、东阁大学士朱赓。其宅在绍兴城内塔山南麓，属山阴县。

逍遥楼

滇茶故不易得，亦未有老其材八十余年者。朱文懿公逍遥楼滇茶，为陈海樵先生手植，扶疏蓊翳，老而愈茂。诸文孙恐其力不胜葩，岁删其萼盈斛，然所遗落枝头，犹自燔山熠谷焉。文懿公，张无垢后身。无垢降乩与文懿，谈宿世因甚悉，约公某日面晤于逍遥楼。公伫立久之，有老人至，剧谈良久，公殊不为意。但与公言："柯亭绿竹庵梁上有残经一卷，可了之。"寻别去，公始悟老人为无垢。次日，走绿竹庵，简梁上，有《维摩经》一部，缮写精良，后二卷未竟，盖无垢笔也。公取而续书之，如出一手。先君言，乩仙供余家寿芝楼，悬笔挂壁间，有事辄自动，扶下书之，有奇验。娠祈子，病祈药，赐丹诏取某处，立应。先君祈嗣，诏取丹于某簏临川笔内，簏失钥闭久，先君简视之，鐀自出觚管中，有金丹一粒，先宜人吞之，即娠余。朱文懿有姬媵，陈夫人狮子吼，公苦之。祷于仙，求化妬丹。乩书曰："难，难！丹在公枕内。"取以进夫人，夫人服之，语人曰："老头子有仙丹，不饷诸婢而余是饷，尚昵余。"与公相好如初。

【注释】

〔诸文孙恐其力不胜葩，岁删其萼盈斛〕文孙，对他人孙子的美称。《书·立政》："继自今文子文孙。"孔传："文子文孙，文王之子孙。"孙星衍《尚书今古文疏汪》解为"守文之孙"。葩（音趴），花朵。斛，十斗为一斛。

〔犹自燔山熠谷焉〕逍遥楼处塔山南麓，故有云“燔山熠谷”。燔（音凡），焚烧。熠（音意），光耀。

〔无垢降乩与文懿，谈宿世因甚悉〕降乩（音基），以神的名义，在沙盘上执木架画字形，决人疑难吉凶。宿世因，佛家语。佛家认为今生的命运，是由前世的因由而定的。

〔剧谈良久〕剧谈，即畅谈。

〔柯亭绿竹庵梁上有残经一卷，可了之〕柯亭绿竹庵，柯亭，在绍兴城西二十里柯桥镇。汉蔡邕避难宿此亭，有邕取亭椽竹为笛事。后亭为绿竹庵为融光寺。寺今不存。了，了结，此指将残经续写完整。

〔寻别去〕寻，旋即。

〔后二卷未竟，盖无垢笔也〕未竟，没有完成。笔，此指笔迹。

〔诏取丹于某篚临川笔内〕临川笔，笔之代称。临川，郡名，在江西省。王羲之曾官临川。

〔鐄自出觚管中〕鐄（音横），一种锋利小刀；觚（音孤）管，笔管。觚，本义为木筒，陆机《文赋》有“或操觚率尔”句。

〔尚昵余〕昵，“亲”义。

【笺疏】

〔逍遥楼〕

嘉庆《山阴县志·古迹》卷七：“逍遥楼，在龟山下，明大学士朱赓读书处。”龟山，即指绍兴城内塔山。

明代隆庆（1567～1572）以来，塔山南麓一带有朱赓别业，今秋瑾故居和畅堂，即系朱赓别业之一部。秋瑾故居和畅堂左侧，有门紧闭，其地即是朱赓读书处——逍遥楼址。前页照片左门洞，是秋瑾故居大门，紧闭之石框门内，是逍遥楼遗址。不过在今天，逍遥楼已无一楹存世，留给后人凭吊的，只是些许简陋的平屋和明代的石板基础。

朱文懿公，即朱赓。朱赓（1535～1688），字少钦，号金庭，山阴人，隆庆二年（1568）进士，万历二十九年（1601），以礼部尚书兼东阁大学士。死后，赠太保，谥文懿。

〔先君祈嗣，诏取丹于某簏临川笔内，簏失钥闭久，先君简视之，鐄自出觚管中，有金丹一粒，先宜人吞之，即娠余〕

先宜人吞之，即娠余。据《琅嬛文集·家传》，张岱父耀芳“甲子、丁卯，闱牍佳甚，而又不售，是年五十有三”，丁卯，天启七年（1627），张耀芳五十三岁，生年在万历三年（1575）。张岱是长子，生于万历二十五年（1597），此年张耀芳二十三岁。

〔朱文懿公有姬媵，陈夫人狮子吼〕

朱赓妻“陈夫人”，是陈鹤的女儿。陈鹤，字海樵，以书画著称于世。当时之人“愿得山人（指海樵）片墨，或望见颜色，一谈一饮以为幸”，从这里可以看出陈海樵山人的成就。与徐谓，钱鞭、朱公节，柳文等同为“越中十子”中人。朱公节是朱赓的父亲。

陈夫人因朱赓有姬媵，而作“狮子吼”。陈季常妻柳氏悍妒，客至，或闻诟詈声。坡公诗戏之曰：“谁似龙丘居士贤，谈空说有夜不眠。忽闻河东狮子吼，柱杖落手心茫然。”但好像陈夫人很聪明，在朱赓求得化妒丹给陈夫人吃后，陈夫人却说是“仙丹”，以“尚昵余”为梯子，很体面地下了台，并与朱赓“相好如初”。

天镜园

天镜园浴凫堂，高槐深竹，樾暗千层，坐对兰荡，一泓漾之，水木明瑟，鱼鸟藻荇类若乘空。余读书其中，扑面临头，受用一绿，幽窗开卷，字俱碧鲜。每岁春老，破塘笋必道此。轻舠飞出，牙人择顶大笋一株掷水面，呼园人曰：“捞笋！”鼓枻飞去。园丁划小舟拾之，形如象牙，白如雪，嫩如花藕，甜如蔗霜。煮食之，无可名言，但有惭愧。

【注释】

〔水木明瑟〕明瑟，洁净鲜明貌。

〔轻舠飞出，牙人择顶大笋一株掷水面〕轻舠（音刀），小船。牙人，牙商旧称。《旧唐书·食货志》：“自今已后，有因交关用欠陌钱者，宜但令本行头及居停主人、牙人等，检察送官。”“顶大笋”之“顶大”，口语用词，意为“最大”。

〔鼓枻飞去〕枻（音曳），船楫。《史记·司马相如列传》：“扬桂枻。”裴骃集解引韦昭曰：“枻，楫也。”

〔甜如蔗霜〕蔗霜，即蔗糖。

〔煮食之，无可名言〕无可名言，不可以用语言来指称、形容。名，指称、形容。

【笺疏】

〔天镜园浴凫堂，高槐深竹，樾暗千层，坐对兰荡〕

天镜园，为张岱高祖张天復构筑，在绍兴城南里许。今已不存。祁彪佳《越中园亭记》辑有同名《天镜园》篇："出南门里许为兰荡，水天一碧，游人乘小艇过之，得天镜园，园之胜以水，而不尽于水也。远山入座，奇石当门，为堂为亭，为台为沼，每转一境界，趣（有版本作'辄'）自有丘壑，斗胜簇奇，游人往往迷所入，其后五泄君新构南楼，尤为畅绝，越中诸园，推此为冠。"

兰荡，绍兴城南鲁迅中学后一湾即是。兰荡，只剩一瓢水矣。照片即是兰荡，远处近岸，为南池江。我见过旧时兰荡，出绍兴南门，过南渡桥，是郊外了。稍东过任家塔，转而向南，田野间行二百余米，有一村庄，二三十间房屋，皆单层，墙薄瓦单。村西有水一湾，水面迂阔，为市自来水厂取水口之一。湾外，南池江缓缓流过。求教村人，知湾正叫"兰荡"。如此想来，此村之基，即是天镜园遗址了。

〔破塘笋必道此〕

破塘，亦作坡塘，绍兴城南二十里一小集，会稽山山货一集散地。破塘本地产笋量不大，所称"破塘笋"，是因绍兴著名产笋地兵坑、同康一带所产，大都经此船载出南池江，输绍兴城乡。天镜园濒南池江，由此“破塘笋必道此”。

包涵所

西湖之船有楼，实包副使涵所创为之。大小三号：头号置歌筵，储歌童；次载书画；再次偫美人。涵老声妓非侍妾比，仿石季伦、宋子京家法，都令见客。靓妆走马，媻姗勃窣，穿柳过之，以为笑乐。明槛绮疏，曼讴其下，擫籥弹筝，声如莺试。客至，则歌童演剧，队舞鼓吹，无不绝伦。乘兴一出，住必浃旬，观者相逐，问其所止。南园在雷峰塔下，北园在飞来峰下。两地皆石薮，积牒磥砢，无非奇峭。但亦借作溪涧桥梁，不于山上叠山，大有文理。大厅以拱斗抬梁，偷其中间四柱，队舞狮子甚畅。北园作八卦房，园亭如规，分作八格，形如扇面。当其狭处，横亘一床，帐前后开阖，下里帐则床向外，下外帐则床向内。涵老据其中，扃上开明窗，焚香倚枕，则八床面面皆出。穷奢极欲，老于西湖者二十年。金谷、郿坞，着一毫寒俭不得，索性繁华到底，亦杭州人所谓“左右是左右”也。西湖大家何所不有，西子有时亦贮金屋，咄咄书空，则穷措大耳。

【注释】

〔再次偫美人〕偫（音至），储备。

〔靓妆走马，媻姗勃窣，穿柳过之〕靓妆走马，脂粉妆饰骑马行。走马，即跑马。媻（音盘）姗勃窣（音素），《汉书·司马相如传上》："媻姗勃窣上金堤。"《史记·司马相如列传》作"媻珊勃窣"。司马贞索隐："媻珊，匍匐上下也。"穿柳，从柳树下穿过。

〔明槛绮疏，曼讴其下〕绮疏，窗户上的镂空花纹。曼讴，谩歌。

〔擪籥弹筝〕擪（音夜），用手指按捺，同"擫"。籥（音跃），排箫之类乐器。

〔声如莺试〕莺试，莺鸣之初声。

〔住必浃旬〕浃（音戛），周匝。浃旬即一旬。

〔两地皆石薮，积牒磥砢，无非奇峭〕石薮，山岩、石块聚汇之区。牒，通"迭"。《淮南子·本经训》："积牒旋石。"高诱注："牒，累。"磥（音裸）砢，众多貌，即"磊砢"。左思《吴都赋》："金镒磊砢。"

〔大有文理〕文理，条理、结构。

〔偷其中间四柱〕偷，减。

〔园亭如规，分作八格，形如扇面〕规，圆。

〔扃上开明窗〕扃（音炯），此指窗户下端，用以关闭开启窗户的插销。

〔穷奢极欲，老于西湖者二十年〕老，"久"义。

〔金谷、郿坞，着一毫寒俭不得〕金谷，在今河南洛阳东北，晋石崇曾筑金谷园于此，极豪富。郿坞，在今陕西眉县东北渭水北岸，东汉董卓筑城堡于此，墙高丈余，周里余，广聚金银谷物，称万岁坞。卓败坞毁。

〔西子有时亦贮金屋〕"西子"所指，本是美人西施，而因苏轼《湖上初雨》诗，有"欲把西湖比西子"句，此"西子"即指"西湖"。

〔咄咄书空，则穷措大耳〕书空，用手指在空中画字形。《世说新语·黜免》："殷中军被废，在信安终日恒书空作字，扬州吏民寻义逐之窃视，唯作'咄咄怪事'四字而已。"措大，旧以称贫寒的读书人。《新五代史·东汉世家》卷七十：刘旻"号令东偏先进，王得中叩马谏曰：'南风甚急，非北军之利，宜少待之。'旻怒曰：'老措大，毋妄沮吾军。'"措大，含轻慢意，因此"穷措大"。

【笺疏】

〔南园在雷峰塔下，北园在飞来峰下〕

南园、北园俱为包涵所别墅。南园在雷峰塔下，即今杭州西子宾馆处；北园在飞来峰下，即《陶庵梦忆·岣嵝山房》篇"日晡，必步冷泉亭、包园、飞来峰"中之"包园"，也即是张岱《西湖梦寻·青莲山房》篇中记述的"青莲山房"。雷峰塔，在杭州西湖净寺前，曾经倒塌。飞来峰，在杭州灵隐寺前。

"包副使涵所"，是钱塘人包应登。包应登，康熙《钱塘县志》卷十《选举》篇，万历十四年（1586）丙戌科唐大猷榜，载有"包应登福建副使"。这个官"福建副使"的包应登，即是"包涵所"。《福建通志·职官》卷二十一，在"按察使司副使"栏，万历年间所任副使，有"包应登"名。包涵所应登之"副使"，是"按察副使"。

【校勘】

〔西湖之船有楼，实包副使涵所创为之〕

乾隆甲寅本《包涵所》篇首句"西湖三船之楼，实包副使涵所创为之"，文理大有推敲之处：如果包涵所所创之"西湖三船之楼"，仅系指包涵所家之"大小三号：头号置歌筵、储歌童；次载书画；再次侍美人"这三艘楼船，那么谁都知道，这三船，确是包涵所所创。而包涵所所创这三艘楼船的全部意义，则是西湖之有楼船之始。因此

《包涵所》篇首句，应该是“西湖之船有楼，实包副使涵所创为之”。这样前后文理思致统一了。

“西湖三船之楼”，言以“三船”，是乾隆甲寅本刊刻之误。张岱《西湖梦寻》中有《包衙庄》文，与《陶庵梦忆·包涵所》同文异题。比较两文相异者，正是这开首一句，而《包衙庄》篇首句是：“西湖之船有楼，实包副使涵所创为之。”从这里可以感觉到：包涵所之楼船，为西湖之有楼船之始，而非“西湖三船”之始。

清代厉鹗在记述西湖湖船的《湖船录》中，也是认为包涵所所创楼船，为“西湖之船有楼”之始。其文如下：“少年船，包涵所观察制。刘燕及诗云：‘包家新船画楼台，千贯青蚨雇不来；觅向西湖载西子，一声齐唱锦帆开。’汪然明《西湖曲》自序云：‘湖中画舫，尚沿南宋蜻头舫，榜人行于舟顶。包涵所初起楼船，方行于两旁。’”从引文中看，没有“西湖三船之楼，实包副使涵所创为之”的意思。

斗鸡社

天启壬戌间好斗鸡，设斗鸡社于龙山下，仿王勃《斗鸡檄》，檄同社。仲叔、秦一生日携古董、书画、文锦、川扇等物与余博，余鸡屡胜之。仲叔忿懑，金其距，介其羽，凡足以助其腷膊翽咮者无遗策，又不胜。人有言徐州武阳侯樊哙子孙，斗鸡雄天下，长颈乌喙，能于高桌上啄粟。仲叔心动，密遣使访之，又不得，益忿懑。一日，余阅稗史，有言唐玄宗以酉年酉月生，好斗鸡而亡其国。余亦酉年酉月生，遂止。

【注释】

〔与余博〕博，博弈、六博之“博”，本是古代一种以棋定胜负的游戏。此斗鸡胜负定输赢，则是赌博了。

〔金其距〕金属包裹鸡爪。距，爪。

〔介其羽〕铠甲披在鸡羽。介，甲。

〔腷膊䎐咮〕韩愈有《斗鸡联句》诗，曰“腷膊战声喧”。腷（音愎）膊（音粕），指斗鸡展翅而发出的声响。䎐（音辍），鸡声；咮（音兜），本指言轻出，此为指鸡“乱叫”。

【笺疏】

〔天启壬戌间好斗鸡〕

天启壬戌，天启二年（1622），是年张岱二十六岁。

〔仲叔、秦一生日携古董〕

仲叔，张岱二叔联芳；秦一生，见卷一《天砚》篇笺疏。

〔徐州武阳侯樊哙子孙〕

樊哙，汉刘邦部将，沛县（今属江苏）人。鸿门宴有他一角色。后官左丞相，封舞阳侯。

〔唐玄宗以酉年酉月生〕

《旧唐书·玄宗上》卷八：“垂拱元年秋八月戊寅，生于东都。”垂拱元年，干支纪年为“乙酉”，正是鸡年；是年“秋八月”，干支亦为“乙酉”，唐玄宗是“以酉年酉月生”。

〔余亦酉年酉月生〕

酉年肖鸡，借鉴唐玄宗“酉年酉月生”属鸡，好斗鸡而亡国。唐玄宗，即李隆基，安史之乱次年，逃往四川，太子亨（肃宗）即位，被尊为太上皇。也生于“酉年酉月”的张岱，非为国君，用不着为亡国担忧，然而他还是因“余亦酉年酉月生”，而“遂止”斗鸡，其中原因，恐在于“天下兴亡，匹夫有责”上。无可置疑，张岱他是明朝芸芸众生之一“匹夫”，其之“遂止”斗鸡，则是他厉行匹夫责之卒起，是一种爱国情操之表露。

张岱生于万历二十五年（1597）八月，年是丁酉年（1597）；月是己酉月。

【校勘】

〔徐州武阳侯樊哙子孙〕

武阳侯，《汉书·樊哙传》作“舞阳侯”。

栖霞

戊寅冬，余携竹兜一、苍头一，游栖霞，三宿之，山上下左右鳞次而栉比之。岩石颇佳，尽刻佛像，与杭州飞来峰同受黥劓，是大可恨事。山顶怪石巉岏，灌木苍郁，有颠僧住之。与余谈，荒诞有奇理，惜不得穷诘之。日晡，上摄山顶观霞，非复霞理，余坐石上痴对。复走庵后，看长江帆影，老鹳河、黄天荡，条条出麓下，悄然有山河辽廓之感。一客盘礴余前，熟视余，余晋与揖，问之，为萧伯玉先生，因坐与剧谈，庵僧设茶供。伯玉问及补陀，余适以是年朝海归，谈之甚悉。《补陀志》方成，在箧底，出示伯玉，伯玉大喜，为余作叙。取火下山，拉与同寓宿，夜长无不谈之，伯玉强余再留一宿。

【注释】

〔余携竹兜一、苍头一，游栖霞〕竹兜，上山软轿滑杆；苍头，奴仆；栖霞，山名，一称摄山，在南京东北四十里处。有栖霞寺、千佛岩、舍利塔等。

〔与杭州飞来峰同受黥劓〕黥（音擎）劓（音艺），指在栖霞山千佛岩雕刻。黥，古代在人面上刻字涂墨的刑罚。劓，古代割鼻的刑罚。

〔山顶怪石巉岏〕巉（音馋）岏（音完），山岩峻锐貌。

〔惜不得穷诘之〕诘，追问。

〔上摄山顶观霞，非复霞理〕摄山，嘉庆《新修江宁府志·山水》卷六："摄山，在上元东北四十里。一名繖山，一名栖霞山，有千佛岭、有唐公岩、有天开岩、有中峰涧、有品外泉、有醒石、有磬石、其东岩下有画石山，山有石穴，曰'花洞'。"霞理，云霞的格局。

〔老鹳河、黄天荡，条条出麓下〕老鹳河、黄天荡，长江之一段，在今南京东北，南宋建炎四年（1130），韩世忠在此大破金兵。

〔一客盘礴余前，熟视余，余晋与揖，问之，为萧伯玉先生，因坐与剧谈〕盘礴余前，来来回回于我面前。熟视，盯住眼光仔细看，《国策·齐策一》："明日，徐公来，孰视之，自以为不如。"孰，通"熟"。晋，进前。剧谈，畅谈之意。

〔《补陀志》方成〕补陀，即普陀山，在浙江宁波东海上。

【笺疏】

〔戊寅冬，余携竹兜一〕

戊寅，崇祯十一年（1638），张岱于是年九月到的南京，一到即去了闵老子家喝茶，或曰"茗战"，有《闵老子茶》篇；"归浙"亦在此年，闵汶水、王月生送到燕子矶饮后始别，有《燕子矶》篇记其事。冬游栖霞，有《栖霞》此篇。是年张岱四十二岁。

〔伯玉问及补陀，余适以是年朝海归，谈之甚悉〕

伯玉，姓萧，名士玮，江西泰和人，有隽才，文章奇肆奔放。万历壬子（1612）举人，丙辰（1616）成进士。壬戌（1622）廷试，除行人司行人。崇祯元年（1628），左迁光禄寺典簿，出补府僚。崇祯五年（1632），改南大理评事，转南礼部祠祭司主事。后改吏部，自文选历考功郎中，不以南曹冷官少自假易。崇祯十一年（1638）"戊寅冬"，张岱与萧伯玉遇于栖霞而"熟视余"。弘光南渡，迁光禄寺少卿，拜太常寺卿，移疾还里。陪京陷，自屏草野，嘻嘻咄咄，野哭祈死。顺治八年（1651）四月十三日，卒于僧舍，年六十有七。

湖心亭看雪

崇祯五年十二月，余住西湖。大雪三日，湖中人鸟声俱绝。是日更定矣，余拏一小舟，拥毳衣炉火，独往湖心亭看雪。雾凇沆砀，天与云、与山、与水，上下一白。湖上影子，惟长堤一痕，湖心亭一点，与余舟一芥，舟中人两三粒而已。到亭上，有两人铺毡对坐，一童子烧酒，炉正沸。见余大喜，曰："湖中焉得更有此人！"拉余同饮。余强饮三大白而别。问其姓氏，是金陵人，客此。及下船，舟子喃喃曰："莫说相公痴，更有痴似相公者。"

【注释】

〔余拏一小舟，拥毳衣炉火〕拏（音拿），牵引，此释为摇船之“摇”义。毳（音脆）衣，裘皮服。

〔雾凇沆砀〕雾凇，雾或细雨寒凝于地表，或其他物体上的白色凝华物。沆（音杭）砀，浓重深广貌。

〔与余舟一芥〕芥，芥菜籽。

〔湖中焉得更有此人〕焉，“安”义。

〔舟子喃喃曰〕喃喃，小声不停地说。

【笺疏】

〔崇祯五年十二月，余住西湖〕

崇祯五年，为壬申年（1632），是年张岱三十六岁。

〔拉余同饮。余强饮三大白而别〕

强饮，勉强之饮，张岱不会饮酒，故用“强”字，前更有一“拉”字。勉强之饮如罚，《文选·左思〈吴都赋〉》：“飞觞举白。”刘逵注：“白，罚爵名也。”故曰“三大白”。古时酒杯，称“白”“三大白”，即三大杯。

陈章侯

崇祯乙卯八月十三，侍南华老人饮湖舫，先月早归。章侯怅怅向余曰：“如此好月，拥被卧耶？”余敕苍头携家酿斗许，呼一小划船再到断桥，章侯独饮，不觉沾醉。过玉莲亭，丁叔潜呼舟北岸，出塘栖蜜橘相饷，鬯啖之。章侯方卧船上嚎嚣。

岸上有女郎命童子致意云：“相公船肯载我女郎至一桥否？”余许之。女郎欣然下，轻纨淡弱，婉瘱可人。章侯被酒挑之曰：“女郎侠如张一妹，能同虬髯客饮否？”女郎欣然就饮。移舟至一桥，漏二下矣，竟倾家酿而去。问其住处，笑而不答。章侯欲蹑之，见其过岳王坟，不能追也。

【注释】

〔先月早归〕先月，月未升之时。

〔余敕苍头携家酿斗许〕敕，嘱咐。

〔出塘栖蜜橘相饷〕塘栖蜜橘，余杭塘栖镇所产橘，个小，皮薄，味甜，为其特产。

〔婉瘱可人〕婉瘱（音意），柔顺貌。《汉书·孝平王皇后传》：“为人婉瘱有节操。”

〔女郎侠如张一妹，能同虬髯客饮否〕张一妹、虬髯客，唐杜光庭撰传奇《虬髯客传》中人物。张一妹，即红拂女，李靖妻，与虬髯客并李靖，称“风尘三侠”。虬髯客姓张，初与红拂女遇，答问中得知女亦姓张，排序为最长，遂喜而曰：“今夕幸遇一妹”。

【笺疏】

〔侍南华老人饮湖舫〕

南华老人，卷七《及时雨》篇称以“季祖”，那么，这位“南华老人”，是张岱的小爷爷。章侯是张岱伯父燁芳婿，一家人，因此得以“侍南华老人饮湖舫”。

张岱祖父名汝霖。《徐文长逸稿》卷二十二，有《张太仆墓志铭》。“张太仆”，则是张汝霖之祖张天復，其墓志铭有曰：“孙男二：汝霖，娶朱翰撰赓女；汝懋，聘王生应顺女。孙女一，许聘范比部可奇子绍裘。”张霖汝弟“汝懋”，就是张岱的小爷爷“南华老人”。

〔**余敕苍头携家酿斗许，呼一小划船再到断桥，章侯独饮，不觉沾醉**〕

断桥，在杭州西湖白堤。“断桥残雪”，西湖十景之一，民间故事，白娘娘、许仙相遇处。“再到断桥”，断桥有章侯寓所。

陈洪绶《宝纶堂集·潘无声杂诗叙》篇有言：“去年予寓断桥，无声数过予，索予诵湖上诸诗，予第示其一律去。”而落款题曰：“乙亥仲夏，诸暨陈洪绶书于借园。”乙亥，崇祯八年（1635），“去年予寓断桥”，则在甲戌崇祯七年（1634）。

《宝纶堂集》又辑有《借园记》一篇，开篇有曰：“遗楼之后，余兄有地半亩，余易得焉。可垒怪石几笏，构危楼数椽。风日清美，经营其间，绿竹当户，豫章上天，养生学佛，书画种田。胸中忽有南面百城，傲人意心，自叱曰：竹为叔祖之竹，树为吾兄之树，我见乎此，借也，何有于我哉？”看来借园址在章侯诸暨乡下老家。是篇落款日期“五月七日书于遗楼”，应亦在“乙亥仲夏”，道理在陈章侯此番回诸暨，先居在“遗楼”，于是楼撰《借园记》一篇，其后人居“借园”，撰《潘无声诗叙》一文，不过，居在借园时间不久，至八月十三，便与张岱在杭州“侍南华老人饮湖舫”。

〔过玉莲亭，丁叔潜呼舟北岸，出塘栖蜜橘相饷，畅啖之〕

关于玉莲亭，张岱《西湖梦寻·西湖北路》一组文章，是写钱塘门，并由此而经北山一带至紫云洞诸景的。篇目依次为《玉莲亭》《昭庆寺》《哇哇宕》《大佛头》《保俶塔》《玛瑙寺》《智果寺》《六贤祠》《西泠桥》《岳王坟》《紫云洞》。从《西湖梦寻·西湖北路》篇目编次看，《玉莲亭》作为首篇，并被放置在《昭庆寺》篇前面，玉莲亭应该在钱塘门与昭庆寺之间。

张岱在《玉莲亭》篇中记述道："白乐天守杭州，政平讼简……居民设像祀之，亭临湖岸，多种青莲，以象公之洁白。"玉莲亭址还有一个明显特征是"亭临湖岸"。

综合上述，玉莲亭应该在钱塘门外西湖边。现在西湖六公园北对街，立有"古钱塘门"标指牌，由此而知，"古钱塘门"碑之湖边，应该是玉莲亭故址。

田汝成《西湖游览志·北山胜迹》有"玉莲堂"的记述："出钱唐（通塘）门，濒湖为玉莲堂，折而北，为来鹊楼……皇明嘉靖二十一年，按察佥事刘望之欲建宾馆于此，问名于汝成，汝成为陈故实，且曰：'兴灭阐德，以无忘前人，复其名为玉莲堂，何如？'公欣然首肯。乃濬池环门，树以白荷，甫成，而公以忧去，扁额尚未揭也。"从张岱所述玉莲亭，与田汝成所述"扁额未揭"的玉莲堂的基址环境、构建原因看，两建筑应该同处一地。

〔移舟至一桥，漏二下矣，竟倾家酿而去〕

关于"一桥"，据田汝成《西湖游览志》，杭州西湖有两处六桥，一在苏堤，一在里西湖西岸，称里六桥。里西湖西岸六桥，"一桥"在里西湖西岸北。田汝成《西湖游览志·孤山三堤胜迹》"杨公堤"下有记载："杨公堤，里湖西岸者是也。知府杨孟瑛既开西湖，遂筑此堤，增建六桥，俗称里六桥是也。然近北山三桥，宋时已有之，杨公所筑，特南山三桥耳。惜其名不立，无以匹配苏堤，今疑定之。自北而南，第一桥，近净空院，玉泉之水出焉，题曰环璧。自此而西，可通耿家埠。……”而苏堤六桥，按田汝成排法，却与“里六桥”相反，即“一桥”在苏堤之南。其《西湖游览志》记载说：“堤南第一桥曰映波，与西岸第六桥对，旧对旌德观，先贤堂。”然而，张岱在《陶庵梦忆·陈章侯》记述的那女郎要去的“一桥”，则不是这两座“一桥”。如果女郎在苏堤南一桥映波桥上岸，上岸后到岳王坟，路要比从玉莲亭至岳王坟更远。这苏堤映波桥显然不是张岱指的“一桥”。如果女郎在“里一桥”上岸，那么，必定船由苏堤入岳湖，过岳王坟后，始到“里一桥”，再由里一桥走回头路过“岳王坟”，去绕那么多冤枉路，干啥呢？

由此而看，张岱所述的，那女郎要去的“一桥”，应该是苏堤北第一桥“跨虹桥”。女郎由此上岸，北行不远，即是岳王坟，符合《陈章侯》篇所描述的“章侯欲蹑之，见其过岳王坟，不能追也”场景。至于章侯为什么不敢盯梢下去，恐怕是过岳王坟，荒坟遍山，夜晚能入得此地者，非仙即怪了。神仙鬼怪面前，谁敢大胆，故“不能追也”。

【校勘】

〔崇祯乙亥八月十三，侍南华老人饮湖舫〕

上海古籍出版社本在是篇末注曰：“乙卯，各本同。按，崇祯朝无乙卯年，疑为‘乙亥’或‘己卯’。”

卷四

不系园

甲戌十月，携楚生住不系园看红叶。至定香桥，客不期而至者八人：南京曾波臣，东阳赵纯卿，金坛彭天锡，诸暨陈章侯，杭州杨与民、陆九、罗三，女伶陈素芝，余留饮。章侯携缣素为纯卿画古佛，波臣为纯卿写照，杨与民弹三弦子，罗三唱曲，陆九吹箫。与民复出寸许界尺，据小梧，用北调说《金瓶梅》一剧，使人绝倒。是夜，彭天锡与罗三、与民串本腔戏，妙绝；与楚生、素芝串调腔戏，又复妙绝。章侯唱村落小歌，余取琴和之，牙牙如语。纯卿笑曰："恨弟无一长以侑兄辈酒。"余曰："唐裴将军旻居丧，请吴道子画天宫壁度亡母。道子曰：'将军为我舞剑一回，庶因猛厉，以通幽冥。'旻脱缞衣缠结，上马驰骤，挥剑入云，高十数丈，若电光下射，执鞘承之，剑透室而入，观者惊栗。道子奋袂如风，画壁立就。章侯为纯卿画佛，而纯卿舞剑，正今日事也。"纯卿跳身起，取其竹节鞭，重三十斤，作胡旋舞数缠，大噱而去。

【注释】

〔章侯携缣素为纯卿画古佛〕缣（音兼）素，供作书画用的白色细绢。

〔波臣为纯卿写照〕写照，画像。

〔出寸许界尺，据小梧〕界尺，惊堂木。梧，本义为“支架”。《后汉书·徐登传》：“炳（赵炳）乃故升茅屋，梧鼎而爨。”据小梧，此可理解为“靠着小桌子”。

〔与民串本腔戏，妙绝；与楚生、素芝串调腔戏〕本腔戏，昆曲。调腔戏，如新昌调腔。

〔恨弟无一长以侑兄辈酒〕长，特长。侑（音有），本义为劝食，此指为饮酒者助兴。

〔请吴道子画天宫壁度亡母〕度，超度，佛教、道教指诵经等使鬼魂脱离苦难。

〔庶因力孟厉，以通幽冥〕庶因，或许因为。幽冥，阴曹地府。

〔缞衣缠结〕缞（音催）衣，古代披在胸前的丧服，用麻布制成。

〔取其竹节鞭，重三十斤〕鞭是金属，“竹节”其形，故重如此。

〔作胡旋舞数缠〕胡旋，古代西北边塞民族跳的旋转的舞蹈。数缠，数圈。

【笺疏】

〔甲戌十月，携楚生住不系园〕

甲戌，崇祯七年（1634），是年张岱三十八岁。

不系园，西湖湖舫。杭州掌故丛书《南宋古迹考》载《湖船录》：“不系园，汪然明制。计长六丈二尺，广五之一。入门数武，堪贮百壶，次进方丈，足布两席；曲藏斗室，可供卧吟；侧掩壁厨，俾收醉墨；出转为台，台上张幔，若遇惊飙蹴浪，倚树平桥，卸阑、卷幔，犹然一蜻蛉耳。陈仲醇榜曰：‘不系园’，并题诗云：‘西湖谁与开生面？不系园收不断云。翠壁丹崖天宿构，黄鹂绿树水平分。卷帘花扑双鱼洗，顾曲香飘百蝶裙。金谷玉津成往迹，虚舟一叶总输君。’张卿子诗云：‘两堤多少画楼船，谁似新裁最可怜？十幅碧纱烟雾里，一痕新月水风前。留人信宿春能借，笼妓清弹夜不眠。总羡心同湖上水，为园肯系北山偏！’朱子暇诗云：‘何妨鸥鹭信追陪，亦有轩窗亦有台，从此四围山色在，依然三径水中开。当春不惜移花住，是夜偏宜放月来。湖上名园纷可数，悬知丘壑属清才。’钱受之诗云：‘园以舟为世所稀，舟名不系了无依。诸天宫殿随身是，大地烟波瞥眼非。净扫波心邀月驾，平铺水面展云衣。主人欲悟虚舟理，只在红妆与翠微。’‘堤上湖边檥棹时，菱花镜里去迟迟。分将小艇迎桃叶，采遍菱歌谱竹枝。杨柳风流烟草在，杜鹃春恨夕阳知，凭阑莫漫多回首，水色山光是古悲。’是时，湖上诸姬，如王修微、杨云友能诗，林天素能画山水兼能琵琶，王玉烟能走马，吴楚芬能歌。然明招诸名士集湖舫，诸姬必与坐，红袖乌丝，传为胜事。”

明崇祯七年（1634）十月，张岱携侍姬朱楚生住不系园看红叶。当时不系园泊于定香桥。

明田汝成《西湖游览志》卷二，《孤山三堤胜迹》篇有“苏公堤”条，文曰：“堤南第一桥曰映波，与西岸第六桥对，旧有旌德观，先贤堂。观本定香寺，今止存定香桥。宝庆间，京尹袁韶改建为观，有虚舟、云锦二亭，堂名仰高，祠祀许由而下四十人。”从引文理解，定香桥应该位于西湖西南角，苏堤六桥之一映波桥附近。张岱携楚生住不系园，不系园正停泊在这片水面。

〔**南京曾波臣，东阳赵纯卿**〕

曾波臣，即曾鲸，波臣是他的字，福建莆田人。流寓南京。写照入神，妍媸惟肖，后人称为波臣派。赵纯卿，即赵介臣，张岱在《禊泉》篇有提及。

【校勘】

〔作胡旋舞数缠，大噱而去〕

此番不系园相聚，虽曰“不期而至”，但从“章侯携缣素为纯卿画古佛，波臣为纯卿写照”看，这位东阳人赵纯卿，仿佛成了聚会中心。他也感觉到了，应有所答谢，于是取鞭“作胡旋舞数缠”。赵纯卿跳“胡旋舞”，引得在场“大噱”。“大噱”之后，“去”，无由而不成礼，而“罢”，具适可而止之意。“大噱而去”之“去”，作家出版社本作“罢”。“罢”合理。

秦淮河房

秦淮河河房，便寓、便交际、便淫冶，房值甚贵而寓之者无虚日。画船箫鼓，去去来来，周折其间。河房之外，家有露台，朱栏绮疏，竹帘纱幔。夏月浴罢，露台杂坐，两岸水楼中，茉莉风起动儿女香甚。女客团扇轻纨，缓鬓倾髻，软媚着人。年年端午，京城士女填溢，竞看灯船。好事者集小篷船百什艇，篷上挂羊角灯如联珠，船首尾相衔，有连至十余艇者。船如烛龙火蜃，屈曲连蜷，蟠委旋折，水火激射。舟中镦钹星铙，宴歌弦管，腾腾如沸。士女凭栏轰笑，声光凌乱，耳目不能自主。午夜，曲倦灯残，星星自散。钟伯敬有《秦淮河灯船赋》，备极形致。

【注释】

〔便寓、便交际、便淫冶〕便寓，适宜居住。便：方便、适宜；

寓：动词，居住。淫冶，与“淫荡”“轻狎”义略同。

〔朱栏绮疏〕绮疏，窗上镂空花纹。《后汉书·梁冀传》：“窗牖皆有绮疏青琐。”

〔女客团扇轻纨〕女子执绢质团扇，穿细洁白薄绸衣衫。纨，细致洁白的薄绸。

〔缓鬓倾髻〕篷松鬓发，宽松而至发髻倾斜，一派庸懒之态。鬓，面颊两旁近耳的头发。髻，梳在头顶上的发髻。

〔软媚着人〕柔媚依人。“着”，义作“依附”“依着”。《汉书·贾谊传》：“而淮阳之比大诸侯，廑如黑子之着面。”

〔篷上挂羊角灯如联珠〕羊角灯，一种小型灯具。

〔船如烛龙火蜃〕蜃，传说中的蛟属。

〔舟中镦钹星铙〕谓舟中打击乐器节奏快疾：钹如弩发，铙若星驰。镦（音散），弩也；钹（音勃）、铙（音挠），铜制击打乐器。

〔声光凌乱〕凌乱，杂乱无章。鲍照《舞鹤赋》：“轻迹凌乱，浮影交横。”

【笺疏】

〔秦淮河河房，便寓、便交际、便淫冶〕

秦淮河，长江下流近南京一条支流。此处“秦淮河”，指流经南京市西区一段秦淮河河面。

〔钟伯敬有《秦淮河灯船赋》，备极形致〕

伯敬，钟惺字。《四库禁毁书丛刊·隐秀轩集》辑有《秦淮灯船赋有序》，曰：“小舫可四五十只，周以雕槛，覆以翠幙。每舫载二十许人，人习鼓吹，皆少年场中人也。悬羊角灯于两傍，略如舫中人数，流苏缀之，用绳联舟令其唧尾，有若一舫火举，伎作如烛龙焉。已散之，又如凫雁桀蹦，波间望之，皆出于火，直得一赋耳。集众舫而为水兮，乃秦淮之所观。借万炬以为舟兮，纵水嬉之更端。波内外之化为火兮，水欲热而火欲寒。联则虬龙之蠢动兮，首尾腹之无故而交攒；散则鹳鹅之作陈兮，羌左右下上于其间。观其蜿蜒与喋唼兮，载万光而往还。俄箫鼓怒生于鳞羽之内兮，楼台沸而虫鱼欢。彼舟中人惘悦而不知兮，乃居高者之悉其回环。嗟景光之流而不居兮，群动去而一水自安重。曰：火水沓兮，生星月兮；声光杂兮，晴澜压兮；照幽泬兮，潜怪怛兮；晦明达兮，作津筏兮；彼楚魄兮，寃滞豁兮。”

【校勘】

〔京城士女填溢，竞看灯船〕

乾隆甲寅本，作“京城士女填溢之看灯船”。上海古籍出版社本据《砚云甲编》本，为“京城士女填溢，竞看灯船”。

兖州阅武

辛未三月，余至兖州，见直指阅武，马骑三千，步兵七千，军容甚壮。马蹄卒步，滔滔旷旷，眼与俱驶，猛掣始回。其阵法奇在变换，旍动而鼓，左抽右旋，疾若风雨。阵既成列，则进图直指前，立一牌曰：“某阵变某阵”。连变十余阵，奇不在整齐而在便捷。扮敌人百余骑，数里外烟尘坌起。逥卒五骑，小如黑子，顷刻驰至，入辕门报警。建大将旗鼓，出奇设伏。敌骑突至，一鼓成擒，俘献中军。内以姣童扮女三四十骑，荷旃被毳，绣袪魋结，马上走解，颠倒横竖，借骑翻腾，柔如无骨。奏乐马上，三弦、胡拨、琥珀词、四上儿、

密失、乂儿机，僸侏兜离，罔不毕集。在直指筵前供唱，北调淫俚，曲尽其妙。是年，参将罗某，北人，所扮者皆其歌童外宅，故极姣丽，恐易人为之，未必能尔也。

【注释】

〔见直指阅武〕直指，巡按御史。

〔滔滔旷旷〕滔滔，本指水流貌，此借指军马众多，行进不绝之态势。旷旷，本指空阔，此借指军容壮阔。

〔猛掣始回〕掣（音彻），牵引；拉拽。

〔旝动而鼓〕旝（音快），令旗。《左传·桓公五年》："旝动而鼓。"杜预注："旝，旃也，通帛为之，盖今大将之麾也，执以为号令。"

〔迾卒五骑〕迾卒，即巡逻哨兵。迾（音列），列队警戒。

〔荷旃被毳，绣祛魋结〕荷旃（音毡），扛着战旗。旃，纯赤色的曲柄旗。《汉书·田蚡传》："初，虞叔有玉，虞公求旃，勿献。"魋（音颓）结，同"椎髻"，《史记·郦生陆贾列传》："陆生至，尉他魋结箕踞见陆生。"司马贞索隐："谓为髻一撮以椎而结之。"

〔马上走解〕古代马上戏技。

〔三弦、胡拨、琥珀词、四上儿、密失、乂儿机，僸侏兜离，罔不毕集〕僸侏兜离，亦作"僸昧兜离"，古代少数民族乐名。《文选·班固〈东都赋〉》："四夷闲奏，德广所及，僸侏兜离，罔不具集。"李善注："《孝经钩命决》曰：'东夷之乐曰侏，南夷之乐曰任，西夷之乐曰林离，北夷之乐曰僸。'"《白虎通·礼乐》曰："南夷之乐曰兜，西夷之乐曰禁，北夷之乐曰昧，东夷之乐曰离。"三弦、胡拨、琥珀词、四上儿、密失、乂儿机，俱古代少数民族乐器。乂（音刈）；僸（音近）侏（音迈）。罔，无。

〔北调淫俚〕淫俚，放荡而鄙俗。

〔所扮者皆其歌童外宅〕外宅，此指为“外室”，即“外妇”。《水浒传》第二十二回：“有个女儿，唤做婆惜，典于宋押司做外宅。”

【笺疏】

〔辛未三月，余至兖州〕

兖，同“兖”。兖州，府名，洪武十八年（1385）置，治所在滋阳（今山东兖州）。辛未，崇祯四年（1631），是年张岱三十五岁。

牛首山打猎

戊寅冬，余在留都，同族人隆平侯与其弟勋卫、甥赵忻城，贵州杨爱生，扬州顾不盈，余友吕吉士、姚简叔，姬侍王月生、顾眉、董白、李十、杨能，取戎衣衣客，并衣姬侍。姬侍服大红锦狐嵌箭衣、昭君套，乘款段马。鞲青骹，绁韩卢，铳箭手百余人，旗帜棍棒称是，出南门，校猎于牛首山前后，极驰骤纵送之乐。得鹿一、麂三、兔四、雉三、猫狸七。看剧于献花岩，宿于祖堂。次日午后猎归，出鹿麂以飨士，复纵饮于隆平家。江南不晓猎较为何事，余见之图画戏剧，今身亲为之，果称雄快。然自须勋戚豪右为之，寒酸不办也。

【注释】

〔取戎衣衣客，并衣姬侍〕戎衣，即军服。“衣客”之“衣”、“衣姬侍”之“衣”，名词用作动词，“穿”义。

〔姬侍服大红锦狐嵌箭衣、昭君套，乘款段马〕昭君套，有头套的披风。款段马，形有致而行速缓的一种马。

〔鞲青骹，绁韩卢〕鞲青骹，臂上擎着猎鹰。鞲（音备），臂处坚固的衬垫；青骹（音敲），指鹰。绁韩卢，牵着猎狗。绁，牵狗的绳；韩卢，战国时期韩国名犬。鞲青骹，绁韩户，即“臂苍牵黄”。

〔铳箭手百余人，旗帜棍棒称是〕铳（音充），用火药发射弹丸的一种火器。称是，相符于此。“称是”之“是”，指为“打猎”。

〔极驰骤纵送之乐〕极，竭尽。

〔出鹿麂以飨士〕飨（音襄），犒赏。

〔江南不晓猎较为何事〕猎较，《孟子·万章下》有“鲁人猎较”句，注曰：“猎较者，田猎较于禽兽。”

〔果称雄快〕雄快，雄健爽快。

〔寒酸不办也〕寒酸，贫寒吝啬人家。

【笺疏】

〔戊寅冬，余在留都〕

戊寅，崇祯十一年（1638），是年张岱四十二岁。留都，南京。

〔同族人隆平侯与其弟勋卫、甥赵忻城〕

隆平侯为张信，《明史》有其传。《明史》卷一百四十六：“张信，临淮人。父兴，永宁卫指挥佥事。信嗣官，移守普定、平越，积功进都指挥佥事。惠帝初即位，大臣荐信谋勇，调北平都司。受密诏，令与张昺、谢贵谋燕王。信忧惧不知所为。母怪问之，信以告。母大惊曰：‘不可。汝父每言王气在燕。汝无妄举，灭家族。’成祖称病，信三造燕邸，辞不见。信固请，入拜床下。密以情输成祖，成祖矍然起，立召诸将定计，起兵，夺九门。成祖入京师，论功比诸战将，进都督佥事。封隆平侯，禄千石，与世伯券。成祖德信甚，呼为‘恩张’。欲纳信女为妃，信固辞，以此益见重。凡察藩王动静诸密事，皆命信。信怙宠颇骄。永乐八年冬，都御史陈瑛言信‘无汗马劳，忝冒侯爵，恣肆贪墨，强占丹阳县湖八十余里、江阴官田七十余顷，请下有司验治。’帝曰：‘瑛言是也。昔中山王有沙洲一区，耕农水道所经，家僮阻之以擅利。王闻，即归其地于官。今信何敢尔！’命法司杂治之。寻以旧勋不问。二十年从北征，督运饷。大阅于隰宁，信辞疾不至，谪充办事官。已而复职。仁宗即位，加少师，并支二俸，与世侯券。宣德元年，从征乐安。三年，帝巡边，征乌梁海，命居守。明年督军万五千人浚河西务河道。正统七年五月卒于南京。赠郧国公，谥恭僖。子镛，自立功为指挥佥事，先卒。子淳嗣，传爵至明亡。”

隆平侯爵位，得自张信，时间还在朱棣手中，因此张岱与之校猎之隆平侯，当然是张信的后裔，与张岱的关系，也只是一位“同族人”。谁呢？郑汝璧《皇明功臣封爵考·隆平侯张信传》载：信生镛、淳，镛先信卒，淳袭侯，淳生福、祐，福袭侯，福卒，祐袭侯。福、祐无嗣。祐卒堂弟禄袭侯、禄生玮、玮无嗣。玮卒侄桐袭侯，桐生炳，炳生拱日，明亡。

〔余友吕吉士、姚简叔，姬侍王月生、顾眉、董白、李十、杨能〕

吕吉士，见卷二《燕子矶》篇笺疏。

生，旧时姬侍称以“生”。王月生，其姓王，名月，详见卷八《王月生》篇笺疏。

顾眉。余怀《板桥杂记·丽品》中卷：“顾媚，字眉生，又名眉。庄妍靓雅，风度超群，鬓发如云，桃花满面，弓弯纤小，腰支轻亚。通文史，善画兰，追步马守真，而姿容胜之，时人推为南曲第一。”

后属龚芝麓。

董白。余怀《板桥杂记·丽品》中卷："董白，字小宛，一字青莲，天姿巧慧，容貌娟妍。"后为冒辟疆侧室，事辟疆九年，年二十七，瘁死。冒辟疆作《影梅庵忆语》二千四百言哭之。

李十。余怀《板桥杂记·丽品》中卷："李十娘，名湘真，字雪衣。在母腹中，闻琴歌声，则勃勃动。生而娉婷娟好，肌肤玉雪，既含睇兮又宜笑，殆《闲情赋》所云'独旷世而秀群'者也。性嗜洁，能鼓琴清歌，略涉文墨，爱文人才士。所居曲房密室，帷帐尊彝，楚楚有致。"后亦从良。

【校勘】

〔铳箭手百余人，旗帜棍棒称是〕

铳，乾隆甲寅本等作"烷"。《康熙字典》不载"烷"，从语言环境看，当是"铳"。

〔看剧于献花岩，宿于祖堂〕

乾隆甲寅本、粤雅堂本及新近校注出版的诸种版本，均作"看剧于献花巖，宿于祖茔"。其实，应是"祖堂"，而非"祖茔"。

张岱祖籍四川，南宋以来，张远猷定居绍兴，绍兴一直是张岱家族居住之地。而有"祖茔"在南京牛首山，无此事实。在张岱文章中讲到祖茔的，在卷三《阳和泉》中有一句"张子谓阳和岭实为余家祖墓，诞生我文恭，遗风余烈，与山水俱长"，有张岱祖墓（实为其同族）之阳和岭，在绍兴城南琶山。张元忭之父张天復，其墓在绍兴山阴天衣寺侧。

《牛首山打猎》文中的"祖茔"，为啥应是"祖堂"呢？这里我们可以读一段张岱《夜航船·古迹》中，有关祖堂的记述："祖堂在应天府治南。唐法融和尚得道于此，为南宗第一祖师，在山房禅定，有百鸟献花，故又名献花岩。”祖堂，其实又叫献花岩，因此，张岱在献花岩看完戏文后，是晚也就宿在了献花岩祖堂这里了。

张岱有《阮圆海祖堂留宿二首》诗。诗收录在夏咸淳校点《张岱诗文集·补编》中。诗的出处，夏注明为“稿本《琅嬛文集》”。诗曰：“牛首同天姥，生平梦寐深。山穷忽出寺，路断复穿林。得意难为画，移情何必琴。高贤一榻在，鸡黍故人心。剧谈中夜渴，瀹茗试松萝。泉汲虎跑井，书雠豕渡河。无生释子话，孰杀郑人歌？边惊终萦虑，尊前费揣摩。”

由此看来，这一夜，张岱确是宿在祖堂，是阮圆海招待了他。并且很有可能，“看剧于献花岩”，或许正是阮圆海相邀，而戏班正是其家班。

杨神庙台阁

枫桥杨神庙，九月迎台阁。十年前迎台阁，台阁而已，自骆氏兄弟主之，一以思致文理为之。扮马上故事二三十骑，扮传奇一本，年年换，三日亦三换之。其人与传奇中人必酷肖方用，全在未扮时，一指点为某似某，非人人绝倒者不之用。迎后，如扮胡梿者直呼为胡梿，遂无不胡梿之，而此人反失其姓。人定，然后议扮法。必裂缯为之。果其人其袍铠须某色、某缎、某花样，虽匹锦数十金不惜也。一冠一履，主人全副精神在焉。诸友中有能生造刻画者，一月前礼聘至，匠意为之，唯其使。装束备，先期扮演，非百口叫绝又不用。故一人一骑，其中思致文理，如玩古董名画，一勾一勒不得放过焉。

土人有小小灾祲，辄以小白旗一面到庙禳之，所积盈库。是日以一竿穿旗三四，一人持竿三四走神前，长可七八里，如几百万白蝴蝶回翔盘礴在山坳树隙。四方来观者数十万人。市枫桥下，亦摊亦篷。台阁上马上，有金珠宝石堕地，拾者如有物凭焉不能去，必送还神前；其在树丛田坎间者，问神，辄示其处，不或爽。

【注释】

〔一以思致文理为之〕思致文理，即考虑精致，讲究条理。

〔其人与传奇中人必酷肖方用〕酷肖，非常逼真。方，才。

〔如扮胡梿者直呼为胡梿，遂无不胡梿之〕胡梿（音连），或是《蕉帕记》中胡连。

〔必裂缯为之〕缯（音增），丝织品。裂缯，裁剪缯。

〔诸友中有能生造刻画者，一月前礼聘至，匠意为之〕生造刻画，即创新设计。匠意，精巧的构思。

〔土人有小小灾祲，辄以小白旗一面到庙禳之〕祲（音浸），阴阳相侵之气，即邪气。《左传·昭公十五年》："吾见赤黑之祲。"杜预注："祲，妖氛也。"孔颖达疏引郑玄："祲，阴阳气相侵渐成。"禳（音壤），消除灾殃之祭祷。《左传·昭公二十六年》："齐有慧星，齐侯使禳之。"

〔如几百万白蝴蝶回翔盘礴在山坳树隙〕回翔盘礴，并列词组。盘礴，"盘旋"义。

〔如有物凭焉不能去〕物凭，实物凭证。

〔不或爽〕爽，差错。

【笺疏】

〔枫桥杨神庙，九月迎台阁〕

枫桥，镇名，在绍兴诸暨。杨神庙，额曰“紫薇侯庙”，见下图，俗名枫桥大庙，在诸暨枫桥镇和平路。庙今仍在，由钟楼、鼓楼、门厅、戏台、中厅、后殿、厢庑组成。雕刻极妍。庙内立有《枫桥大庙重修碑记》，为镇政府等部门于二〇〇二年八月立。碑文有载：“明嘉靖年间，勅建紫薇侯庙，以奉祀当地船工，俗呼杨老相公庙。”杨俨，宋时枫桥冷水里人，因解乡里急难，而奉为神。九月迎台阁，杨神庙会期在阴历九月十五前后三天。

雪精

外祖陶兰风先生，倅寿州得白骡，蹄跲都白，日行二百里，畜署中。寿州人病噎嗝，辄取其尿疗之。凡告期，乞骡尿状常十数纸。外祖以木香沁其尿，诏百姓来取。后致仕归，捐馆，舅氏啬轩解骖赠余。余豢之十余年许，实未尝具一日草料，日夜听其自出觅食，视其腹未尝不饱，然亦不晓其何从得饱也。天曙，必至门祗候，进厩候驱策，至午勿御，仍出觅食如故。后渐跋扈难御，见余则驯服不动，跨鞍去如箭，易人则咆哮蹄啮，百计鞭策之不应也。一日，与风马争道城上，失足堕濠堑死，余命葬之，谥之曰“雪精”。

【注释】

〔蹄跆都白〕蹄跆，即蹄。跆（音频），《康熙字典》解曰“踬也。《礼·中庸》：‘言前定则不跆。’疏：‘言得流行不有踬蹶。’”踬蹶，因蹄被绊。

〔寿州人病噎嗝〕噎嗝，亦作“噎膈”。噎膈，中医学病名。咽困难，食物难下曰“噎”；食管狭窄，咽难作痛曰“膈”，二者合称“噎膈”。本病症多属食道癌、胃癌。

〔外祖以木香沁其尿〕沁，渗入。

〔后致仕归，捐馆，舅氏啬轩解骖赠余〕致仕，指旧时官员交还官职于朝廷。捐馆，捐弃馆舍，旧时对死亡的违辞。黄宗羲《李因传》：“光禄捐馆，家道丧失。”骖（音餐），本义为马。解骖，此指解开称“雪精”骡之缰绳。

〔余豢之十余年许〕豢，“养”义。

〔实未尝具一日草料〕具，“备”义。

〔天曙，必至门祗候〕祗（音支）候，准时等候。祗，“恰巧”义。

〔进厩候驱策，至午勿御〕厩，畜舍。御，役使。驱策，驱赶鞭策；候驱策，等候服役。

〔与风马争道城上〕风马，迷路之马。

【笺疏】

〔**外祖陶兰风先生，倅寿州得白骡**〕

张岱外公陶兰风先生，名允嘉，其传，附康熙《会稽县志·列传》

卷二十三《陶大顺传》。陶大顺为陶兰风先生父。传曰："季子允嘉，号兰风，以廪例入成均。万历甲午试北闱，房师荐元，主司欲亚之，房师执不听，曰：'吾不忍此生贬价。'后庚子、癸卯、己酉俱登副榜。以例贡，授中都通判，驻正阳。正阳为淮颍巨商孔道，允嘉剔弊除奸，商民安堵，报最。升福建运副，乞身归里，人称其恬退。允嘉博洽好书，自子史天文地理星相医卜奇门六壬，靡不究解。著有《泽农吟集》。"

〔**后致仕归，捐馆，舅氏嗇轩解骖赠余**〕

《会稽陶氏族谱·东长房列传》卷十七，有《运同兰风府君传》，载有陶允嘉生卒年份，曰："生于嘉靖丙辰十月二十六日；卒于天启壬戌四月九日，春秋六十有七。"

"天启壬戌"，即天启二年（1622），张岱得白骡，当在是年，时二十六岁。

"舅氏嗇轩"。《会稽陶氏族谱·隐德传》卷十五，有"舅氏嗇轩"其传，曰："嗇轩公讳崇文，字乳周。明季政衰，客魏乱国，遂绝意功名，自放山水间，日与亲朋登陟啸歌，旷然绵远。山阴祁元孺先生叹曰：'嗇轩子蕴奇抱古，不欲问世而遁迹山林，令人想见安石风流。'然公目击时事，不能忘情，因作《宫枭记》，号院本戏剧，其蕴义生风，疾邪刺世，志节可概见矣。"

〔**谥之曰"雪精"**〕

谥，古代皇帝、贵族、大臣、杰出官员或其他有地位的人死后所加的，带有褒贬意义的称号。宋司马光《司马温公诗话》："韩退处士，绛州人，放诞不拘，浪迹秦晋间，以诗自名。常跨一白驴，自有诗云：'山人跨雪精，上便不论程'。"张岱"谥之曰雪精"，出之有典，何其大雅。

严助庙

陶堰司徒庙，汉会稽太守严助庙也。岁上元设供，任事者聚族谋之终岁。凡山物觕觕（虎、豹、麋鹿、獾猪之类），海物噩噩（江豚、海马、鲟黄、沙鱼之类），陆物痴痴（猪必三百斤，羊必二百斤，一日一换；鸡、鹅、凫、鸭之属，不极肥不上贡），水物噞噞（凡虾、鱼、蟹、蚌之类，无不鲜活），羽物毻毻（孔雀、白鹇、锦鸡、白鹦鹉之属，即生供之），毛物绒绒（白鹿、白兔、活貂鼠之属，亦生供之），洎非地（闽鲜荔枝、圆眼、北苹婆果、沙果、文官果之类），非天（桃、梅、李、杏、杨梅、枇杷、樱桃之属，收藏如新撷），非制（熊掌、猩唇、豹胎之属），非性（酒醉、蜜饯之类），非理（云南蜜唧、峨嵋雪蛆之类）、非想（天花龙蜑、雕镂瓜枣、捻塑米面之类）之物，无不集。庭实之盛，自帝王宗庙社稷坛壝所不能比隆者。十三日，以大船二十艘载盘铃，以童崽扮故事，无甚文理，以多为胜。城中及村落人，水逐陆奔，随路兜截转摺，谓之“看灯头”。五夜夜在庙演剧，梨园必倩越中上三班，或雇自武林者，缠头日数万钱。唱《伯喈》《荆钗》，一老者坐台下对院本，一字脱落，群起噪之，又开场重做。越中有《全伯喈》《全荆钗》之名起此。天启三年，余兄弟携南院王岑、老串杨四、徐孟雅、圆社河南张大来辈往观之。到庙蹴踘，张大来以“一丁泥”“一串珠”名世，球着足，浑身旋滚，一似黏疐有胶、提掇有线、穿插有孔者，人人叫绝。剧至半，王岑扮李三娘，杨四扮火工窦老，徐孟雅扮洪一嫂，马小卿十二岁扮咬脐，串《磨房》《撇池》《送子》《出猎》四出。科诨曲白，妙入筋髓，又复叫绝。遂解维归。戏场气夺，锣不得响，灯不得亮。

【注释】

〔岁上元设供〕上元，正月十五日为上元。

〔山物触触〕触触，抵触之状。杨雄《校猎赋》："票禽之绁逾，犀兕之抵触，熊罴之拏攫，虎豹之凌遽。"

〔海物噩噩〕噩噩，无知貌。《法言·问神》："虞夏之书浑浑尔，《商书》灏灏尔，《周书》噩噩尔。"浑浑噩噩，浑沌无知貌。

〔陆物痴痴〕痴痴，肥笨貌。

〔水物噞噞〕噞（音掩）噞，鱼张口吸气貌。《淮南鸿烈解·主术训》："夫水浊则鱼噞。"

〔羽物毨毨〕毨（音诜）毨，羽毛齐整貌。《书·尧典》："鸟兽毛毨。"孔传："毨，理也，毛更生整理。"

〔毛物绒绒〕绒（音戎）绒，细毛厚密貌。

〔洎非地〕非地，并非地所产之意。洎（音记），及。

〔非天〕虽挂果空中，却是长在树上，因曰"非天"。

〔非制〕本是其身，确非制作。

〔非性〕一经加工，非显本性。

〔非理〕物为异数，用非常理。

〔非想〕手工制作，想焉能成。

〔庭实之盛，自帝王宗庙社稷坛壝所不能比隆者〕实，充实。壝（音伟），坛和墠的统称。也特指围以矮墙的坛。比隆，同等兴盛。

〔以大船二十艘载盘軨〕盘，敞口而扁浅的盛器；軨（音灵），本是车边栏杆，此借指装猪、牛大宗供品运载之具。

〔随路兜截转摺〕兜截：兜，迎面；截，中间切入。

〔梨园必倩越中上三班〕倩，“请”义。

〔缠头日数万钱〕缠头，观众赠给戏子钱物的统称。

〔一老者坐台下对院本〕院本，元朝行院时行戏曲表演时的脚本。

〔科诨曲白〕戏曲中四个动作：插科、打诨、歌唱、念白。

〔遂解维归〕也作“遂解缆归”。维，系物的大绳。

【笺疏】

〔陶堰司徒庙，汉会稽太守严助庙也〕

陶堰，镇名，在绍兴城东四十五里处。张岱外婆家在陶堰。司徒庙，当地俗称百家庙。庙在陶堰镇西二百米处、谢家埭村背河对面，在我走访严助庙时，尚有房三四间。严助，会稽吴人。汉武帝即位，为中大夫，后迁会稽太守。诗赋家。

照片对岸几间平屋处，即是严助庙址。天启三年（1623），张岱携伶人“到庙蹴踘”，就在此处，而船，应该歇在岸边。河沿石条上，刻有当时捐助者姓名。

〔岁上元设供，任事者聚族谋之终岁〕

上元，阴历正月十五为上元节。上元，初只三夜，吴越王鏐人贡，疏买两夜灯。乾德五年（967）正月有诏："上元张灯，旧止三夜。朝廷无事，区宇入宁，方当年谷之丰登，宜纵士民之行乐。其令开封府更放十七、十八两夜灯。"是故上元有五夜灯。十三日初演，因谓之"看灯头"。

〔天启三年，余兄弟携南院王岑、老串杨四、徐孟雅、圆社河南张大来辈往观之〕

天启三年（1623），是年张岱二十七岁。

〔到庙蹴踘，张大来以"一丁泥""一串珠"名世，球着足，浑身旋滚，一似黏疐有胶、提掇有线、穿插有孔者，人人叫绝〕

蹴踘，古时一种踢球游戏。"一丁泥""一串珠"，是蹴踘的两个高难度动作。泥粘如胶，"黏疐有胶"是对"一丁泥"之描写；珠穿而成串，"提掇有线、穿插有孔"是对"一串珠"摹状。

〔王岑扮李三娘，杨四扮火工窦老，徐孟雅扮洪一嫂，马小卿十二岁扮咬脐，串《磨房》《撇池》《送子》《出猎》四出〕

串，戏曲术语，旧时称演戏为串戏。《磨房》《撇池》《送子》《出猎》四出，属《荆钗》，而李三娘、火工窦老、洪一嫂、咬脐，均为《荆钗》中人物。

【校勘】

〔山物触触〕

"山物触触"之"触"，上海古籍出版社本作"觕"。

《康熙字典》曰"触，古文牮"，又曰"亦作觕"。"觕"是"触"之古文。

《辞海》："觕，'粗㈡'的异体字。""粗㈡"解有三：一粗大；二粗疏；三粗鲁、粗笨。作家出版社本，刊为"山物粗粗"。言以"山物粗粗"，恐与句子义理不合。

〔毛物绒绒〕

“绒绒”之“绒”，乾隆甲寅本、粤雅堂本、上海古籍出版社本，均作毧。毧，《辞海》、《康熙字典》不载。毛物毧毧，当为“毛物毧毧”。毧，“绒”的异体字。据此改。

乳酪

乳酪自驵侩为之，气味已失，再无佳理。余自豢一牛，夜取乳置盆盎，比晓，乳花簇起尺许，用铜铛煮之，瀹兰雪汁，乳斤和汁四瓯，百沸之。玉液珠胶，雪腴霜腻，吹气胜兰，沁入肺腑，自是天供。或用鹤觞花露入甑蒸之，以热妙；或用豆粉搀和，漉之成腐，以冷妙；或煎酥，或作皮，或缚饼，或酒凝，或盐腌，或醋捉，无不佳妙。而苏州过小拙和以蔗浆霜，熬之、滤之、钻之、掇之、印之，为带骨鲍螺，天下称至味。其制法秘甚，锁密房，以纸封固，虽父子不轻传之。

【注释】

〔奶酪自驵侩为之〕奶酪，一种牛乳制品。驵侩，泛指市侩商家。

〔比晓，乳花簇起尺许，用铜铛煮之〕比晓，等到天亮。簇，簇拥，聚起。铛（音当），似锅，三足，如酒铛、茶铛。另外，烙饼的平底浅锅也称铛。

〔瀹兰雪汁〕兰雪，张岱所创制之茶名。

〔自是天供〕天供，上天所供给，仙品也。

〔或用鹤觞花露入甑蒸之〕甑（音赠），古代炊具，底部有许多透空气的小孔，放在鬲上供蒸煮。

〔漉之成腐〕漉（音坊），"滤"义。

〔或缚饼，或酒凝，或盐腌，或醋捉〕缚饼，束圈成饼。酒凝，煮酒冲以凝结。醋捉，犹醋渍。

〔天下称至味〕至味，美味。

【笺疏】

〔苏州过小拙和以蔗浆霜，熬之、滤之、钻之、掇之、印之，为带骨鲍螺，天下称至味〕

过小拙，苏州糕点名家。"带骨鲍螺"，一种乳制品名，状如不去壳之鲍鱼。鲍鱼一片壳，其质如螺，故名"带骨鲍螺"。绍兴有"奶油小攀"，亦是以牛乳为原料的一种奶酪点心。经制作，牛乳已浓如嫩豆腐，盛在用面粉鸡蛋做成的小浅杯里，其状其味，一如"带骨鲍螺"。

二十四桥风月

广陵二十四桥风月，邗沟尚存其意。渡钞关，横亘半里许，为巷者九条。巷故九，凡周旋折旋于巷之左右前后者，什百之。巷口狭而肠曲，寸寸节节，有精房密户，名妓、歪妓杂处之。名妓匿不见人，非向导莫得入。歪妓多可五六百人，每日傍晚，膏沐熏烧，出巷口，倚徙盘礴于茶馆酒肆之前，谓之"站关"。茶馆酒肆岸上纱灯百盏，诸妓掩映闪灭于其间，肥鳖者帘，雄趾者阈。灯前月下，人无正色，所谓“一白能遮百丑”者，粉之力也。游子过客，往来如梭，摩睛相觑，有当意者，逼前牵之去；而是妓忽出身分，肃客先行，自缓步尾之。至巷口，有侦伺者向巷门呼曰：“某姐有客了！”内应声如雷。火燎即出，一一俱去，剩者不过二三十人。沉沉二漏，灯烛将烬，茶馆黑魆无人声。茶博士不好请出，惟作呵欠，而诸妓醵钱向茶博士买烛寸许，以待迟客。或发娇声，唱《劈破玉》等小词，或自相谑浪嘻笑，故作热闹以乱时候，然笑言哑哑声中，渐带凄楚。夜分不得不去，悄然暗摸如鬼。见老鸨，受饿受笞，俱不可知矣。余族弟卓如，美须髯，有情痴，善笑，到钞关必狎妓，向余噱曰：“弟今日之乐，不减王公。”余曰：“何谓也？”曰：“王公大人侍妾数百，到晚耽耽望幸，当御者亦不过一人。弟过钞关，美人数百人目挑心招，视我如潘安，弟颐指气使，任意拣择，亦必得一当意者呼而侍我。王公大人岂遂过我哉！”复大噱，余亦大噱。

【注释】

〔邗沟尚存其意〕邗（音悍）沟，古运河名，春秋时吴王夫差开凿，经扬州处在其市南。

〔渡钞关〕钞关在扬州城东，这一带旧时“为巷者九条”，而“精房密户，名妓、歪妓杂处之”。

〔巷口狭而肠曲〕肠曲，如肠子样细长弯曲。

〔诸妓揜映闪灭于其间〕揜（音掩），掩盖；遮蔽。《礼记·聘义》：“瑕不揜瑜，瑜不揜瑕。”

〔疤鳖者帘，雄趾者阈〕肤有疤痕，面不柔美者，隐在竹帘后，长有一双大脚者，则站在门槛内。疤（音巴），同“疤”；鳖

（音丽），貌不柔媚样。阈（音域），门槛。

〔人无正色〕正色，本色，本来面目。

〔摩睛相觑〕摩，擦；觑，偷看。

〔而是妓忽出身分，肃客先行，自缓步尾之〕身分，即“身份”。肃，恭敬地引进。《礼记·曲礼上》：“主人肃客而入。”

〔火燎即出〕火燎，旧时一种照明具，杆下有链系着火盏，擎以照明。

〔沉沉二漏〕旧时用滴漏器计时，二漏，即二更。

〔而诸妓醵钱向茶博士买烛寸许〕茶博士，茶馆的伙计。醵（音据），凑集。

〔夜分不得不去〕夜分，夜半。

〔见老鸨，受饿受笞〕老鸨，妓院老板娘。

〔向余噱曰〕噱，大笑。

〔视我如潘安〕潘安，即西晋文学家潘岳。《世说新语·容止》：“潘岳妙有姿容，好神情，少时挟弹出洛阳道，妇人遇者，莫不连手共萦之。”潘岳转而称潘安，因杜甫《花底》诗有“恐是潘安县，堪留卫玠车”句。卫玠，名美男子。

【笺疏】

〔广陵二十四桥风月，邗沟尚存其意〕

广陵，即扬州。唐诗人杜牧《寄扬州韩绰判官》诗“二十四桥明月夜，玉人何处教吹箫”句，遂使扬州二十四桥名满天下。二十四桥，即指扬州。“二十四桥风月”，是扬州风月场之谓。“邗沟尚存其意”，靠近邗沟那地方，尚存有风月场之意。“二十四桥”，一直来有两种说法：一，扬州建隆寺旁一桥为“二十四桥”。清乾隆时桥上尚题曰“二十四桥”。二，沈括《补笔谈》，列出了扬州二十四桥桥名，只是有人考校起来，也不尽善。

〔或发娇声，唱《劈破玉》等小词〕

《劈破玉》，明万历间（1573 ～ 1620）颇为流行之民歌。卷四《袁宏道集·叙小修诗》：“其万一传者，或今闾阎妇人孺子所唱《劈破玉》《打草竿》之类，犹是无闻无识真人所作，故多真声，不效颦于汉、魏，不学步于盛唐，任性而发，尚能通于人之喜怒哀乐嗜好情欲，是可喜也。”

世美堂灯

儿时跨苍头颈，犹及见王新建灯。灯皆贵重华美，珠灯料丝无论，即羊角灯亦描金细画，缨络罩之。悬灯百盏，尚须秉烛而行，大是闷人。余见《水浒传》灯景诗，有云“楼台上下火照火，车马往来人看人”，已尽灯理。余谓灯不在多，总求一亮。余每放灯，必用如椽大烛，颛令数人剪卸烬煤，故光迸重垣，无微不见。十年前，里人有李某者，为闽中二尹，抚台委其造灯，选雕佛匠，穷工极巧，造灯十架，凡两年。灯成而抚台已物故，携归藏椟中。又十年许，知余好灯，举以相赠，余酬之五十金，十不当一。是为主灯。遂以烧珠、料丝、羊角、剔纱诸灯辅之。而友人有夏耳金者，剪彩为花，巧夺天工，罩以冰纱，有烟笼芍药之致。更用粗铁线界画规矩，匠意出样，剔纱为蜀锦皴其界地，鲜艳出人。耳金岁供镇神，必造灯一盏，灯后，余每以善价购之。余一小傒善收藏，虽纸灯亦十年不得坏，故灯日富。又从南京得赵士元夹纱屏及灯带数副，皆属鬼工，决非人力，灯宵出其所有，便称胜事。鼓吹弦索，厮养臧获，皆能为之。有苍头善制盆花，夏间以羊毛炼泥墩，高二尺许，筑“地涌金莲”，声同雷炮，花盖亩余。不用煞拍鼓铙，清吹唢呐应之，望花缓急，为唢呐缓急；望花高下，为唢呐高下。灯不演剧，则灯意不酣，然无队舞鼓吹，则灯焰不发。余敕小傒串元剧四五十本，演元剧四出，则队舞一回，鼓吹一回，弦索一回。其间浓淡繁简松实之妙，全在主人位置。使易人易地为之，自不能尔尔。故越中夸灯事之盛，必曰“世美堂灯”。

【注释】

〔颛令数人剪卸烬煤，故光迸重垣〕颛（音专），专门。烛芯燃后如煤，必剪去而烛始明，故须“剪卸烬煤”。重垣，数层墙。

〔抚台委其造灯〕抚台，即指巡抚。委，委派、委托。

〔灯成而抚台已物故〕物故，亡故。《汉书·苏武传》：“前以降及物故，凡随武还者九人。”颜师古注：“物故谓死也。”

〔遂以烧珠、料丝、羊角、剔纱诸灯辅之〕剔纱，灯名。纱上用灯草灰作剔墨之画，以纱绷灯，照以火光，则纱隐无质，而花鸟浮动若生。此谓剔纱灯。料丝，料丝灯，明徐某人有《料丝灯》文，其中大略曰：“以玛瑙、紫石英诸药品捣为屑，煮腐如粉，然必市北方天花菜点之方凝，即缫为丝，织之如绢状。”又曰：“以煮料为丝，故名料丝。烧珠灯制作，类料丝。”羊角，一种小型灯具。

〔剔纱为蜀锦皴其界地〕皴（音漫），皮也。

〔厮养臧获〕厮养、臧获，即奴仆。析薪养马之役叫厮，给事烹饮之役叫养，《汉书·路温舒传》：“愿给厮养，暴骨方外。”厮养，旧以称为人服役，地位低贱的人。臧获，古代对奴婢的贱称。《汉书·司马迁传》颜师古注引晋灼："臧获，败敌所被虏获为奴隶者。"

〔不用煞拍鼓铙〕不用有节奏的锣鼓声。煞拍，节奏；鼓铙，锣鼓。

〔使易人易地为之，自不能尔尔〕使，假如。尔尔，应答之辞，犹"唯唯"。《晋书·张方传》："王若问卿，卿但言尔尔。"

【笺疏】

〔儿时跨苍头颈，犹及见王新建灯。灯皆贵重华美，珠灯料丝无论，即羊角灯亦描金细画，缨络罩之〕

王新建，即王守仁。王守仁（1472～1528），字伯安，浙江余姚人。弘治十七年（1504）进士，明代哲学家。以平宸濠乱，世宗即位，拜为南京兵部尚书，封新建伯。隆庆（1567～1572）初，谥文成。王新建府第，在绍兴郡城上大路王衙弄。绍兴有谚"吕府十三厅，不及伯府一个厅"，吕府，明大学士吕本在绍兴城内的宅院，屋宇众多，规制恢弘，至今犹存，言其"不及伯府一个厅"，因伯府木构皆楠木，豪华贵重。宅第如此，所悬灯具当亦珍贵，即便小如羊角灯者，"亦描金细画，缨络罩之"。王新建府第在郡城，同城之张岱，就有机会"犹及见王新建灯"。

料丝：灯名。明人《料丝灯》记载：以玛瑙、紫石英诸药品捣为屑，煮腐如粉，然必市北方天花菜点之方凝，即缫为丝，织之如绢状。又曰：以煮料为丝，故名料丝。珠灯，即烧珠灯，与料丝灯相类，是名贵灯饰，而羊角灯，型制小且贱，故有是言。

〔耳金岁供镇神，必造灯一盏，灯后，余每以善价购之〕

耳金，姓夏，绍兴人，生活奢华，极讲排场，《瑞草溪亭》篇有"人称耳金为'败落隋阳帝'"句。镇神，南镇会稽山山神，见卷三

《南镇祈梦》。

〔又从南京得赵士元夹纱屏及灯带数副〕

赵士元夹纱屏，《夜航船·玩器》卷十二：“夹纱物件，赵士元制夹纱及夹纱帏屏，其所劂翎毛花卉，颜色鲜明，毛羽生动，妙不可言，扇扇是黄荃、吕纪得意名画。”

〔有苍头善制盆花〕

盆花，非盆栽花卉，而是烟花。一“盆”之“花”，非只单发，“盆花”因此可以解为多发烟花。“地涌金莲”，则是苍头制作的烟花名。“声同雷炮，花盖亩余”，是烟花“地涌金莲”施放时的效果。

〔不用煞拍鼓铙，清吹唢呐应之，望花缓急，为唢呐缓急；望花高下，为唢呐高下〕

望花之“花”，为“地涌金莲”之烟花。烟花响时，唢呐“清吹”，故曰“应之”。如何“应之”？望着烟花施放慢，唢呐吹奏则慢，烟花快，唢呐吹奏则快；望着烟花窜得高，唢呐吹奏调则高，烟花低，唢呐吹奏调则低。

〔故越中夸灯事之盛，必曰“世美堂灯”〕

照片为世美堂界石，砌入于绍兴至漓渚铁矿矿用铁路二号桥西北墩外则。张岱父亲之众香阁，或曰品山堂址，离绍漓铁路二号桥不远，在筑桥墩时砌入世美堂界石，极有可能。

世美堂，张岱堂号。

宁了

大父母喜豢珍禽：舞鹤三对、白鹇一对，孔雀二对，吐绶鸡一只，白鹦鹉、鹩哥、绿鹦鹉十数架。一异鸟名“宁了”，身小如鸽，黑翎如八哥，能作人语，绝不唅呦。大母呼媵婢，辄应声曰：“某丫头，太太叫！”有客至，叫曰：“太太，客来了，看茶！”有一新娘子善睡，黎明辄呼曰：“新娘子，天明了，起来罢！太太叫，快起来！”不起，辄骂曰：“新娘子，臭淫妇，浪蹄子！”新娘子恨甚，置毒药杀之。“宁了”疑即“秦吉了”，蜀叙州出，能人言。一日，夷人买去，惊死。其灵异酷似之。

【注释】

〔大母呼媵婢，辄应声曰〕媵婢，古时陪嫁的婢女。辄，即。

〔蜀叙州出〕叙州，府名，府署在四川宜宾市，其地有大凉山。

〔一日，夷人买去〕夷，此指少数民族。

【笺疏】

〔大父母喜豢珍禽〕

“喜豢珍禽”，非大母一人，还有大父张汝霖。

“宁了”，以其外形，以其作人语，张岱疑即秦吉了。张岱《夜航船》卷十七载：“秦吉了，岭南灵鸟。一名了哥。形如鸜鹆，黑色，两肩独黄，顶毛有缝，如人分发，耳聪心慧，舌巧能言。有夷人以数万钱买去，吉了曰：‘我汉禽不入胡地’。遂惊死。”

大母朱氏，是首辅朱赓的女儿。这一桩婚事，由朱赓与张元忭指腹为婚。《琅嬛文集·家传》：“朱恭人者，朱文懿公女也，文懿公与文恭读书龙山，嘉靖丙辰七月七日，与文恭指腹为婚娅，所割襟，岱犹及见之，其色灰蠡，盖垂瀚白布也。”

朱氏出身富贵人家，颐指气使，作派得很。张岱的母亲陶氏，清白官宦家庭出身，虽说也是门对户当，但总厌其嫁妆不盈，婆媳关系一世不和。

张氏声伎

谢太傅不畜声伎，曰：“畏解，故不畜。”王右军曰：“老年赖丝竹陶写，恒恐儿辈觉。”曰“解”，曰“觉”，古人用字深确。盖声音之道入人最微，一解则自不能已，一觉则自不能禁也。我家声伎，前世无之，自大父于万历年间与范长白、邹愚公、黄贞父、包涵所诸先生讲究此道，遂破天荒为之，有“可餐班”，以张彩、王可餐、何闰、张福寿名；次则“武陵班”，以何韵士、傅吉甫、夏清之名；再次则“梯仙班”，以高眉生、李岕生、马蓝生名；再次则“吴郡班”，以王畹生、夏汝开、杨啸生名；再次则“苏小小班”，以马小卿、潘小妃名；再次则平子“茂苑班”，以李含香、顾岕竹、应楚烟、杨騄駬名。主人解事日精一日，而傒童技艺亦愈出愈奇。余历年半百，小傒自小而老、老而复小、小而复老者凡五易之。无论“可餐”“武陵”诸人，如三代法物，不可复见；“梯仙”“吴郡”间有存者，皆为

佝偻老人，而苏小小班，亦强半化为异物矣；茂苑班则吾弟先去，而诸人再易其主。余则婆娑一老，以碧眼波斯，尚能别其妍丑。山中人至海上归，种种海错皆在其眼，请共舐之。

【注释】

〔一解则自不能已〕已，停止。

〔三代法物〕夏、商、周三代的宗庙礼器。

〔皆为佝偻老人〕佝（音篝）偻（音楼），脊背向前弯曲。

〔茂苑班则吾弟先去〕吾弟，指张岱胞弟岷。平子，即张岷，故有曰“再次则平子‘茂苑班’”。

〔余则婆娑一老，以碧眼波斯，尚能别其妍丑〕婆娑，盘旋、徘徊，宋玉《神女赋》：“既姽婳于幽静兮，又婆娑乎人间。”波斯，国名，即伊朗。碧眼波斯，因老而容貌发生变化，像一个波斯人。别，辨别。妍丑，美丑。

〔山中人至海上归，种种海错皆在其眼，请共舐之〕海味称海错，谓海中之物产。海物众多，多且“错综复杂”，故曰“海错”。《书·禹贡》：“海物唯错。”山中无海物，只能趁经海而归人眼中，“舐”得海错味，因其曾得以睹海错故。舐，以舌舔物。《庄子·田子方》：“舐笔和墨，在外者半。”

【笺疏】

〔**谢太傅不畜声伎，曰：“畏解，故不畜。”王右军曰：“老年赖丝竹陶写，恒恐儿辈觉。”曰“解”，曰“觉”，古人用字深确**〕

畜，养也。晋谢安（320～385），字安石，陈郡阳夏（今河南太康）人，东山再起，淝水之战，皆其杰作。后官太傅，世人以“谢太傅”称之。“声伎”，戏班艺人之别称。谢安之“不畜声伎”，说是

“畏解”。“畏解”者，是谓怕懂得、理解戏艺，一经理解，便是全副身心投入，陶醉其中，以致事业成就罔无所求，因此，最好的办法，便是“不畜”。

陶写，即陶冶。王右军，即晋书家王羲之。他认为老年人度日，依仗丝竹陶冶性情，但怕就怕在儿辈，由此理解并品味到丝竹的魅力。

王羲之之“觉”，与谢安之“解”，异曲同工。

〔**自大父于万历年间与范长白、邹愚公、黄贞父、包涵所诸先生讲究此道，遂破天荒为之**〕

“大父”张汝霖，自万历丙午(1606)副考山东，部讦落职后，据《琅嬛文集·家传》：“数年间颇畜声伎，磊块之余，辄以丝竹陶写”，而其父张耀芳，一直来“屡困场屋”，精神抑郁，且病翻胃，张岱的母亲为解其“岑寂”，亦允耀芳“教习小傒，鼓吹剧戏”，由此，张氏自“大父”张汝霖“破天荒为之”起，至张岱辈三代所蓄家伎，计有可餐班、武陵班、梯仙班、吴郡班、苏小小班、茂苑班六班。

茂苑，江苏旧长洲县(今苏州市)的别称。茂苑班，是昆戏班。“平子”，是张岱胞弟张岷，“平子茂苑班”，看来亦属于张岱家。

张氏六个戏班，属于张岱的只是吴郡班、苏小小班。

苏小小班，是“以马小卿、潘小妃名”。其班名，撷取两人名中“小”字，合而名之，而“苏”字，如果表明的是该班戏子的籍地，那么，该班出演的，恐怕还是昆曲。又“苏小小”，杭之名妓，亦是一位才艺之人，以其名名马小卿等组成的戏班，且巧、且妙。

马小卿在《陶庵梦忆》中，出现三处，一在《严助庙》，一在《张氏声伎》，另一在《过剑门》。《过剑门》中，张岱在兴化大班中看到“余旧伶马小卿、陆小云在焉”。而马小卿因张岱坐在上首位而对人说：“坐上坐者余主人”。在张岱、马小卿的一语一言中，可以确知：

苏小小班属张岱。

吴郡班也是张岱的。吴郡班演员大都来自苏州一带，故名之曰“吴郡班”。吴郡班有个演员叫夏汝开，他就来自苏州。由于戏艺出色，经张岱应允，夏汝开还带了父母亲及弟妹来绍兴依傍张岱。不幸的是，夏汝开之父到绍兴仅半年而死。而夏汝开到绍兴不足一年亦死。张岱为之殓葬，有《祭义伶文》记其事。文中张岱自称“旧主张长公”，由此可以确知：有夏汝开在的吴郡班，也属张岱。《祭义伶文》首句“崇祯辛未，义伶夏汝开死”，吴郡班之初创，当在崇祯四年（1631）前后这段时间。

梯仙班。张岱父大涤曾筑船楼于龙山梯仙谷（或即是山艇子石那地方），梯仙班恐属其父。

〔余历年半百，小傒自小而老、老而复小、小而复老者凡五易之〕

半百，五十。张岱五十岁，在清顺治三年（1646）。此前一年，为避清兵入剡。《张氏声伎》是张岱《陶庵梦忆》写作有年份可测算的篇章之一。

方物

越中清馋无过余者，喜啖方物。北京则苹婆果、黄鼠、马牙松；山东则羊肚菜、秋白梨、文官果、甜子；福建则福橘、福橘饼、牛皮糖、红腐乳；江西则青根、丰城脯；山西则天花菜；苏州则带骨鲍螺、山查丁、山查糕、松子糖、白圆、橄榄脯；嘉兴则马交鱼脯、陶庄黄雀；南京则套樱桃、桃门枣、地

栗团、窝笋团、山查糖；杭州则西瓜、鸡豆子、花下藕、韭芽、玄笋、塘栖蜜橘；萧山则杨梅、莼菜、鸠鸟、青鲫、方柿；诸暨则香狸、樱桃、虎栗；嵊则蕨粉、细榧、龙游糖；临海则枕头瓜；台州则瓦楞蚶、江瑶柱；浦江则火肉；东阳则南枣；山阴则破塘笋、谢橘、独山菱、河蟹、三江屯蛏、白蛤、江鱼、鲥鱼、里河鰦。远则岁致之，近则月致之、日致之。耽耽逐逐，日为口腹谋，罪孽固重。但由今思之，四方兵燹，寸寸割裂，钱塘衣带水犹不敢轻渡，则向之传食四方，不可不谓之福德也。

【注释】

〔越中清馋无过余者，喜啖方物〕馋，贪吃。清馋，单纯地贪吃，引申为讲究饮食。方物，地方物产，今称“地方特产”。

〔远则岁致之〕致，求得。《论语·子张》：“君子学以致其道。”

〔耽耽逐逐，日为口腹谋〕耽耽，专心致志；逐逐，前进不止貌。《易·颐》：“虎视眈眈，其欲逐逐。”

〔四方兵燹，寸寸割裂，钱塘衣带水犹不敢轻渡〕燹（音显），“火”义，多用于兵火。兵燹，即“战火”。钱塘衣带水，言其窄也。衣带水，成语“一衣带水”省用，谓水之阔，犹如一根束衣之带长短。

【笺疏】

〔山阴则破塘笋、谢橘、独山菱、河蟹、三江屯蛏、白蛤、江鱼、鲥鱼、里河鰦〕

破塘笋。见卷三《天镜园》篇笺疏。徐渭也是深爱破塘笋的。那一年他在北京，无菜下饭，就思念起家乡的笋来了，于是画竹时，题写了这样一首《笋竹》诗："客里盐齑无一寸，家乡笋把束成柴。尽取破塘聊遣兴，翻引长涎湿到鞋。"诗中"破塘"，指的是笋干。

谢橘。明清时期，绍兴曾产橘。张岱喜啖的绍兴方物"谢橘"，原出余姚谢氏园。张岱每年必亲到樊江陈氏园买橘，卷五《樊江陈氏橘》篇有"树谢橘百株"句。

独山菱。独山，村名，在绍兴城西十五里，与柯桥相近。村中有孤山一座，称独山，村以山名。村面鉴湖，水面迂阔，产菱，呈红色，因产量少，有时就摆上水果摊，浸在水中售卖，称水红菱。因水红菱大都产于独山村附近水面，故有独山菱之称。独山菱体小、壳薄、肉甘糯。张岱《张子诗秕·咏方物二十首》有五言律诗《独山菱》："镜水多菱角，独山迥不同。花擎八月雪，壳卸一江枫。萍实甘芳并，莲房气味通。风檐留半月，清供足三冬。"

三江屯蛏。三江，村名，在绍兴城北十八里。明时此处置卫所，筑有三江城。明朝在此建有十八孔应宿闸。塘外即杭州湾，著名的钱塘潮，也能冲击到此。闸外海涂产蛏子，个大，肉鲜嫩。

里河鰦。即内河鰦鱼。鰦鱼有通过闸隙缝而入内河者，即称里河鰦。里河鰦体色由黄转黑，脊背处呈青蓝色，有光泽，秋冬时特肥腴，味与鲥鱼匹。

白蛤。圆背，边有一圈蓝线条，绍兴曹娥江海涂中有产。白蛤味美，肉洁白无沙，可上桌飨客。

江鱼。即黄鱼。

鲥鱼。鱼中味最美，海产，春夏之交溯钱塘江产卵。入注钱塘之绍兴曹娥江，亦有鲥鱼捕获。

河蟹。秋季越闸洄游入海，闸边因此极易捕得。蟹以"大闸"称，恐在于明朝构建的三江应宿闸。阳澄湖一带，何曾有"大闸"？

〔但由今思之，四方兵燹，寸寸割裂，钱塘衣带水犹不敢轻渡，则向之传食四方，不可不谓之福德也〕

乙酉（1645）五月，清兵破南京。闰六月，鲁王监国绍兴。清兵据钱江北岸，拥护鲁王的军队，则守在钱江南岸。这样就出现了“钱塘衣带水犹不敢轻渡”的局面。《方物》撰于鲁王监国绍兴时。是年张岱五十岁。

鲁王走舟山。丙戌（1646）六月，清兵进绍城兴。

【校勘】

〔红腐乳〕

乾隆甲寅本、粤雅堂本作“红腐乳”。上海古籍出版社本作“红乳腐”。本书从乾隆甲寅本、粤雅堂本。

祁止祥癖

人无癖不可与交，以其无深情也；人无疵不可与交，以其无真气也。余友祁止祥有书画癖，有蹴鞠癖，有鼓钹癖，有鬼戏癖，有梨园癖。壬午至南都，止祥出阿宝示余，余谓：“此西方迦陵鸟，何处得来？”阿宝妖冶如蕊女，而娇痴无赖，故作涩勒，不肯着人，如食橄榄，咽涩无味而韵在回甘；如吃烟酒，鲠饷无奈，而软同沾醉。初如可厌，而过即思之。止祥精音律，咬钉嚼铁，一字百磨，口口亲授，阿宝辈皆能曲通主意。乙酉，南都失守，止祥奔归，遇土贼，刀剑加颈，性命可倾，至宝是宝。丙戌，以监军驻台州，乱民卤掠，止祥囊箧都尽，阿宝沿途唱曲，以膳主人。及归刚半月，又挟之远去。止祥去妻子如脱蹝耳，独以娈童崽子为性命，其癖如此。

【注释】

〔人无癖不可与交〕癖，积久成习的嗜好。《晋书·杜预传》："预尝称济（王济）有马癖，峤（和峤）有钱癖。武帝闻之，谓预曰：'卿有何癖？'对曰：'臣有《左传》癖。'"

〔人无疵不可与交〕疵，这里指人的缺点或过失。《易·系辞上》："悔吝者，言乎其小疵也。"

〔壬午至南都〕壬午，崇祯十五年（1642），是年张岱四十六岁。南都，南京。

〔此西方迦陵鸟，何处得来〕迦（音嘉）陵鸟，张岱《夜航船·四灵部》卷十七："迦陵鸟，鸣清越如笙箫，妙合宫商，能为百虫之音。《楞严经》云：'迦陵仙音，遍十方界。'"

〔阿宝妖冶如蕊女〕妖冶，艳丽，不庄重。未开之花叫"蕊"。蕊女，"少女"之谓。

〔不肯着人〕着人，接触人。

〔阿宝辈皆能曲通主意〕曲通，深刻理解。主意，主人（此指祁止祥）的主张。

〔乙酉，南都失守〕乙酉，清顺治二年（1645），是年张岱五十岁。

〔性命可倾〕倾，倾弃、抛弃。

〔止祥去妻子如脱蹝耳，独以娈童崽子为性命〕蹝（音徙），鞋。娈（音銮）童，貌美童子。止祥有同性恋倾向？

【笺疏】

〔**余友祁止祥有书画癖，有蹴鞠癖，有鼓钹癖，有鬼戏癖，有梨园癖**〕

止祥，绍兴山阴人祁豸佳字。祁豸佳，天启丁卯（1627）举人，以教谕迁吏部司务。能书善画，“书不在董文敏左，画则入荆关之室”。明亡后，隐于绍兴梅市村，以寿终。嘉庆《山阴县志·乡贤二》卷十四载其传。

祁止祥鬼戏情怀，祁彪佳《祁忠敏公日记·归南快录》乙亥年（崇祯八年，1635）八月十一日载：“十一日为秋分，季父偕予辈祀先讫，同季父与元常小酌。午后作书。饯罗和阳公祖。止祥兄于灯下作鬼戏，眉目生动，亦一奇也。”

〔**乙酉，南都失守，止祥奔归，遇土贼，刀剑加颈，性命可倾，阿宝是宝**〕

祁彪佳《祁忠敏公日记·乙酉日历》六月初一载：“薄暮抵寓山。知止祥兄已从南都避难归，亟至旧宅看之。止祥兄尚有歌者携归，时文载弟留酌，遂欲演戏，予力阻而罢。”日记所载“歌者”，应是阿宝。“六月初一”，是日，祁止祥已从南都“奔归”。

〔**丙戌，以监军驻台州，乱民卤掠，止祥囊箧都尽，阿宝沿途唱曲，以膳主人**〕

《史记·吴王濞列传》：“烧宗庙，卤御物。”卤掠，即掳掠。卤，通“掳”。

台州乱民掳掠，祁止祥正以“监军”身份在台州，“囊箧”由此“都尽”。监军，明朝由文官监督军队的一种制度，如李如松军，监军者是湖北麻城人梅国桢。祁止祥之为监军，应是鲁王监国绍兴时。至“丙戌”，绍兴已是城破，鲁王入海，而追随鲁王者祁止祥，“以监军驻台州”。此时，明朝已无力回天，“乱民”一起，对监军祁止祥照样

"卤掠"，被"卤掠"光了的祁止祥，靠着阿宝卖唱，有食吃而不至于乞讨，得以回到绍兴。

丙戌，清顺治三年（1646），是年张岱五十岁。

【校勘】

〔刀剑加颈，性命可倾，至宝是宝〕

"阿宝是宝"之"阿"，乾隆甲寅本及上海古籍出版社本作"至"。"至宝是宝"不解。作家出版社本、上海远东出版社本作"阿"，为"阿宝是宝"。

泰安州客店

客店至泰安州，不复敢以客店目之。余进香泰山，未至店里许，见驴马槽房二十三间；再近，有戏子寓二十余处；再近，则密户曲房，皆妓女妖冶其中。余谓是一州之事，不知其为一店之事也。投店者，先至一厅事，上簿挂号，人纳店例银三钱八分，又人纳税山银一钱八分。店房三等。下客夜素早亦素；午在山上用素酒果核劳之，谓之"接顶"；夜至店，设席贺，谓烧香后求官得官，求子得子，求利得利，故曰贺也。贺亦三等：上者专席，糖饼、五果、十肴、果核、演戏；次者二人一席，亦糖饼，亦肴核，亦演戏；下者三四人一席，亦糖饼、肴核，不演戏，用弹唱。计其店中，演戏者二十余处，弹唱者不胜计。庖厨炊爨亦二十余所，奔走服役者一二百人。下山后，荤酒狎妓惟所欲，此皆一日事也。若上山落山，客日日

至，而新旧客房不相袭，荤素庖厨不相混，迎送厮役不相兼，是则不可测识之矣。泰安一州与此店比者五六所，又更奇。

【注释】

〔有戏子寓二十余处〕戏子，演员旧称。

〔下客夜素早亦素〕下客，低档客人。

〔庖厨炊爨亦二十余所〕庖厨炊爨（音窜），指餐馆。

〔迎送厮役不相兼〕厮役，执劳役供使唤之人。《汉书·张耳陈馀传赞》："其宾客厮役皆天下俊桀。"

〔是则不可测识之矣〕测识，猜度识别。

〔泰安一州与此店比者五六所〕比，并列。

【笺疏】

〔客店至泰安州，不复敢以客店目之〕

泰安州，即今山东省泰山脚下泰安市。泰山，华夏名山，而登临泰山顶，或进香一柱于泰山，又是多少人之心愿，泰山脚下之泰安，接待四方来客之客店，自然兴盛。所谓"不复敢以客店目之"，是指其服务围范，并非只在食宿一节事。

【校勘】

〔见驴马槽房二十三间〕

槽房，关牲畜的房子。张岱一到泰山脚下寻客店，见到关驴马的棚房是"二十三间"，好像是一间一间数出来似的，而对于戏子寓所，仿佛一眼瞟过："有戏子寓二十余处"。驴马槽房数得如此清爽，是为哪般？

"驴马槽房二十三间"，文理板实了，疑为"二三十间"。

卷五

范长白

范长白园在天平山下，万石都焉。龙性难驯，石皆笏起，傍为范文正公墓。园外有长堤，桃柳曲桥，蟠屈湖面，桥尽抵园，园门故作低小，进门则长廊复壁直达山麓。其缯楼幔阁、秘室曲房，故故匿之，不使人见也。山之左为桃源，峭壁回湍，桃花片片流出。右孤山，种梅千树。渡涧为小兰亭，茂林修竹，曲水流觞，件件有之。竹大如椽，明静娟洁，打磨滑泽如扇骨，是则兰亭所无也。地必古迹，名必古人，此是主人学问。但桃则溪之，梅则屿之，竹则林之，尽可自名其家，不必寄人篱下也。余至，主人出见。主人与大父同籍，以奇丑著，是日释褐，大父嬲之曰："丑不冠带，范年兄亦冠带了也。"人传以笑。余亟欲一见，及出，状貌果奇，似羊肚石雕一小猱，其鼻垩颧颐犹残缺失次也。冠履精洁，若谐谑谈笑，面目中不应有此。开山堂小饮，绮疏藻幕，备极华褥，秘阁清讴，丝竹摇飏，忽出层垣，知为女乐。饮罢，又移席小兰亭，比晚辞去。主人曰："宽坐，请看'少焉'。"余不解，主人曰："吾乡有缙绅先生，喜调文袋，以《赤壁赋》有'少焉月出于东山之上'句，遂字月为'少焉'。顷言'少焉'者，月也。"固留看月，晚景果妙。主人曰："四方客来，都不及见小园雪，山石硲谺，银涛蹴起，掀翻五泄，捣碎龙湫，世上伟观，惜不令宗子见也。”步月而出，至玄墓，宿葆生叔书画舫中。

【注释】

〔万石都焉〕都焉，汇聚于此。

〔龙性难驯，石皆笏起〕笏（音浒），即朝笏，旧时大臣朝见皇上，手执狭长之板子。笏起，如朝笏一样竖起。山脉有称以龙脉，“石皆笏起”之“石”，本是山岩，其隆起而不平顺，故曰“龙性难驯”。

〔桃柳曲桥，蟠屈湖面〕蟠屈，即盘曲、弯曲。

〔其缯楼幔阁〕缯楼幔阁，有缯幔装饰之楼阁。

〔故故匿之〕故故，故意；特意。杨万里《癸巳省宿咏南宫小桃》诗：“孤坐南宫悄，桃花故故红。”

〔峭壁回湍〕回湍，旋转的急流。

〔明静娟洁〕娟洁，美好洁净。

〔是则兰亭所无也〕是，此。

〔似羊肚石雕一小猱，其鼻垩颧颐犹残缺失次也〕羊肚石，一种玉石，色白。猱（音挠），猿。垩（音饿），白色。颧颐，指面部器官。颧，颧骨；颐，下巴。次，次序。

〔绮疏藻幕〕藻幕，藻井覆盖。藻，建筑顶棚一种装饰处理，如藻井；幕，覆盖。《易·井》：“井收，勿幕。”王弼注：“幕，犹覆也。”

〔比晚辞去〕比，及；等到。《国语·齐语》：“比至，三衅三浴之。”

〔喜调文袋〕调文袋，言语腔调中喜引经据典，摆出知识渊博的样子。

〔山石谽谺，银涛蹴起，掀翻五泄，捣碎龙湫〕谽（音酣）谺（音虾），山深貌，《汉书·司马相如传》有“通谷豁兮谽谺”句。五泄，瀑布名，在浙江诸暨。

【笺疏】

〔范长白园在天平山下，万石都焉。龙性难驯，石皆笏起，旁为范文正墓〕

范允临，字长倩，一字长白，华亭人，居吴县。万历二十三年（1595）进士，历官福建布政司参议。

《松江府志·古今人传六》卷五十四第三十二页，载：“范允临，字至之，华亭人，惟丕子，蚤孤，赘吴门徐氏，因家焉。善属文，尤工书法，万历二十三年进士，授工部主事，历云南提举佥事、福建参议。夫人徐淑亦工诗翰，倡和成集。尝筑园天平山，凡范氏义庄、先祠，靡不兴葺。一日，析理后事讫，端坐而逝。子云威，后改必英，工诗文。入国朝，由举人荐举鸿博，官翰林检讨。”府志所载范允临字，有不同，但把为何居天平山缘由说明白了。

《吴邑志·山》卷十一：“天平山，《续图经》云：在县西二十里，巍然特高，群峰拱揖，郡之镇山也。山腹有亭，亭侧清泉，泠泠不竭，所谓白云泉也。自白乐天题以绝句，名遂显于世。有卓笔峰、巾子峰、五丈峰、石龟照湖、鉴毛鱼池、大小石屋，盖因好事者得名。吴郡志云：此山在吴中最为崷崒高耸，端正特立，山皆奇石。山半白云泉，亦为吴中第一水。卢志云：山顶正平，有望湖台。下有白云寺，宋参政范魏公奏请赐名及公之先陇在焉。姑苏志云：在支硎南五里，最名奇石。今按：此山峰峦峭拔皆林立，亦无树艺，由以贤达名也。”

《吴邑志·冢墓》卷十三：“宋太师魏国公范仲淹祖墓，在天平山三让原。曾祖梦龄仕吴越，为苏州粮料判官；祖赞时，童子出身，终秘书监，父墉，从钱俶归朝，官武宁节度，掌书记，俱赠太师、爵国公，今称三太师墓。石山土冗，周围十里。葬始唐丽水君也。”

《吴邑志·冢墓》卷十三：“天平山白云禅寺，在范墓东。”

范允临撰《输寥馆集·题跋》卷六，辑有《芝房跋》一篇，载辟园时间，曰：“天平为吴中名镇，其石秀立，清泉韵风，白云在天，冈陵自出震旦第一山也。以两遭兵燹，遂成荒丘数百载，丛林掊为瓦砾，凄烟冷草，不堪厕履矣。余乙卯之秋稍葺茆茨，略成位置，然犹露栋风口，比于野处。辛酉夏仲，忽有芝产于房中，又产圃内，俱层台并蒂，赤光烨烨，如紫云覆上。识者曰：‘是奇祥也。有意于芝兰之茁，此其徵乎？’乃便构数椽于左，颜曰‘芝房’，令内子居之，以当其瑞。昔燕姞徵兰果毓令嗣，余薄德不足以当灵贶，倘天不终刈我后，请以此芝为嚆矢矣。”文有云“余乙卯之秋稍葺茆茨”，乙卯，万历四十三年（1615），是年范长白园新开。

祁彪佳《祁忠敏公日记·癸未日历》十月初五：“过一岭，有高阁当岭，出范长白所建也。自此见山石皆起立，吴人因名之曰‘万笏朝天’。范园即在岭之下。入门循大池而过宛转桥，从佛龛进内室，凡精室数层，每层以曲廊贯通，今为其族人所倾毁，旧称十二楼俱在野蔓中矣。外又为长廊，北折皆梅花，为堂为榭俱可观。梅最高处又一阁，道芜塞不可行，惟遥望而已。想珠歌翠舞时，别是一世界，然有盛有衰，凡事皆然，匪特园亭也。”祁彪佳游范园在癸未，即崇祯十六年（1643），晚于张岱游，因有曰“凡精室数层，每层以曲廊贯通，今为其族人所倾毁”。

〔余至，主人出见。主人与大父同籍，以奇丑著，是日释褐，大父嬲之曰：“丑不冠带，范年兄亦冠带了也。”人传以笑。余亟欲一见〕

有“人传以笑”语在，此日游范长白园，只张岱一人，因曰“余至”。大父张汝霖说“丑不冠带，范年兄亦冠带了也”那句之“是日”，是指张汝霖与范长白开玩笑时的“那天”，时间当然在张岱游范园早先，而张岱因“人传以笑”而入听耳中，至范园就急切地想一探究竟，故下句云“余亟欲一见”。

旧时有百忌日。百忌日：“甲不开仓，乙不栽植，丙不修灶，丁不剃头，戊不受田，己不破券，庚不经络，辛不合酱，壬不决水，癸不词讼。子不问卜，丑不冠带，寅不祭祀，卯这穿井，辰不哭泣，巳不远行，午不苫盖，未不服药，申不安床，酉不会客，戌不吃狗，亥不嫁娶。”

丑不冠带，本是丑日此天，不宜穿着官服的意思，而张汝霖于丑日见范长白一身官服，言以“丑不冠带”，刺其貌奇丑，一语双关。

张岱大父张汝霖，万历二十三年（1595）进士，与范长白同榜，故曰“同籍”，称以“范年兄”。释褐，脱去布衣，换上官服。嬲（音鸟），戏弄。韩驹《送子飞弟归荆南》诗：“弟妹乘羊车，堂前走相嬲。”

〔步月而出，至玄墓，宿葆生叔书画舫中〕

如依《吴邑志》，有范长白园之天平山，与面太湖之玄墓山，山下湖中正泊有张葆生书画舫，有着老长一段距离，不管实情如何，是夜张岱“步月而出”，到玄墓山下的仲叔葆生舟中，路是一定不会走得少的。

范长白为啥不留宿张岱？是范寡情，还是对曾受张汝霖羞辱的那句戏言的回报？

范园有桃林，“桃花片片流出”，称以“桃源”，出在《桃花源记》；“种梅千树”而称以“孤山”，出在杭州孤山高士林和靖，有梅妻鹤子之癖；“茂林修竹，曲水流觞”处，称以“小兰亭”，出在晋王羲之兰亭修禊。依慕古人，本是逸情，而张岱评以“尽可自名其家，不必寄人篱下也”，当然不是十足赞美，细细体会，还含有点讥讽意味。再：称“园门故作低小”，亦不是一句十足赞语。

而“似羊肚石雕一小猱，其鼻垩颧颐犹残缺失次也。冠履精洁，若谐谑谈笑，面目中不应有此”一句，可能毕肖，却是何其尖刻。此句体现了张岱游园时情趣，是本篇主旨所寄。

【校勘】

〔至玄墓，宿葆生叔书画舫中〕

“至玄墓”之“玄”，乾隆甲寅本、粤雅堂本、上海古籍出版社本，均作“元”。无锡有玄墓山。《吴邑志·山》卷十一：“玄墓山，卢《志》云：‘在县西七十里。旧云宋青州刺史郁泰玄葬此，故名。’《姑苏》云：‘玄墓山南面太湖。’今按：此山有土有石，宜松竹杨梅橘，而梅特盛。高大之山也。”诸本避康熙帝玄烨讳用“元”，今改。

于园

于园在瓜州步五里铺，富人于五所园也。非显者刺，则门钥不得出。葆生叔同知瓜州，携余往，主人处处款之。园中无他奇，奇在磥石：前堂石坡高二丈，上植果子松数颗，缘坡植牡丹、芍药，人不得上，以实奇；后厅临大池，池中奇峰绝壑，陡上陡下，人走池底，仰视莲花反在天上，以空奇；卧房槛外，一壑旋下如螺蛳缠，以幽阴深邃奇。再后一水阁，长如艇子，跨小河，四围灌木蒙丛，禽鸟啾唧，如深山茂林，坐其中颓然碧窈。瓜州诸园亭，俱以假山显，胎于石，娠于磥石之手，男女于琢磨搜剔之主人，至于园可无憾矣。仪真汪园，辇石费至四五万，其所最加意者，为“飞来”一峰，阴翳泥污，供人唾骂。余见其弃地下一白石，高一丈阔二丈而痴，痴妙；一黑石，阔八尺高丈五而瘦，瘦妙。得此二石足矣，省下二三万收其子母，以世守此二石何如？

【注释】

〔非显者刺，则门钥不得出〕地位高贵者称“显”。刺，名帖，效能如今之名片。

〔主人处处款之〕款，殷勤招待。

〔阴翳泥污〕阴翳（音缢），指背阴处光线暗弱。陶潜《归去来辞》：“景翳翳以将入。”

〔省下二三万收其子母〕子母，利息与本金。

【笺疏】

〔于园在瓜州步五里铺，富人于五所园也〕

于园称沚园，即在长江岸边。祁彪佳《祁忠敏公日记·癸未日历》十月初一载：“早发维扬，辰刻抵步洲，二守岑君镐来晤，寻以肩舆游于仲生园。走大堤半里，初以为村庄也。入其堂，亦农家气象。堂后乃为沚园。过茶厅，以回廊接之。又过一小憩处入大楼，前为山子，尽植牡丹。小廊折而西，上为一亭，下以砖洞，穿洞又一厅，前俱植橘。自此稍北，一阁前尽植梅花。步土冈至一亭，则在梅花中也。循亭而东有室宇，主人以祀乃翁处。前为带水，沿流见假山，棕榈郁然，虚室在其北。从堂后又登一山，稍南一野亭，尽见稻田，柳堤一桥，亦有村家之致。自此望高阁，乃主人内室。复从庄右出门归，即过二闸，祀神放舟。岑守遣渔舟护行，予辈以一小舟先至金山，登听月楼。”

〔仪真汪园，辇石费至四五万〕〔得此二石足矣，省下二三万收其子母，以世守此二石何如〕

于园假山“可无憾矣”，而仪真汪园则不。汪园遗憾在于，即便加意之飞来峰，因其“阴翳泥泞”遭人垢指，而好货“一白石”、“一黑石”，却丢弃路旁。白黑二石，妙可一世守，如是，则可“省下二三万收其子母”，何须“辇石费至四五万”，此是张岱汪园之遗憾。

【校勘】

〔上植果子松数颗〕

“数颗”之“颗”，上海古籍出版社本、作家出版社本作“棵”。

〔其所最加意者，为“飞来”一峰〕

“加意”之“加”，乾隆甲寅本、粤雅堂本，均作“加”；上海古籍出版社本、作家出版社本作“如”。仪真汪园，费巨资得石，对所得之石，情感上分以厚薄：那一黑一白两石，是“弃地下”，对“飞来”峰，则另眼相加，即所谓“加意”者也。上海古籍出版社本、作家出版社本，作“如意”，与本文义理不谐。

诸工

竹与漆与铜与窑，贱工也。嘉兴之腊竹、王二之漆竹，苏州姜华雨之箓箓竹，嘉兴洪漆之漆、张铜之铜，徽州吴明官之窑，皆以竹与漆与铜与窑名家起家，而其人且与缙绅先生列坐抗礼焉。则天下何物不足以贵人，特人自贱之耳。

【注释】

〔列坐抗礼〕抗礼，以彼此平等的礼节相待。

〔则天下何物不足以贵人，特人自贱之耳〕贵，显赫。特，“独”义。

【笺疏】

〔嘉兴洪漆之漆、张铜之铜〕

光绪《嘉兴府志·嘉兴艺术》卷五十一：“洪髹，善造漆器，精巧绝伦，积久不败，名擅一时。”又载：“张鸣岐，住谢洞内，善制铜为炉，无不精绝。项墨林见而异之，招居城内，名大著。竹垞朱检讨尝咏之。”“张铜”之“张”，疑即张鸣岐。

姚简叔画

姚简叔画千古，人亦千古。戊寅，简叔客魏为上宾，余寓桃叶渡，往来者闵汶水、曾波臣一二人而已。简叔无半面交，访余，一见如平生欢，遂榻余寓。与余料理米盐之事，不使余知。有空，拉余饮淮上馆，潦倒而归。京中诸勋戚大老、朋侪缁衲、高人名妓与简叔交者，必使交余，无或遗者。与余同起居者十日，有苍头至，方知其有妾在寓也。简叔塞渊不露聪明，为人落落难合，孤意一往，使人不可亲疏。与余交不知何缘，反而求之不得也。访友报恩寺，出册叶百方，宋元名笔。简叔眼光透入重纸，据梧精思，面无人色。及归，为余仿苏汉臣一图：小儿方据澡盆浴，一脚入水，一脚退缩欲出；宫人蹲盆侧，一手掖儿，一手为儿擤鼻涕；旁坐宫娥，一儿浴起伏其膝，为结绣裾。一图，宫娥盛妆端立有所俟，双鬟尾之；一侍儿捧盘，盘列二瓯，意色向客；一宫娥持其盘，为整茶锹，详视端谨。覆视原本，一笔不失。

【注释】

〔遂榻余寓〕榻，床。这里指住。

〔拉余饮淮上馆，潦倒而归〕淮上，秦淮河上。潦倒，醉倒。

〔京中诸勋戚大老〕京，此指留都南京。勋戚，功勋之臣、外戚之家。大老，此指朝中元老级人物。《孟子·离娄上》："二老者，天下之大老也。""二老"，指伯夷、太公。

〔简叔塞渊不露聪明，为人落落难合〕塞渊，诚实而有远见，《诗·邶风·燕燕》："其心塞渊。"孔颖达疏："其心诚实而深远也。"落落，孤独不遇合。左思《咏史》诗："落落穷巷士，抱影守空庐。"

〔出册叶百方〕册叶，亦作"册页"，此指可以装订成册的画幅。方，量词，用于方形物体。一二尺见方的书画页，称"斗方"。

〔据梧精思〕梧，支架。《后汉书·徐登传》："炳（赵炳）乃故升茅屋，梧鼎而爨。""据梧"之"梧"，可以理解为桌子。

〔为结绣裾〕结绣裾（音据），卷起半臂衣袖。裾，短袖上衣。《后汉书·光武帝纪上》："见诸将过，皆冠帻，而服妇人衣，诸于绣裾。"李贤注："绣裾，如今之半臂也。"

〔宫娥盛妆端立有所俟，双鬟尾之〕俟，等候。鬟（音还），古代妇女的环形发髻。尾之，把鬟髻放松，垂下如尾状。

〔意色向客〕意色，神色。

〔为整茶锹，详视端谨〕整，扶持。茶锹，锹状调茶用具。详视端谨，神态祥和端庄状。

【笺疏】

〔姚简叔画千古，人亦千古。戊寅，简叔客魏为上宾，余寓桃叶渡，往来者闵汶水、曾波臣一二人而已〕

姚简叔，名允在，简叔其字。康熙《会稽县志·方技》载：“姚允在，字简叔，少受学于山阴吴晃，壮而摹刻古人，化板为活，细密中有萧疏之致。游白下，太史董其昌偶见其小幅，大加激赏，声价腾起，遂遇知于魏国云。”

县志所言“遂遇知于魏国云”，《姚简叔画》则为“简叔客魏为上宾”。“客魏”，是在魏国公那里为宾客。明开国将领徐达，封魏国公，其裔一支在南京，卷一《钟山》篇“次日五鼓，魏国至主祀”之“魏国”，即姚简叔之东翁。

闵汶水，卷三有《闵老子茶》篇。曾波臣，甲戌（1634）十月，已在杭州西湖不系园湖舫中相识，算是老友。

“戊寅”，崇祯十一年（1638），是年张岱四十二岁。

〔访友报恩寺〕

报恩寺，嘉庆《新修江宁府志·古迹》卷十载：“报恩寺，一曰建初寺，一曰长干寺，一曰阿育王寺，在聚宝门外聚宝山……明永乐十年，敕工部重建。造九级琉璃塔，皆准大内式。至宣德六年，凡二十九年始成。赐额大报恩寺。嘉靖时毁，惟塔及禅殿仅存。”

〔为余仿苏汉臣一图〕

苏汉臣，宋开封人。宣和中画院待诏。工道释人物，尤精婴孩。

炉峰月

炉峰绝顶，复岫回峦，斗耸相乱，千丈岩陬牙横梧，两石不相接者丈许，俯身下视，足震慑不得前。王文成少年曾趵而过，人服其胆。余叔尔蕴以毡裹体缒而下，余挟二樵子，从壑底搲而上，可谓痴绝。丁卯四月，余读书天瓦庵，午后同二三友人绝顶看落照，一友曰："少需之，俟月出去。胜期难再得，纵遇虎亦命也。且虎亦有道，夜则下山觅豚犬食耳，渠上山亦看月耶？"语亦有理。四人踞坐金简石上。是日，月正望，日没月出，山中草木都发光怪，悄然生恐。月白路明，相与策杖而下。行未数武，半山嗥呼，乃余苍头同山僧七八人，持火燎、鞴刀、木棍，疑余辈遇虎失路，缘山叫喊耳。余接声应，奔而上，扶掖下之。次日，山背有人言："昨晚更定，有火燎数十把，大盗百余人，过张公岭，不知出何地？"吾辈匿笑不之语。谢灵运开山临澥，从者数百人，太守王琇惊骇，谓是山贼，及知为灵运，乃安。吾辈是夜不以山贼缚献太守，亦幸矣。

【注释】

〔斗耸相乱〕斗，高耸貌，通"陡"。《水经注·谷水》："二壁争高，斗耸相乱。"

〔王文成少年曾趵而过〕趵（音报），跳跃。

〔余叔尔蕴以毡裹体缒而下〕尔蕴，张岱三叔。缒（音坠），系在绳上放下去。

〔余挟二樵子，从壑底摝而上〕摝（音倭），绍兴口语，力向后划。小划船，应作“小摝船”。

〔渠上山亦看月耶〕渠，他，此指虎。耶，疑问语气词。

〔四人踞坐金简石上。是日，月正望，日没月出〕踞坐，蹲样而臀部着地。望，阴历十五。

〔行未数武，半山嘄呼〕武，半步。古代六尺为步，半步为武。嘄（音骁）呼，高声呼喊。

〔持火燎、鞈刀、木棍〕鞈刀，插在靴筒内的匕首。

〔过张公岭，不知出何地〕张公岭，在香炉峰东。

〔太守王瑀惊駴〕駴（音谢），同“骇”。《庄子·外物》：“圣人之所以駴天下。”

【笺疏】

〔炉峰绝顶，复岫回峦，斗耸相乱，千丈岩陬牙横梧，两石不相接者丈许，俯身下视，足震慑不得前。王文成少年曾趵而过，人服其胆〕

炉峰，即香炉峰，在绍兴城东南十里。其巅有炉峰禅寺，民国期间创建。农历二月十九有炉峰香市，其盛不逊西湖香市。

“千丈岩陬牙横梧。”陬（音邹），山脚。千丈岩，在炉峰禅寺山门前，横立如牙排列，拔地而起，极险峻。山峰巅有巨石三块，“王文成少年曾趵而过”的，应是由中间书有“寿”字这一块，跳到远端略小些的那块上。当时山崖边没砌墙，人站上去，胆小人腿就会发抖，不要说跳了。况且，两石相距有点远，不用力是跳不过去的，然而一用力，收不住脚冲下山崖，也是极可能的。少年王守仁却是“趵而过”，如无过人胆魄，绝对不敢。王文成，即王守仁。文成，是王守仁谥号。尔蕴，张岱三叔，裹毡縋下，张岱却是攀岩而上。照片所示即千丈岩，张岱公曾从此崖下“捬而上”。

〔丁卯四月，余读书天瓦庵〕

天瓦庵，即表胜庵，在香炉峰西三百余米山肩处。丁卯，天启七年（1627），是年张岱三十一岁。

〔谢灵运开山临澥，从者数百人，太守王琇惊駴，谓是山贼，及知为灵运，乃安〕

“临澥”，当指谢灵运从会稽郡始宁开山筑路至临海郡事。澥（音械），海也，临海近海，故曰“临澥”。《宋书·谢灵运传》卷六十七：“尝自始宁南山伐木开径，直至临海，从者数百人。临海太守王琇惊骇，谓为山贼，徐知是灵运，乃安。”

湘湖

西湖，田也而湖之，成湖焉；湘湖，亦田也而湖之，不成湖焉。湖西湖者坡公也，有意于湖而湖之者也；湖湘湖者，任长者也，不愿湖而湖之者也。任长者有湘湖田数百顷，称巨富。有术者相其一夜而贫，不信。县官请湖湘湖，灌萧山田，诏湖之，而长者之田一夜失，遂赤贫如术者言。今虽湖，尚田也，不下插板，不筑堰，则水立涸；是以湖中水道，非熟于湖者不能行咫尺。游湖者坚欲去，必寻湖中小船与湖中识水道之人，溯十阏三，鲠咽不之畅焉。湖里外锁以桥，里湖愈佳。盖西湖止一湖心亭为眼中黑子，湘湖皆小阜、小墩、小山乱插水面，四围山趾，棱棱砺砺，濡足入水，尤为奇峭。余谓西湖如名妓，人人得而媟亵之；鉴湖如闺秀，可钦而不可狎；湘湖如处子，眡娗羞涩，犹及见其未嫁时也。此是定评，确不可易。

【注释】

〔湖西湖者坡公也〕“湖西湖”之前“湖”，名词用作动词，解作“修建”。坡公，苏东坡。

〔有术者相其一夜而贫〕术者，为看相先生。相，看相。

〔非熟于湖者不能行咫尺〕咫（音纸）尺，喻距离很近。徐幹《答刘公幹》诗：“虽路在咫尺，难涉如九关。”

〔溯十阏三，鲠咽不之畅焉〕溯（音诉），逆流而上。阏（音锷），阻塞。蔡邕《樊惠渠歌》：“我有长流，莫或阏之；我有沟浍，莫或达之。”

〔湘湖皆小阜、小墩〕阜，平地。墩，土堆。

〔棱棱砺砺，濡足入水，尤为奇峭〕棱棱砺砺，山体岩石外露貌。濡，沾湿。濡足入水，此指山脚浸入湘湖。

〔余谓西湖如名妓，人人得而媟亵之；鉴湖如闺秀，可钦而不可狎；湘湖如处子，眡娗羞涩，犹及见其未嫁时也〕媟、亵，同义。媟（音薛）亵（音谢），相处过于亲昵而近于放荡。《新书·道术》：“接遇慎容谓之恭，反恭为媟。”钦，恭敬。狎，轻忽，《左传·昭公二十年》卷四十九：“水懦弱，民狎而玩之，则多死焉。”杜预注：“狎，轻也。”眡娗（音庭），不开通貌，《列子·力命》：“眡娗诬诿。”眂，“视”之异体，本宜改正。然此处“湘湖如处子”，正在“羞涩”间，用以“眂”字，增些矇眬美。

【笺疏】

〔县官请湖湘湖，灌萧山田，诏湖之，而长者之田一夜失，遂赤贫如术者言〕

《萧山县志》：湘湖在萧山县西二里，周八十里。四面距山，田皆低下，雨至山水下，荡为一洼。宋政和间（1111～1118），县令杨时因以为湖，于山麓缺处筑堤成湖，溉田千余顷。

〔湖里外锁以桥，里湖愈佳〕

“湖里外锁以桥”，在桥一面靠桥墩处，左右竖石柱，凿以槽，槽下插板，水不能泄。不下插板，水流无阻，故曰“锁”。插板，木制。

柳敬亭说书

南京柳麻子，黧黑，满面疤癗，悠悠忽忽，土木形骸，善说书。一日说书一回，定价一两。十日前先送书帕下定，常不得空。南京一时有两行情人：王月生、柳麻子是也。余听其说《景阳冈武松打虎》白文，与本传大异。其描写刻画，微入毫发，然又找截干净，并不唠叨。哱夬声如巨钟，说至筋节处，叱咤叫喊，汹汹崩屋。武松到店沽酒，店内无人，謈地一吼，店中空缸空甓皆瓮瓮有声。闲中着色，细微至此。主人必屏息静坐，倾耳听之。彼方掉舌，稍见下人呫哔耳语，听者欠伸有倦色，辄不言，故不得强。每至丙夜，拭桌剪灯，素瓷静递，

款款言之，其疾徐轻重，吞吐抑扬，入情入理，入筋入骨，摘世上说书之耳而使之谛听，不怕其不齰舌死也。柳麻子貌奇丑，然其口角波俏，眼目流利，衣服恬静，直与王月生同其婉娈，故其行情正等。

【注释】

〔满面疤癗，悠悠忽忽，土木形骸〕疤癗（音垒），即疤痕。悠悠，悠闲自在。王勃《滕王阁诗》："闲云潭影日悠悠，物换日移几度秋。"忽忽，飘忽不定貌。司马相如《子虚赋》："眇眇忽忽，若神仙之仿佛。"土木形骸：深沉而不喜形于色。土木，即呆笨：土，土里土气之"土"；木，木头木脑之"木"。形骸，人的外表形体。

〔南京一时有两行情人〕行情，行业中身价地位。

〔余听其说《景阳冈武松打虎》白文〕白文，不附加注解的书本正文。《朱子全书·易》："某自小时未曾识训诂，只读白文。"柳敬亭说《景阳冈武松打虎》，张岱欣赏的是那段"白文"，只叙述未开口唱的一段落。

〔然又找截干净〕找截，增添与删削。

〔哱夬声如巨钟，说至筋节处〕哱，《康熙字典》不收。哱，或具"勃"义。哱夬，勃兴而决，此指说书语调抑扬顿挫。《易·夬》："夬，决也，刚决柔也。"夬（音怪），解作"决"，势下也，此指说书语调突然降低。筋节，本指筋肉骨节，此借指关键、紧要处。

〔謈地一吼〕謈（音袍），《辞海》解曰："謈，因痛而呼喊。《汉书·东方朔传》：'上令倡监榜舍人，舍人不胜痛，呼謈。'榜，打。汪中《哀盐船文》：'痛謈田田，狂呼气竭。'"武松此时并未开打，此"謈"，只是用力"一吼"，与"痛而呼喊"无关。

謈，《康熙字典》解有四义：一，大呼自勉也；二，大呼也；

三，白冤也；四，自冤痛之声也。《康熙字典》还注明：㬥，本作“㬥（音袍）”。

㬥，《康熙字典》解曰：“《唐韵》薄报切。《说文》疾有所趋也。《玉篇》犹耗也；猝也。今作暴。”猝，突然之谓，“㬥”有“猝”义。“㬥地一吼”之“㬥”，应具“㬥”之“猝”义，武松到店突然吼一声，酒店中一些空甓，因此“皆瓮瓮有声”。

〔店中空缸空甓皆瓮瓮有声〕“空甓（音啤）”之“甓”，《辞海》释曰：“甓，砖。《诗·陈风·防有鹊巢》：‘中唐有甓。’马瑞辰通释：‘甓为砖。’《晋书·陶侃传》：‘侃在州无事，辄朝运百甓于斋外，暮运于斋内。’”“甓”，若如《辞海》所释只此一义，曰为“砖”，那么，“砖”而能“嗡嗡有声”，必垒砌成回音壁。山野村店，焉有如此。而文曰“空缸空甓皆瓮瓮有声”，“甓”应与“缸”属同类，中空而致“瓮瓮有声”。《康熙字典》释“甓”，具“瓴”义，其曰：“《说文》：瓴，甓也。《尔雅·释宫》：瓴甋谓之甓。”瓴与甋，《康熙字典》释曰：“《说文》：瓴，似瓶也。《广韵》：瓴甋似罌有耳。”从此可以看出，瓴、甋、罌，都是瓦器，形似瓶，因其中空，得以“瓮瓮有声”。“瓮瓮”，拟声词，同“嗡嗡”。

〔彼方掉舌，稍见下人呫哔耳语〕掉舌，开讲、鼓舌。《史记·淮阴侯列传》：“且郦生一士，伏轼掉三寸之舌，下齐七十余城。”呫（音尺）哔（音毕），小声。

〔每至丙夜〕丙夜，三更天。范成大《中秋无月》诗：“丙夜清光些子见，儿童惊喜强雄夸。”

〔素甆静递〕甆，即“瓷”。

〔不怕其不齰舌死也〕齰（音责），“齚”的本字。齚，咬啮。《史记·魏其武安侯列传》：“魏其必内愧，杜门齚舌自杀。”

〔直与王月生同其婉娈，故其行情正等〕直，简直。婉娈，年少而美貌，《晋书·左贵嫔传》“昔伯瑜之婉娈兮，每彩衣以娱并。”正等，恰好相同。

【笺疏】

〔**南京柳麻子，黧黑，满面疤瘤，悠悠忽忽，土木形骸，善说书**〕

余怀《板桥杂记·轶事》下卷：“柳敬亭，泰州人。本姓曹，避仇流落江湖，休于树下，乃姓柳。善说书，游于金陵，吴桥范司马、桐城何相国引为上宾。常往来南曲，与张燕筑、沈公宪俱。张、沈以歌曲，敬亭以谭词，酒酣以往，声节悲吟，倾靡四座，盖优孟东方曼倩之流也。后入左宁南幕府，出入兵间。宁南已败，又游松江马提督军中，郁郁不得志，年已八十余矣，间遇余侨寓宜睡轩中，犹说秦叔宝见姑娘也。”

张岱有《柳麻子说书》诗：“向年潦倒在秦淮，亲见名公集白下。仲谦竹器叔远犀，波臣写照简叔画。昆白弦子士元灯，张卯串戏杂彭大。及见泰州柳先生，诸公诸技皆可罢。先生古貌伟衣冠，舌底喑呜兼叱咤。劈开混沌取须眉，嚼碎虚空寻笑骂。张华应对建章宫，万户千门无一差。详人所略略人详，笑有真笑怕真怕。勾勒水浒更神奇，耐庵咋指贯中吓。夏起层冰冬起雷，天雨血兮鬼哭夜。先生满腹是文情，刻画雕镂夺造化。眼前活立太史公，口内龙门如水泻。”

樊江陈氏橘

樊江陈氏，辟地为果园，枸菊围之。自麦为蒟酱，自秫酿酒，酒香冽，色如淡金蜜珀，酒人称之。自果自蓏，以螯乳醴之为冥果。树谢橘百株，青不擷，酸不擷，不树上红不擷，不霜不擷，不连蒂剪不擷。故其所擷，橘皮宽而绽，色黄而深，瓤坚而脆，筋解而脱，味甜而鲜。第四门陶堰、道墟以至塘栖，皆无其比。余岁必亲至其园买橘，宁迟、宁贵、宁少。购得之，用黄砂缸，藉以金城稻草或燥松毛收之。阅十日，草有润气，又更换之。可藏至三月尽，甘脆如新擷者。枸菊城主人橘百树，岁获绢百匹，不愧木奴。

【注释】

〔枸菊围之〕枸，即枸杞；菊，为菊花。

〔自麦为蒟酱，自秫酿酒〕自，用。《诗·大雅·绵》："民之初生，自土沮漆。"蒟（音矩）酱，一种味辛而香的酱。秫，糯稻。萧统《陶渊明传》："公田悉令吏种秫，曰：'吾常得醉于酒足矣。'"

〔自果自蓏，以螫乳醴之为冥果〕果蓏由蜂蜜、酒，渍而成冥果。蓏（音裸），草本植物的果实。木实曰果，草实曰蓏；有核曰果，无核曰蓏；树上为果，地上曰蓏。螫（音遮）乳，即蜂蜜。醴（音礼），即酒。

〔树谢橘百株，青不擷〕树，种植。谢橘，见卷四《方物》篇注释。擷（音挈），采。

〔橘皮宽而绽〕宽，橘熟透，肉收缩而皮呈松宽状。

〔筋解而脱〕橘有络，实熟则络松，松则为解。

〔枸菊城主人橘百树，岁获绢百匹，不愧木奴〕张岱《夜航船·草木》卷十六："木奴，李衡为丹阳太守，于龙阳洲上种橘千树。临终，敕其子曰：'吾州里有千头木奴，不责汝衣食。岁上一匹绢，亦足用矣。'"

【笺疏】

〔樊江陈氏，辟地为果园，枸菊围之。自麦为蒟酱，自秫酿酒，酒香洌，色如淡金蜜珀，酒人称之〕

樊江，在绍兴城东三十五里处，陈氏为当地望族。陈氏家酿，色如金如蜜如琥珀，“色如淡金蜜珀”，淡金、蜂蜜、琥珀，三物色俱黄，与今绍兴酒，色正相等，且“自秫酿酒”，用糯稻做酒，其法与今一脉相通，因此可以说，如要寻踪绍兴酒，樊江不失为其源头之一。而其酒“酒人称之”，说明当时人就很推崇樊江陈氏酒了。

陈氏还有一种豆酒，深得徐渭喜爱。徐渭《又图卉应史甥之索》诗云：“陈家豆酒名天下，朱家之酒亦其亚，史甥亲挈八升来，如椽大卷令吾画。小白连浮三十杯，指间浩气响成雷，惊花蛰草开愁晚，何用三郎羯鼓催？羯鼓催，笔兔瘦，蟹螯百双，羊肉一肘，陈家之酒更二斗，吟伊吾，迸厥口，为侬更作狮子吼。”这“名天下”之“陈家豆酒”，指的应是樊江陈氏家酿。

〔第四门陶堰、道墟以至塘栖，皆无其比〕

第四门，即处绍兴城东之五云门。绍兴城九城门。西郭门，官吏赴任、省城公干、京城觐见诸事，均出入此门，由此目其为首门。这样，自西郭门顺时针数来，五云门正“第四门”也。陶堰、道墟在五云门外，故曰：“第四门陶堰、道墟。”陶堰在绍兴城东四十五里。道墟，旧属绍兴，今隶上虞，在郡城东北六十里。塘栖，在余杭。见卷三《陈章侯》篇注释。

〔用黄砂缸，借以金城稻草或燥松毛收之〕

嘉泰《会稽志·草部》卷十六，载：“会稽之产稻之美者……其蚤熟，曰蚤白稻一名回犁望、乌黏蚤、白宣州蚤一名下马看、蚤占城凡占城土人，皆谓之金成，不知何义也。一名六十日，相传云：唐太宗伐占城国得其种。《国史》：祥符五年，上以诸路微旱，则稻悉不登，遂遣使福建，取占城稻三万斛，分给江南、两浙三路转运使，令择民田之高卬者，分给莳之，谓之旱稻，仍出种法示民。其次，则曰白婢暴、红婢暴、八十日三者亦占城之属，秋初乃熟，其收晚于蚤占城。”“蚤”，通“早”。“蚤占城”，则是早占城稻，而“占城”之名，占城当地人则呼曰“金城”。张岱之谓“金城稻草”，说的就是“占城稻草”。“蚤占城”，一名“六十日”，耳曾有闻，曾是绍兴早稻当家稻种。

《夜航船·果品》载：“收柑橘。用黄砂坛，以晒燥松毛拌之，则不烂。松毛湿，则又晒燥换之。无松毛，早稻草铡断，亦好。”“早稻草”所指，应是“蚤占城”稻草。

治沅堂

古有拆字法。宣和间，成都谢石拆字，言祸福如响。钦宗闻之，书一“朝”字，令中贵人持试之。石见字，端视中贵人曰：“此非观察书也。”中贵人愕然。石曰：“‘朝’字离之为‘十月十日’，乃此月此日所生之天人，得非上位耶？”一国骇异。吾越谢文正厅事名“保锡堂”，后易之他姓，主人至，亟去其匾，人问之，曰：“分明写‘呆人易金堂’。”朱石门为文选署中额“典劇”二字，继之者顾诸吏曰：“尔知诸公意乎？此二字离合言之，曰：‘曲處曲處，八刀八刀’耳。”歙许相国孙志吉为大理评事，受魏珰指，案卖黄山，势张甚，当道媚之，送一匾曰“大卜于门”。里人夜至，增减其笔画凡三：一曰“天下未闻”；一倒读之曰“阉手下犬”；一曰“太平拿问”。后直指提问，械至太平，果如其言。凡此数者皆有义味。而吾乡缙绅有名“治沅堂”者，人不解其义，问之，笑不答，力究之，缙绅曰：“无他意，亦止取‘三台三元’之义云尔。”闻者喷饭。

【注释】

〔亟去其匾〕亟，迅速。

〔继之者顾诸吏曰〕顾，环视。

〔送一匾曰“大卜于门”〕卜，赐予。《诗·小雅·楚茨》：“卜尔百福。”

〔后直指提问，械至太平〕太平，县在安徽省南部；府在崇善（今广西凭祥一带）。

〔亦止取“三台三元”之义云尔〕止，只。《庄子·天运》：“止可以一宿，而不可以久处。”三台，汉代对尚书、御史、谒者的总称。尚书为中台，御史为宪台，谒者为外台。三元，有两种说法。一，乡试解元，礼试会元，殿试状元；二，殿试前三名状元、榜眼、探花。

【笺疏】

〔宣和间，成都谢石拆字，言祸福如响。钦宗闻之，书一“朝”字，令中贵人持试之。石见字，端视中贵人曰：“此非观察书也。”中贵人愕然。石曰：“‘朝’字离之为‘十月十日’，乃此月此日所生之天人，得非上位耶？”〕

“宣和”，宋徽宗赵佶年号。徽宗生日，《宋史·徽宗》卷十九：“元丰五年十月丁巳，生于宫中。”篇所载“宣和间，成都谢石拆字”，其时当朝，正是徽宗，“‘朝’字离之为‘十月十日’，乃此月此日所生之天人，得非上位耶？”“上位”所指，是否就是徽宗？钦宗生日，《宋史·钦宗》卷二十三："元符三年四月己酉，生于坤宁殿。"而"观察"，宋朝时对缉捕使臣之称。帝称以"观察"，或是在其未为帝时。

中贵人，帝王所宠信的宦官。

〔吾越谢文正厅事名"保锡堂"〕

谢文正，即谢迁，明成化十一年（1475）状元，绍兴余姚人，累官至太子太保、兵部尚书兼东阁大学士。绍兴城内蕺山南谢家湾头，是其家居之处。八十三岁卒于家。赠太傅，谥文正。子谢丕，乡试第一，进士第三人（探花）及第。厅事，厅堂，《魏书·夏侯夬传》："忽梦见征虏将军房世宝来至其家，直上厅事。"

〔朱石门为文选署中额"典劇"二字，继之者顾诸吏曰："尔知诸公意乎？此二字离合言之，曰：'曲處曲處，八刀八刀'耳。"〕

"典劇"二字，典，可以分成"曲"与"八"；劇，是"剧"之繁体，由"豦"与"刂"组成。豦，形近繁体"處"字，刂，则是刀。由此离合"典劇"，则曰"曲處曲處，八刀八刀"。

朱石门，是张岱舅祖、朱赓子敬循。《朱敬循传》附其父赓传。嘉庆《山阴县志·乡贤二·朱赓传》卷十四载："子敬循官礼部郎中，改稽勋，前此无正郎改吏部者，自敬循始。历太常少卿，吏部推敬循为右通政，以卫承芳贰之。赓言：'承芳，臣同年进士，恬澹之操，世罕能及，臣子不当先。'帝许焉。敬循终右通政。"

〔歙许相国孙志吉为大理评事，受魏珰指，案卖黄山〕

许相国，即歙县人许国。许国，字维桢，号颖阳，嘉靖辛酉（1561）解元，乙丑（1565）进士，选庶吉士。万历（1573 ～ 1619）时升右春坊赞善，进讲而为帝师。拜为礼部尚书，兼东阁大学士。累官少傅。兼太子太师、吏部尚书、建极殿大学士。民国《歙县志·许国传》卷七："国在阁九年，廉慎自守，累遭攻击，而清标愈著。卒赠太保，谥文穆。诰赠三代，荫子七人。有文集二十卷。天启中加恩，力请建储诸臣，赠太傅。其诰云：国本时值危疑，孰矢回天之力，屡疏争以去就，竟贻卜世之功。荫一孙尚宝司丞；又追经筵功，荫一孙中书舍人。崇祀乡贤祠。"

"受魏珰指，案卖黄山"者，是"歙许相国孙志吉为大理评事"之"孙志吉"，即"荫一孙尚宝司丞"之许志吉。

魏珰，明天启间弄权太监魏忠贤。《明史纪事本末·魏忠贤乱政》卷七十一：天启六年（1626）"六月，命逮吴养春等。养春，歙县人，家世饶富，祖守礼常输边二十一万。养春官中书，有黄山，收息不赀。又准浙中盐，与从兄弟讦讼，置仆吴荣于狱。荣脱入京，诉于东厂，诬其私占黄山，历年获租六十余万金。忠贤遂矫旨逮养春至京，坐养春赃六十余万、程梦庚赃十三万六千。其山场木植，估价三十余万，命官变易之，以助大工。忠贤以能发奸剔弊荫锦衣卫指挥，时养春等俱拷死，工部遣主事吕下问至歙追产。吴氏家已破，其妻女俱自缢，吕下问专召富家派买，坐累至破家者甚多，激民变，下问遁回。忠贤复命太仆寺丞许志吉至歙续追。志吉即徽人，其酷不减下问。"其结果是：七年（1627）"十二月，监生王之鼎劾大理寺副许志吉，借黄山一案毒害民命，下志吉于理。""理"者，囹圄也。

【校勘】

〔尔知诸公意乎〕

文选署，属礼部，"朱石门为文选署中额'典劇'二字"，是朱敬循官礼部郎中时事。因是朱敬循额"典劇"二字，"尔知诸公意乎"之"诸"，疑应为"朱"。

虎丘中秋夜

虎丘八月半，土著流寓、士夫眷属、女乐声伎、曲中名妓戏婆、民间少妇好女、崽子娈童及游冶恶少、清客帮闲、傒僮走空之辈，无不鳞集。自生公台、千人石、鹤涧、剑池、申文定祠，下至试剑石、一二山门，皆铺毡席地坐，登高望之，如雁落平沙，霞铺江上。天暝月上，鼓吹百十处，大吹大擂，十番铙钹，渔阳掺挝，动地翻天，雷轰鼎沸，呼叫不闻。更定，鼓铙渐歇，丝管繁兴，杂以歌唱，皆“锦帆开，澄湖万顷”同场大曲，蹲踏和锣，丝竹肉声，不辨拍煞。更深，人渐散去，士夫眷属皆下船水嬉，席席徵歌，人人献技，南北杂之，管弦迭奏，听者方辨句字，藻鉴随之。二鼓人静，悉屏管弦，洞箫一缕，哀涩清绵与肉相引，尚存三四，迭更为之。三鼓，月孤气肃，人皆寂阒，不杂蚊虻。一夫登场，高坐石上，不箫不拍，声出如丝，裂石穿云，串度抑扬，一字一刻。听者寻入针芥，心血为枯，不敢击节，惟有点头。然此时雁比而坐者，犹存百十人焉。使非苏州，焉讨识者。

【注释】

〔土著流寓〕流寓，寄居当地的外来者。

〔傒僮走空之辈〕走空，拆白行骗之人，即今之一只皮包以为公司者。

〔无不鳞集〕鳞集，如鱼鳞一样聚集。

〔自生公台、千人石、鹤涧、剑池、申文定祠，下至试剑石、一二山门〕生公台、千人石、鹤涧、剑池、申文定祠、试剑石、一二山门，均为苏州虎丘山景。

〔十番铙钹，渔阳掺挝〕十番铙钹，击打器乐曲名，俗称“十番锣鼓”，明时盛行于江浙一带。渔阳掺（音灿）挝（音抓），鼓曲名，即渔阳参挝。《后汉书·祢衡传》：“衡方为《渔阳参挝》，蹀□而前。”

〔同场大曲，蹲踏和锣，丝竹肉声，不辨拍煞〕蹲，起舞貌，《诗·小雅·伐木》：“坎坎鼓我，蹲蹲舞我。”踏，连手而歌，以足踏地为节奏，李白《赠汪伦》诗：“李白乘舟将欲行，忽闻岸上踏歌声。”蹲踏和锣，演员舞动着的节奏，应和着锣声。丝，弹拨乐器；竹，吹奏乐器。肉，指歌唱。拍煞，节拍，乐曲的段落。

〔藻鉴随之〕藻鉴，辨别、评量。

〔迭更为之〕迭更，轮番。

〔人皆寂阒〕寂阒（音去），寂静无声。

〔串度抑扬，一字一刻〕串度抑扬：串，连贯；度，翻越；抑，下降；扬，上升。刻，停顿。

〔听者寻入针芥〕针芥，喻细微处也。针头，芥菜籽，两物形俱小。

〔然此时雁比而坐者〕雁比，像雁一样一个接着一个，整齐地排列着。

〔使非苏州，焉讨识者〕使，假若。焉，怎么。

【笺疏】

〔自生公台、千人石、鹤涧、剑池、申文定祠，下至试剑石、一二山门〕

申文定祠，明朝万历时首辅申时行祠所。申卒后谥“文定”。祠在虎丘。照片所示，左图为生公台、千人石、剑池；右为试剑石。均在苏州虎丘山。

麋公

万历甲辰，有老医驯一大角鹿，以铁钳其趾，设鞍韅其上，用笼头衔勒骑而走，角上挂葫芦药瓮，随所病出药，服之辄愈。家大人见之喜，欲售其鹿，老人欣然肯，解以赠，大人以三十金售之。五月朔日，为大父寿，大父伟硕，跨之走数百步，辄立而喘，常命小傒笼之，从游山泽。次年至云间，解赠陈眉公。眉公羸瘦，行可连二三里，大喜。后携至西湖六桥三竺间，竹冠羽衣，往来于长堤深柳之下，见者啧啧称为“谪仙”。后眉公复号“麋公”者，以此。

【注释】

〔有老医驯一大角鹿〕驯（音旬），驯养。

〔以铁钳其趾，设鞍韅其上，用笼头衔勒骑而走〕钳，夹束。

鞍（音吊），囊也；韅（音显），本指马腹所系之带，系于鹿腹，亦曰“韅”。衔勒，衔，本指横在马口备抽勒的铁；勒，本指套在马头上带嚼子的笼头。

〔随所病出药〕所，指事之词，指出行为“出药”的对象“病”。

〔眉公羸瘦〕羸（音雷）瘦，瘦弱。

〔见者啧啧称为“谪仙”〕啧啧，赞叹声。

【笺疏】

〔万历甲辰〕

万历甲辰，万历三十二年（1604），是年张岱八岁。

〔五月朔日，为大父寿〕

为大父寿，张汝霖五十大寿。朔日，初一。

〔次年至云间，解赠陈眉公〕

云间，松江府别称，在今上海松江县一带。陈眉公，即明文学家陈继儒。陈继儒，字仲醇，号眉公、麋公。自命隐士。华亭人。

〔后携至西湖六桥三竺间〕

六桥，杭州西湖苏堤映波、锁澜、望山、压堤、东浦、跨虹六桥。三竺，上天竺、中天竺、下天竺三佛寺统称，在灵隐。

扬州清明

扬州清明，城中男女毕出，家家展墓。虽家有数墓，日必展之。故轻车骏马，箫鼓画船，转摺再三，不辞往复。监门小户亦携殽核纸钱，走至墓所，祭毕，席地饮胙。自钞关、南门、古渡桥、天宁寺、平山堂一带，靓妆藻野，袨服缛川。随有货郎，路傍摆设骨董古玩并小儿器具。博徒持小杌坐空地，左右铺衵衫半臂，纱裙汗帨，铜炉锡注，瓷瓯漆奁，及肩彘鲜鱼、秋梨福橘之属，呼朋引类，以钱掷地，谓之“跌成”：或六或八或十，谓之“六成”“八成”“十成”焉。百十其处，人环观之。是日，四方流寓及徽商西贾、曲中名妓，一切好事之徒，无不咸集。长塘丰草，走马放鹰；高阜平冈，斗鸡蹴踘；茂林清樾，劈阮弹筝。浪子相扑，童稚纸鸢，老僧因果，瞽者说书，立者林林，蹲者蛰蛰。日暮霞生，车马纷沓。宦门淑秀，车幕尽开，婢媵倦归，山花斜插，臻臻簇簇，夺门而入。余所见者，惟西湖春、秦淮夏、虎丘秋差足比拟。然彼皆团簇一块，如画家横披，此独鱼贯雁比，舒长且三十里焉，则画家之手卷矣。南宋张择端作《清明上河图》，追摹汴京景物，有西方美人之思，而余目盱盱，能无梦想！

【注释】

〔家家展墓〕展墓，扫墓。展，察看、检查。

〔祭毕，则席地饮胙〕饮胙（音乍），饮酒吃祭肉。胙，祭祀用的肉。

〔靓妆藻野，袨服缛川〕藻野，美化着原野。缛川，丰富着水边。袨（音炫）服，盛服，《史记·邹阳传》：“武力鼎士袨服丛台之下者，一旦成市。”颜师古注：“袨服，盛服也。”

〔博徒持小杌坐空地，左右铺衵衫半臂，纱裙汗帨〕小杌（音误），小矮凳。衵（音日）衫半臂，短袖内衣。衵，《说文》：“日日所常衣也。”

〔及肩彘鲜鱼〕肩彘（音至），前猪蹄胖。

〔劈阮弹筝〕阮，弹拨乐器，古琵琶之一种，四弦有柱，相传西晋阮咸善此乐器，因而得名。现亦有三弦的阮，并有小阮、中阮、大阮、低阮四种。用拨子或假指甲弹奏，因此曰“劈阮”。

〔瞽者说书，立者林林，蹲者蛰蛰〕瞽者，盲人。林林，众多貌，柳宗元《贞符》：“惟人之初，总总而生，林林而群。”。蛰蛰，众多会集貌，《诗·周南·螽斯》：“宜尔子孙，蛰蛰兮。”毛传：“蛰蛰，和集也。”众而方可称“和”，和必人众。

〔臻臻簇簇，夺门而入〕“婢媵倦归”而一齐到家，因此“夺门而入”。臻，至。簇，聚集，簇拥。

〔而余目盱盱〕盱（音虚）盱，直视貌，盯着看。《荀子·非十二子》：“盱盱然。”王先谦集解引郝懿行曰：“盱盱者，张目直视之容也。”

【笺疏】

〔自钞关、南门、古渡桥、天宁寺、平山堂一带〕

因是“城中男女毕出”，因是“靓妆藻野，袨服缛川”，“钞关、南门、古渡桥、天宁寺、平山堂”诸地，都应在扬州城外。南门，自然在南；平山堂，则在西北；而据康熙《扬州府志·寺观》卷十九：“江都天宁寺，在府城大东门外。”由此而观，所谓“自钞关、南门、古渡桥、天宁寺、平山堂一带”，指的则是旧时扬州城外东南西城濠处，其中也包括了瘦西湖。

康熙《扬州府志·古迹》卷十八："平山堂，在郡城西北五里大明寺侧，宋庆历八年，郡守欧阳修建。堂□高遥眺江南诸山，皆拱揖槛前。因山与堂平，故名'平山'。"平山堂现在大明寺内，得买票以入。

〔此独鱼贯雁比，舒长且三十里焉，则画家之手卷矣。南宋张择端作《清明上河图》，追摹汴京景物，有西方美人之思，而余目盱盱，能无梦想〕

扬州城东南西城濠边，包括瘦西湖，景物一处连着一处"舒长且三十里"，如画家手卷，由此言及《清明上河图》。

张择端在北宋徽宗朝时供职翰林图画院，而其创作《清明上河图》时，恐怕已经是在南宋了，因此称"南宋张择端"。《清明上河图》的创作，因此出现"追摹"一词。

身居南宋，而画作《清明上河图》表现的，则是北宋汴京景物，张岱据此认为，张择端"有西方美人之思"。

《扬州清明》以文字为画笔，白描勾勒扬州郊外钞关、平山堂一带延绵三十里，清明时节之景物。其风俗景色之美，一如"画家之手卷"。张择端画《清明上河图》，"有西方美女之思"，而张岱写《杨州清明》，说："余目盱盱，能无梦想？"这"梦想"，说得直白一点，即张岱也"有西方美人之思"。

"西方美人"，词出《诗经·简兮》。诗云："简兮简兮，方将万舞。日之方中，在前上处。硕人俣俣，公庭万舞。有力如虎，执辔如组，左手执籥，右手秉翟，赫如渥赭，公言锡爵。山有榛，隰有苓。云谁之思，西方美人。彼美人兮，西方之人兮。"

上引《诗经·简兮》，录自上海古籍出版社出版，高亨作注的《诗经今注》。标点、段落均依高亨。高亨先生在《简兮》题下写有这样一句话："卫君的公庭大开舞会，一个贵族妇女爱上领队的舞师，作这首诗来赞美他。"又对"西方美人"有注释，注文为："西方美人，指漂亮的舞师是西方人。”依高先生说来，《简兮》这诗是一首恋爱诗，是一个具体的贵族女人，写给一个具体的男舞师的爱的赞美诗。拿高亨先生这个观点来理解张择端画《清明上河图》，张岱写《扬州清明》文之“有西方美人之思”，显然是毫无瓜葛，风马牛不相及。

另有明朝李诩在《戒庵老人漫笔·玉川诗穷》卷六，有云：“唐卢仝《有所思》云：‘当时我醉美人家，美人颜色娇如花。今日美人弃我去，珠楼帘箔天之涯。’又云：‘美人兮美人，不知为暮雨兮为朝云。相思一夜梅花发，忽到窗前疑是君。’自古美人之喻，指君而言，古《三百篇》中‘彼美人兮’，‘西方之人兮’，指文王是也。而卢诗之意，若不得于君者，但少含蓄气象。”

美人之喻，自古指君。李诩认定《简兮》诗中“彼美人兮，西方之人兮”，这西方美人，指的是文王。《简兮》是一首怀念文王之诗。

以“西方美人”指文王，《简兮》是一首怀念君王之诗，怀念朝廷之诗，以此观点理解张择端《清明上河图》之“有西方美人之思”，张岱写《扬州清明》文也“有西方美人之思”，就较容易了。张岱写作《扬州清明》时，已入清朝，而《扬州清明》所描写的，是明时景物。“能无梦想？”思念的正是明王朝，这也正是《陶庵梦忆》所要表现的主题：怀念明王朝之情绪。

《扬州清明》此文，是《陶庵梦忆》核心之篇。

金山竞渡

看西湖竞渡十二三次，己巳竞渡于秦淮，辛未竞渡于无锡，壬午竞渡于瓜州，于金山寺。西湖竞渡，以看竞渡之人

胜，无锡亦如之。秦淮有灯船无龙船，龙船无瓜州比，而看龙船亦无金山寺比。瓜州龙船一二十只，刻画龙头尾，取其怒；傍坐二十人持大楫，取其悍；中用彩篷，前后旌幢绣伞，取其绚；撞钲挝鼓，取其节；艄后列军器一架，取其锷；龙头上一人足倒竖，战敠其上，取其危；龙尾挂一小儿，取其险。自五月初一至十五，日日画地而出。五日出金山，镇江亦出。惊湍跳沫，群龙格斗，偶堕洄涡，则百蛣捷捽，蟠委出之。金山上人团簇，隔江望之，蚁附蜂屯，蠢蠢欲动。晚则万艓齐开，两岸沓沓然而沸。

【注释】

〔看西湖竞渡十二三次〕屈原以五月初五日死汨罗江，楚人以舟楫拯救之，谓之曰“竞渡”。

〔撞钲挝鼓，取其节〕钲（音征），古乐器名，形如钟而狭，有长柄可执，击之而鸣，行军时用。挝，敲击。节，节律。

〔艄后列军器一架，取其锷〕艄，船尾。锷，刀剑的刃，此释为“锋利”。

〔战敠其上，取其危〕战（音颠）敠（音夺），掂斤两，用手估量轻重。本文可以理解为“压斤两”。

〔日日画地而出〕画地，划分区域。

〔偶堕洄涡，则百蛣捷捽，蟠委出之〕洄涡，旋转的水流。蛣（音劫），《康熙字典》解曰：“与蛶通。详蛶字注。”“蛶”字注曰：“《本草》：‘石蛶，状如蟹螯，其色紫。’”捷捽（音昨），将沉而快速使出。捷，举动敏疾之貌。捽，手持也。《淮南子·氾论训》：“溺则捽其发而拯。”蟠委，曲折。

〔晚则万艓齐开，两岸沓沓然而沸〕艓（音牒），一种小型船只。沓（音榻）沓，语多貌，《诗·小雅·十月之交》：“下民之孽，匪降自天，噂沓背憎，职竞由人。”毛传：“噂犹噂噂，沓犹沓沓。”郑玄笺：“噂噂沓沓，相对谈语。”

【笺疏】

〔看西湖竞渡十二三次，己巳竞渡于秦淮，辛未竞渡于无锡，壬午竞渡于瓜州，于金山寺〕

竞渡，一年一次，“看西湖竞渡十二三次”，则是十二三年之积累。“己巳竞渡于秦淮”，己巳，崇祯二年（1629），是年张岱三十三岁；“辛未竞渡于无锡”，辛未，崇祯四年（1631），是年张岱三十五岁；“壬午竞渡于瓜州”，壬午，崇祯十五年（1642），是年张岱四十六岁。

【校勘】

〔龙头上一人足倒竖，敁敠其上，取其危〕

“敁敠其上”。敁敠，乾隆甲寅本作“敁掇”。

〔自五月初一至十五，日日画地而出〕

上海古籍出版社本，标点为“自五月初一至十五日，日画地而出”。

按通常习称，农历初一至初十，日序前缀“初”字，十日后不能缀以“初”，且可省“日”字，如“五月十五日”，曰“五月十五”即可。因此，“自五月初一至十五日日画地而出”句，标点应作“自五月初一至十五，日日画地而出”，即“从五月初一至十五，每日按照排好，或者曰‘划定’的地方，‘出’而竞渡”。“日日”具“每日”义。而标点如“自五月初一至十五日，日画地而出”样，“日画地而出”，意即为：几处竞渡，在一日内“画地而出”。此意与张岱《金山竞渡》篇不合，且与前半句“自五月初一至十五日”，·逻辑不谐。

刘晖吉女戏

女戏以妖冶恕，以啴缓恕，以态度恕，故女戏者全乎其为恕也，若刘晖吉则异是。刘晖吉奇情幻想，欲补从来梨园之缺陷。如“唐明皇游月宫”，叶法善作，场上一时黑魆地暗，手起剑落，霹雳一声，黑幔忽收，露出一月，其圆如规，四下以羊角染五色云气，中坐常仪，桂树吴刚，白兔捣药。轻纱幔之，内燃赛月明数株，光焰青黎，色如初曙，撒布成梁，遂蹑月窟，境界神奇，忘其为戏也。其他如舞灯，十数人手携一灯，忽隐忽现，怪幻百出，匪夷所思，令唐明皇见之，亦必目睁口开，谓氍毹场中那得如许光怪耶！彭天锡向余道：“女戏至刘晖吉，何必男子！何必彭大！”天锡，曲中南、董，绝少许可，而独心折晖吉家姬，其所赏鉴，定不草草。

【注释】

〔女戏以妖冶恕，以啴缓恕，以态度恕，故女戏者全乎其为恕也〕恕，忖也；思也。恕，此处为“专注”义。妖冶，艳丽，一般多具贬义。归有光《山茶》诗：“虽具富贵姿，而非妖冶容。”啴（音摊）缓，和缓。《礼记·乐记》：“其乐心感者，其声啴以缓。”态度，神情。《列子·说符》：“人有亡鈇者，意其邻之子，视其行步，窃鈇也；颜色，窃鈇也；言语，窃鈇也；作动态度，无为而不窃鈇也。”

〔若刘晖吉则异是〕异是，不同于此。

〔中坐常仪，桂树吴刚，白兔捣药〕常仪，嫦娥。

〔撒布成梁，遂蹑月窟〕拉布匹布置成桥梁。月窟，月宫。

〔匪夷所思〕考虑问题的方法、语言、行动违反常规，被人难以理解和想象。

〔谓氍毹场中那得如许光怪耶〕织毛褥谓之氍（音衢）毹（音俞）。戏台铺设氍毹，因以氍毹场，称戏场。如许光怪，“像这样一些艳丽光景”义。

〔女戏至刘晖吉，何必男子！何必彭大〕彭大，指彭天锡。

〔天锡，曲中南、董，绝少许可，而独心折晖吉家姬〕曲、中、南、董，南，南史；董，董狐。俱春秋时期良史。心折，心服。

【笺疏】

〔故女戏者全乎其为恕也，若刘晖吉则异是〕

刘晖吉，即江苏武进人刘光斗。光绪《武进阳湖县合志·宦绩》卷二十四：“刘光斗，字晖吉，明乙丑进士。司李绍兴，多雪冤狱，时海寇刘香横海上，浙抚知其能，属监军讨平之。摄会稽、诸暨两邑篆，海潮坏岸，筑石塘圩岸卫之，里人立祠祀焉。擢御史，弹劾不避权贵。大兵南下，豫王择人安抚，光斗人望所归，命安抚常州，民皆安辑。时抚姑苏者不得人，几致变，赖光斗调护得全。经略洪承畴疏荐大用，格于秉铨左迁行人。颁诏闽中，直指某性刚暴，荐绅士民每以疑似陷大戮，光斗反覆开谕，多所救免。壬辰，典试广西，得疾道卒。邑人请建仁贤祠祀之。子谦尊，举人；次子履旋，自有传。”

“明乙丑进士”之“乙丑”，即天启五年（1625）。刘光斗进士后，在绍兴府衙做“司李”。司李，又称司理，即府衙推官。乾隆《绍兴府志·郡佐·推官》卷二十六：“刘光斗，武进人，天启六年任。夏雨金，徽州人，崇祯三年任。”据府志，刘光斗在绍兴府做推官头尾五年，张岱所见刘之“女戏”，或在此期间。刘又以推官身份，代摄会稽、诸暨两县，颇著政绩。

“壬辰典试广西”。壬辰，清顺治九年（1652），是年督学广西，于赴任路上谢世。刘光斗是一员降清明臣。

〔叶法善作，场上一时黑魆地暗〕

《刘晖吉女戏》“如唐明皇游月宫”一句，上海古籍出版社《陶庵梦忆》1982年11月版标点为：“如唐明皇游月宫：叶法善作，场上一时黑魆地暗，手起剑落，霹雳一声，黑幔忽收，露出一月，其圆如规，四下以羊角染五色云气，中坐常仪，桂树吴刚，白兔捣药。”

上海远东出版社《陶庵梦忆》1996年11月版，则稍有差异，“叶法善作场上一时黑魆地暗”处，标点为“叶法善作（法），场上一时黑魆地暗”。

两相对照，远东社本虽然在“作”字后面添上括号，嵌入“法”字，但其此处标点还是与上海古籍出版社本一致，含义亦无多大差别。

绍兴戏剧界有人以为，上述两种标点不妥。以为“作场”之间，不能用逗号点开。“作场”一词，在古代诗文所描述的戏事中，即已有之。随手拈来的例子，就有陆游《剑南诗稿·小舟游近村舍舟步归》诗：“斜阳古柳赵家村，负鼓盲翁正作场。死后是非谁管得，满村听说蔡中郎。”诗中“作场”，与《刘晖吉女戏》中“作场”一词，均描述戏事，语言环境相同，含义亦应一致。由此，《刘晖吉女戏》那一处标点，应为：“叶法善作场，上，一时黑魆地暗。”

朱楚生

朱楚生，女戏耳，调腔戏耳。其科白之妙，有本腔不能得十分之一者。盖四明姚益城先生精音律，尝与楚生辈讲究关节，妙入情理，如《江天暮雪》《霄光剑》《画中人》等戏，虽昆山老教师细细摹拟，断不能加其毫末也。班中脚色，足以鼓吹楚生者方留之，故班次愈妙。楚生色不甚美，虽绝世佳人，无其风韵。楚楚谡谡，其孤意在眉，其深情在睫，其解意在烟视媚行。性命于戏，下全力为之。曲白有误，稍为订正之，虽后数月，其误处必改削如所语。楚生多坐驰，一往深情，摇飏无主。一日，同余在定香桥，日晡烟生，林木窅冥，楚生低头不语，泣如雨下，余问之，作饰语以对。劳心忡忡，终以情死。

【注释】

〔朱楚生，女戏耳，调腔戏耳。其科白之妙，有本腔不能得十分之一者〕科白，戏曲动作与念白。本腔，即昆曲。昆山，江苏昆山，昆曲发详之地。

〔班中脚色，足以鼓吹楚生者方留之，故班次愈妙〕鼓吹，宣扬、宣传，此处或曰“捧”。《新唐书·杜甫传》卷二百十四：“若令执先臣故事，拔泥涂之久辱，则臣之述作，虽不足鼓吹六经，至沈郁顿挫，随时敏给，杨雄、枚皋，可企及也。”

〔楚楚谡谡，其孤意在眉，其深情在睫，其解意在烟视媚行〕楚楚，鲜明整洁貌，元好问《杂言》诗，有“诸郎楚楚皆玉立”句。

谡（音缩）谡，挺劲有力的样子，《世说新语·赏誉》："世目李元礼谡谡如劲松下风。"孤意，高傲的情态。

〔楚生多坐驰，一往深情，摇飏无主〕坐驰，形坐而心神逸驰。《庄子·人间世》："瞻彼阕者，虚室生白，吉祥止止；夫且不止，是之谓坐驰。"摇飏（音阳）无主，思绪摇摆而无主张。

〔林木窅冥〕窅（音杳）冥，深远难见貌。《淮南子·道应训》："西穷窅冥之党，东开鸿蒙之先。"

〔作饰语以对〕饰，掩饰。对，回答。

〔劳心忡忡〕忡（音冲）忡，忧虑不安貌。《诗·召南·草虫》："未见君子，忧心忡忡。"

【笺疏】

〔盖四明姚益城先生精音律，尝与楚生辈讲究关节，妙入情理，如《江天暮雪》《霄光剑》《画中人》等戏〕

四明，四明山之省称。新昌县境山，一部属四明。姚益城先生地望标以"四明"，其"精音律"，当然包括了新昌调腔。"朱楚生，女戏耳，调腔戏耳"，因此，姚益城能"尝与楚生辈讲究关节"。

〔同余在定香桥〕

定香桥，在杭州西湖苏堤映波桥附近。甲戌，崇祯七年（1634）十月，张岱携楚生住不系园看红叶，也在定香桥。是年张岱三十八岁。

扬州瘦马

扬州人日饮食于瘦马之身者数十百人。娶妾者切勿露意，稍透消息，牙婆驵侩咸集其门，如蝇附膻，撩扑不去。黎明，即促之出门，媒人先到者先挟之去，其余尾其后接踵伺之。至瘦马家，坐定，进茶，牙婆扶瘦马出，曰："姑娘拜客。"下拜。曰："姑娘往上走。"走。曰："姑娘转身。"转身向明立，面出。曰："姑娘借手睄睄。"尽褫其袂，手出、臂出、肤亦出。曰："姑娘睄相公。"转眼偷觑，眼出。曰："姑娘几岁了？"曰几岁，声出。曰："姑娘再走走。"以手拉其裙，趾出。然看趾有法，凡出门裙幅先响者，必大；高系其裙，人未出而趾先出者，必小。曰："姑娘请回。"一人进，一人又出。看一家必五六人，咸如之。看中者，用金簪或钗一股插其鬓，曰"插带"。看不中，出钱数百文，赏牙婆或赏其家侍婢，又去看。牙婆倦，又有数牙婆踵伺之。一日、二日，至四五日，不倦亦不尽，然看至五六十人，白面红衫，千篇一律，如学字者一字写至百至千，连此字亦不认得矣。心与目谋，毫无把柄，不得不聊且迁就，定其一人。插带后，本家出一红单，上写彩缎若干，金花若干，财礼若干，布匹若干，用笔蘸墨，送客点阅。客批财礼及缎匹如其意，则肃客归。归未抵寓，而鼓乐盘担、红绿羊酒在其门久矣。不一刻，而礼币、糕果俱齐，鼓乐导之去。去未半里而花轿花灯、擎燎火把、山人傧相、纸烛供果牲醴之属，门前环侍。厨子挑一担至，则蔬果、殽馔汤点、花棚糖饼、桌围坐褥、酒壶杯箸、龙虎寿星、撒帐牵红、小唱弦索之类，又毕备矣。不待覆命，亦不待主人命，而花轿及亲送小轿一齐往迎，鼓乐灯燎，新人轿与亲送轿一时俱到矣。新人拜堂，亲送上席，小唱鼓吹，喧阗热闹。日未午而讨赏遽去，急往他家，又复如是。

【注释】

〔牙婆驵侩咸集其门〕牙婆，以卖买中介为职业的妇人。驵（音藏上声）侩，一作“驵会”，牙商古称，说合牲畜交易的中间商。《史记·货殖列传》：“节驵会。”裴骃集解引徐广曰：“驵，马侩也。”咸，都；皆。王羲之《兰亭集序》：“群贤毕至，少长咸集。”

〔如蝇附膻〕膻，本指羊臊气，这里指有臭味的肉。

〔其余尾其后接踵伺之〕尾，本动物躯干之后端一段，亦有“在后面”义，如“尾随”。此用作动词，义同“跟”。伺，伺服，伺候服侍之义。

〔姑娘借手睄睄〕睄睄，看看。口语词。

〔尽褫其袂〕褫（音齿），本义夺衣也，引申为“解”“脱”，此指将袖捋上。袂（音妹），衣袖。

〔心与目谋，毫无把柄〕谋，商量。

〔金花若干〕金花，指首饰。

〔山人傧相〕傧（音宾去声）相，迎宾者称傧；赞礼者称相。

〔日未午而讨赏遽去〕遽（音讵），立刻。

【笺疏】

〔扬州人日饮食于瘦马之身者数十百人〕

瘦马，扬州待嫁养女之专称。据金埴《不下带编》卷五载，“瘦马”一词，始见用于白乐天《有感》诗。其文曰：“乐天《有感》诗：‘莫养瘦马驹，莫教小妓女。后事在目前，不信君看取：马肥怕行走，妓长能歌舞，三年五载间，已闻换一主。借向新旧主，谁乐谁辛苦？请君大带上，把笔书此语！’今称扬州养女者曰养瘦马，本此。”

由于扬州有“瘦马”，扬州就形成了卖买“瘦马”的市场。当时扬州瘦马市场颇具规范：卖家广蓄瘦马，调教瘦马，以应买方需要；买家则持币通过牙婆挑选瘦马。如一当意，则置酒、鼓吹、迎送、拜堂一条龙服务，一手交币，一手交瘦马，立马办成。

明王士性《广志绎》卷二，对“扬州瘦马”有详确的记述：“广陵蓄姬妾家，俗称养瘦马，多谓取他人子女而鞠育之，然不啻己生也。天下不少美妇人，而必于广陵者，其保姆教训，严闺门，司礼法，上者善琴棋歌咏，最上者书画，次者亦刺绣女工。至于趋侍嫡长，退让侪辈，极其进退浅深，不失常度，不致憨戆起争，费男子心神，故纳侍者类于广陵觅之。”广陵，扬州之古称。

沈德符《野获编》卷二十三，有《广陵姬》篇：“今人买妾大抵广陵居多。或有嫌其为瘦马，余深非之。妇人以色为命，此李文饶至言。世间粉黛那有阀阅，扬州殊色本少，但彼中以为恒业，即仕宦豪门，必蓄数人，以博厚糈，多者或至数十人。自幼演习进退坐立之节，即应对步趋，亦有次第。且教以自安卑贱，曲事主母，以故大家妬妇，亦有严于他方，宽于扬产者，士人益安之。予久游其地，见鼓吹花舆而出邗关者，日夜不绝。更有贵显过客，寻觅母家眷属，悲喜诸状，时时有之。又见购妾者，多以技艺见收，则大谬不然。如能琴者，不过《颜回》，或《梅花》一段；能画者，不过兰竹数枝；能奕者，不过起局数着；能歌者，不过《玉抱肚》《集贤宾》一二调。面试之后，至再至三，即立簪矣。又能书者，更可哂，若仕客，则写吏部尚书、大学士；孝廉则书第一甲第一名；儒者则书解元、会元等字，便相诧异，以为奇绝，亟纳聘不复他疑。到家使之操笔，则此字之外，不辨波画。盖貌不甚扬，始令习他艺，以速售耳。食之徒骤见，未免叹羡，具法眼者必自能辨。又，其俗最重童女，若还一方白绢者，徵其原值，必立返。以故下山者，即甚姝艳，价仅十之三。”

卷六

彭天锡串戏

彭天锡串戏妙天下，然出出皆有传头，未尝一字杜撰。曾以一出戏，延其人至家费数十金者，家业十万缘手而尽。三春多在西湖，曾五至绍兴，到余家串戏五六十场，而穷其技不尽。天锡多扮丑净，千古之奸雄佞倖，经天锡之心肝而愈狠，借天锡之面目而愈刁，出天锡之口角而愈险。设身处地，恐纣之恶不如是之甚也。皱眉视眼，实实腹中有剑，笑里有刀，鬼气杀机，阴森可畏。盖天锡一肚皮书史，一肚皮山川，一肚皮机械，一肚皮磥砢不平之气，无地发泄，特于是发泄之耳。余尝见一出好戏，恨不得法锦包裹，传之不朽；尝比之天上一夜好月，与得火候一杯好茶，只可供一刻受用，其实珍惜之不尽也。桓子野见山水佳处，辄呼“奈何！奈何！”真有无可奈何者，口说不出。

【注释】

〔然出出皆有传头〕传头，即“师承”义。

〔家业十万缘手而尽〕缘手，随手。缘，沿。

〔皱眉视眼，实实腹中有剑〕视，审视。视眼，带有疑问之眼光。皱眉视眼，神态不扬之貌。实实，真实；确实。

〔一肚皮机械〕一肚皮，“满腹”之谓。机械，犹言以巧为诈。

《淮南鸿烈解·本经训》："机械诈伪，莫藏于心。"

〔恨不得法锦包裹〕法锦，名贵织锦。

【笺疏】

〔三春多在西湖，曾五至绍兴，到余家串戏五六十场，而穷其技不尽〕

彭天锡"曾五至绍兴"，见诸《祁忠敏公日记》至少三次：一，在乙亥年（崇祯八年，1635）六月二十三日，文云"彭天锡自吾越来，亦相晤"；二，在丙子年（崇祯九年，1636）五月十二日，文云"彭天锡见访，偕之过寓山。"此次在绍兴蹲了一个多月，至六月十七日，再到寓山"来别"；三，在庚辰年（崇祯十三年，1640）十一月二十二日，文云"彭天锡同赵孟水来，举五簋于咸畅阁。阅天锡近日所作诗。"十二月十八日，天锡又将访祁，此日记云："闻彭天锡将过访，留待之。"又云"及暮，天锡乃至，举五簋。"祁彪佳待客，五簋为尊，其外父至，亦用五簋。

〔桓子野见山水佳处，辄呼"奈何！奈何！"〕

《世说新语·任诞》："桓子野每闻清歌，辄唤奈何。谢公闻之，曰：'子野可谓一往有深情。'"

目莲戏

余蕴叔演武场搭一大台，选徽州旌阳戏子剽轻精悍、能相扑跌打者三四十人，搬演目莲，凡三日三夜。四围女台百什座，戏子献技台上，如度索舞絙、翻桌翻梯、觔斗蜻蜓、蹬坛蹬臼、跳索跳圈，窜火窜剑之类，大非情理。凡天神地祇、牛头马面、鬼母丧门、夜叉罗刹、锯磨鼎镬、刀山寒冰、剑树森罗、铁城血澥，一似吴道子《地狱变相》，为之费纸札者万钱，人心惴惴，灯下面皆鬼色。戏中套数，如《招五方恶鬼》《刘氏逃棚》等剧，万余人齐声呐喊。熊太守谓是海寇卒至，惊起，差衙官侦问，余叔自往复之，乃安。台成，叔走笔书二对。一曰："果证幽明，看善善恶恶随形答响，到底来那个能逃？道通昼夜，任生生死死换姓移名，下场去此人还在。"一曰："装神扮鬼，愚蠢的心下惊慌，怕当真也是如此。成佛作祖，聪明人眼底忽略，临了时还待怎生？"真是以戏说法。

【注释】

〔四围女台百什座〕四围女台，戏场周边女眷看台。旧时祠堂戏台格局，戏台下是男子观剧处，两厢楼上，则属女眷，如男子擅入，则罚砖瓦以修葺祠堂。张岱尔蕴叔搭戏台于演武场，仿祠堂法，"四围"属女眷。

〔度索舞絙〕两人绳索上相对行走，并交相过。度索，即走索，古代百戏（即杂技）之一种。汉张衡《西京赋》："跳丸剑之挥霍，走索上而相逢。"三国薛综注："索上长绳，系两头于梁，举其中央，两人各从壹头上，交相度，所谓儛絙者也。"絙（音桓），粗索。

〔觔斗蜻蜓〕觔（音巾）斗，即筋斗；人倒立称"竖蜻蜓"，此处"蜻蜓"，是"竖蜻蜓"省称。

〔为之费纸札者万钱〕纸札，以纸、竹扎成车、马、人及日常用具形状，焚而为冥间者用。

〔人心惴惴〕惴（音睡）惴，恐惧、戒惧貌。《诗·秦风·黄鸟》："临其穴，惴惴其栗。"

〔戏中套数〕剧曲或散曲（小令除外）中，数种曲调组成一套，称"套数"

〔果证幽明，看善善恶恶随形答响〕幽明，死生。答响，答应。

〔临了时还待怎生〕了，结束。

〔真是以戏说法〕因尔蕴二对，讲到“善善恶恶”、“成佛作祖”等内容，故“说法”之“法”，当指佛法。

【笺疏】

〔余蕴叔演武场搭一大台，选徽州旌阳戏子剽轻精悍、能相扑跌打者三四十人，搬演目莲，凡三日三夜〕

蕴叔，即尔蕴，张岱三叔。演武场，在绍兴城西南，俗称大教场（今为银都花园小区）。其地为明、清绍兴卫演武场，距张岱诸叔家居地不远，东北二百余米府山麓，即是府衙。

徽州，府名，属安徽，辖境相当于今歙县、休宁、祁门、绩溪、黟县及江西婺源等县域。按绍兴话说，尔蕴请的是徽班。

目连戏。目连，释迦十大弟子之一。为救生母脱离饿鬼道，设盂兰盆会。绍兴在中元节，有追荐亡灵，诵经超度，作盂兰盆会，俗谓之做七月半。

〔凡天神地祇、牛头马面、鬼母丧门、夜叉罗刹、锯磨鼎镬、刀山寒冰、剑树森罗、铁城血瀰，一似吴道子《地狱变相》〕

天神地祇，地祇，土地社稷神。牛头马面，传说中的阎王手下，各长着牛头马面的两个鬼卒。鬼母丧门，丧门，专管死丧哭泣的凶神。夜叉罗刹，夜叉、罗刹，传说中的恶鬼。锯磨鼎镬、刀山寒冰、剑树森罗、铁城血瀰，俱十殿阎罗中景象。血瀰，血糊。吴道子，唐画家，阳翟（今河南禹县）人，以人物画著称。所画衣褶，飘飘欲举，人有称“吴带当风”。《地狱变相》图，是吴道子代表作。

〔熊太守谓是海寇卒至，惊起，差衙官侦问，余叔自往复之，乃安〕

卒至，突然来到。熊太守，名鸣岐，江西丰城人。万历四十一年（1613）任绍兴知府。是年张岱十七岁。

甘文台炉

香炉贵适用，尤贵耐火。三代青绿，见火即败坏，哥、汝窑亦如之。便用便火，莫如宣炉。然近日宣铜一炉价百四五十金，焉能办之？北铸如施银匠亦佳，但粗夯可厌。苏州甘回子文台，其拨蜡范沙，深心有法，而烧铜色等分两，与宣铜款致分毫无二，俱可乱真，然其与人不同者，尤在铜料。甘文台以回回教门不崇佛法，乌斯藏渗金佛，见即锤碎之，不介意，故其铜质不特与宣铜等，而有时实胜之。甘文台自言佛像遭劫已七百尊有奇矣。余曰："使回回国别有地狱，则可。"

【注释】

〔三代青绿〕夏、商、周三代青铜器，《夜航船·玩器》卷十二："三代铜，花觚入土千年，青绿彻骨，以细腰美人觚为第一，有全花、半花，花纹全者身段瘦小，价至数百。山陕出土者为，为商彝、周鼎；河南出土者，为汉器，以其地有潟卤，铜质剥削，不甚贵，故铜器有河南、陕西之别。"

〔哥、汝窑亦如之〕哥、汝窑，《夜航船·玩器》卷十二："汝窑，宋以定州白瓷有芒不堪用，遂命于汝州造青色诸器，冠绝邓、耀二州。哥窑，宋时处州章生一与弟章生二，皆作窑器。哥窑比弟窑色稍白，而断纹多，号白级碎，曰哥窑，为世所珍。"

〔便用便火，莫如宣炉〕便，适宜。宣炉，明宣德年间制作的铜香炉，《夜航船·玩器》卷十二："宣铜，宣德年间三殿火灾，金银铜熔作一块，堆垛如山。宣宗发内库所藏古窑器，对临其款，铸为香炉、花瓶之类，妙绝古今，传为世宝。"

〔但粗夯可厌〕粗夯，粗笨。

〔拨蜡范沙〕拨蜡、范沙，铸造的两种工艺。拨蜡，即失蜡法。范沙，以沙为范成型法。

〔而烧铜色等分两，与宣铜款致分毫无二〕色等，成色等级。款致，样式质地。

【笺疏】

〔苏州甘回子文台〕

甘文台，明苏州著名铸炉名家。

〔甘文台以回回教门不崇佛法，乌斯藏渗金佛，见即锤碎之，不介意〕

甘文台是回族人，崇敬的是伊斯兰教，"乌斯藏渗金佛，见即锤碎之，不介意"。乌斯藏，明代对西藏的称谓。

绍兴灯景

绍兴灯景为海内所夸者无他，竹贱、灯贱、烛贱。贱，故家家可为之；贱，故家家以不能灯为耻。故自庄逵以至穷檐曲巷，无不灯、无不棚者。棚以二竿竹搭过桥，中横一竹，挂雪灯一，灯球六。大街以百计，小巷以十计。从巷口回视巷内，复叠堆垛，鲜妍飘洒，亦足动人。十字街搭木棚，挂大灯一，俗曰“呆灯”，画《四书》《千家诗》故事，或写灯谜，环立猜射之。庵堂寺观以木架作柱灯及门额，写“庆赏元宵”“与民同乐”等字。佛前红纸荷花琉璃百盏，以佛图灯带间之，熊熊煜煜。庙门前高台，鼓吹五夜。市廛如横街轩亭、会稽县西桥，闾里相约，故盛其灯。更于其地斗狮子灯，鼓吹弹唱，施放烟火，挤挤杂杂。小街曲巷有空地，则跳大头和尚，锣鼓声错，处处有人团簇看之。城中妇女多相率步行，往闹处看灯；否则大家小户杂坐门前，吃瓜子糖豆，看往来士女，午夜方散。乡村夫妇多在白日进城，乔乔画画，东穿西走，曰“钻灯棚”，曰“走灯桥”，天晴无日无之。万历间，父叔辈于龙山放灯，称盛事，而年来有效之者。次年，朱相国家放灯塔山。再次年放灯蕺山。蕺山以小户效颦，用竹棚多挂纸魁星灯。有轻薄子作口号嘲之。曰：“蕺山灯景实堪夸，葫篆竿头挂夜叉。若问搭彩是何物，手巾脚布神袍纱。”繇今思之，亦是不恶。

【注释】

〔故自庄逵以至穷檐曲巷〕庄逵，通衢大道。

〔挂大灯一，俗曰“呆灯”〕呆灯，即大灯。绍兴口语有“呆大”一说，因大则笨，笨即呆。呆，因此“大”也。

〔以佛图灯带间之，熊熊煜煜〕间，间隔。熊熊煜煜，光焰明亮貌。

〔锣鼓声错〕错，交杂。

〔乔乔画画〕乔装打扮。

〔葫篆竿头挂夜叉〕葫（音胡）篆（音小），绍兴俗呼细小竹枝条为葫篆。

【笺疏】

〔庵堂寺观以木架作柱灯及门额，写“庆赏元宵”、“与民同乐”等字〕

庵堂寺观为僧道，与“民”有别，故曰“与民同乐”。

〔市廛如横街轩亭、会稽县西桥，闾里相约，故盛其灯〕

横街，府横街之省称，旧绍兴府署前街，今自府山东南麓府桥起，至解放街即是。轩亭，在府横街东端，与解放街交接处。旧时有轩亭，今已不存，仅留地名，称轩亭口。会稽县西桥，桥因在会稽县衙西得名，在县前街与解放街交接处。今存地名。横街轩亭、会稽县西桥一带，一直以来是绍兴商贾繁华之地。

〔父叔辈于龙山放灯，称盛事，而年来有效之者。次年，朱相国家放灯塔山。再次年放灯蕺山〕

“龙山”，即绍兴城内卧龙山，俗称府山。龙山周遭，张氏族居之处，故“父叔辈于龙山放灯”。卷八有《龙山放灯》篇，曰“万历辛丑年，父叔辈张灯龙山”，辛丑，万历二十九年（1601），是年张岱五岁。

“次年，朱相国家放灯塔山”。塔山，在绍兴城内，南麓，明首辅朱赓别业所在。“次年”，万历三十年（1602）。

“蕺山”，在绍兴城内东北角。“小户效颦”放灯，在“再次年”，万历三十一年（1603）。

韵山

大父至老手不释卷，斋头亦喜书画、瓶几布设。不数日，翻阅搜讨，尘堆研表，卷帙正倒参差。常从尘砚中磨墨一方，头眼入于纸笔，潦草作书生家蝇头细字。日晡向晦，则携卷出帘外就天光；爇烛檠高，光不到纸，辄倚几携书就灯，与光俱俯，每至夜分，不以为疲。常恨《韵府群玉》《五车韵瑞》寒俭可笑，意欲广之。乃博采群书，用淮南“大小山”义，摘其事曰《大山》，摘其语曰《小山》，事语已详本韵而偶寄他韵下曰《他山》，脍炙人口者曰《残山》，总名之曰《韵山》。小字襞积，烟煤残楮，厚如砖块者三百余本。一韵积至十余本，《韵府》《五车》不啻千倍之矣。正欲成帙，胡仪部青莲携其尊人所出中秘书，名《永乐大典》者，与《韵山》正相类，大帙三十余本，一韵中之一字犹不尽焉。大父见而太息曰：“书囊无尽，精卫衔石填海，所得几何！”遂辍笔而止。以三十年之精神，使为别书，其博洽应不在王弇州、杨升庵下。今此书再加三十年，亦不能成，纵成亦力不能刻。笔冢如山，只堪覆瓿，余深惜之。丙戌兵乱，余载往九里山，藏之藏经阁，以待后人。

【注释】

〔翻阅搜讨，尘堆研表〕搜讨，搜求与探讨。研表，砚台表面。研，通“砚”。

〔日晡向晦〕晦，暗。

〔就天光；爇烛檠高，光不到纸〕就，靠近，趋向。爇（音溺），点燃。檠（音擎），灯架，苏轼《侄安节远来夜坐》诗有“梦断酒醒山雨绝，笑看饥鼠上灯檠”句。檠也指灯。

〔常恨《韵府群玉》《五车韵瑞》寒俭可笑〕《韵府群玉》，元初阴时夫撰，是我国现存最早的一部韵书，《四库全书》收录其书，《四库全书提要》有曰：“元代押韵之书，今皆不传，传者以此书为最古。世所通行之韵，亦即从此书录出。”《五车韵瑞》，明凌稚隆著，清康熙年间之《佩文韵府》，是在《韵府群玉》、《五车韵瑞》基础上撰成。

〔小字襞褶，烟煤残楮〕襞（音璧）褶（音积），衣上的褶子，此指小字如衣褶，笔笔相连，字字相连。烟煤残楮，墨色不好，字迹了草。烟煤，劣等墨。楮（音楚），木名，皮可以制为纸，因此而为纸的代称。残楮，纸之残片。

〔大父见而太息曰〕太息，长叹。

〔遂辍笔而止〕辍笔，停笔。

〔以三十年之精神，使为别书，其博洽应不在王弇州、杨升庵下〕弇州，王世贞号，明太仓（今江苏）人，嘉靖进士，官至南刑部尚书。与李攀龙同是“后七子”首领。升庵，杨慎号，明四川新都人。正德六年（1511）状元，有著述百余种。博洽，知识渊博，《后汉书·杜林传》：“林从竦（张竦）受学，博洽多闻。”

〔笔冢如山，只堪覆瓿〕冢，坟。笔冢，埋笔之土堆。堪，可以。覆瓿，见校勘。

【笺疏】

〔丙戌兵乱，余载往九里山〕

丙戌，清顺治三年（1646），六月以前，鲁王在绍兴监国，六月鲁王败走舟山，此即所谓“丙戌兵乱”。九里山，在绍兴城西南九里。其山肩处有表胜庵（天瓦庵），为张汝霖所筑。

【校勘】

〔日晡向晦，则携卷出帘外就天光；爇烛檠高，光不到纸，辄倚几携书就灯，与光俱俯，每至夜分，不以为疲〕

上海古籍出版社本作“日晡向晦，则携卷出帘外，就天光爇烛，檠高光不到纸，辄倚几携书就灯，与光俱俯，每至夜分，不以为疲。”

张岱祖父张汝霖，有爱好读书，到“至老手不释卷”程度。张岱写到两细节：一，读书到黄昏，室内光线昏暗，携书室外接残阳光读；二，夜晚燃烛以读，烛台加上烛长，书远光弱，不能看清书页上字，于是“携书就灯，与光俱俯”。

室外，日晡“向晦”，天还未暗下来，尚可“就天光”读，张汝霖故“携卷出帘外”。既然能“就天光”读，为何还要点燃蜡烛，即所谓“就天光爇烛”？如“就天光爇烛”成立，后面一节事“倚几携书就灯，与光俱俯，每至夜分，不以为疲”，岂不亦发生在室外了。此处标点，逻辑文理不通。今改。

〔小字襞襀〕

襞襀，乾隆甲寅本、粤雅堂本均作“襞绩”。上海古籍出版社本作“襞襀”。襞襀，亦作“襞积”。《汉书·司马相如传》：“襞积褰绉。”颜师古曰：“襞积，即今之裙褶。”

〔厚如砖块者三百余本〕

“砖块”之“块”，上海古籍出版社本作“块”；粤雅堂本作“魂”。魂，不作“块”解。

〔只堪覆瓿〕

覆瓿（音部）之“瓿”，上海古籍出版社本用“瓿”。乾隆甲寅本用“甏”；粤雅堂本用“瓺”。瓿，古器名，陶或青铜制，腹深，可盛酒酱之类。覆瓿，形容著作没有价值，其纸页只能用以覆盖瓿口。李渔《曲话·结构》：“著书仅供覆瓿之用，虽多亦奚以为？”

天童寺僧

戊寅，同秦一生诣天童访金粟和尚。至山门，见万工池绿净可鉴须眉，傍有大锅覆地，问僧，僧曰："天童山有龙藏，龙常下饮池水，故此水刍秽不入。正德间，二龙斗，寺僧五六百人撞钟鼓撼之，龙怒，扫寺成白地，锅其遗也。"入大殿，宏丽庄严。折入方丈，通名刺。老和尚见人便打，曰"棒喝"。余坐方丈，老和尚迟迟出，二侍者执杖、执如意先导之，南向立，曰："老和尚出。"又曰："怎么行礼？"盖官长见者皆下拜，无抗礼，余屹立不动，老和尚下，行宾主礼。侍者又曰："老和尚怎么坐？"余又屹立不动，老和尚肃余坐。坐定，余曰："二生门外汉，不知佛理，亦不知佛法，望老和尚慈悲，明白开示。勿劳棒喝，勿落机锋，只求如家常白话，老实商量，求个下落。"老和尚首肯余言，导余随喜。早晚斋方丈，敬礼特甚。余遍观寺中僧匠千五百人，俱舂者、碓者、磨者、甑者、汲者、爨者、锯者、劈者、菜者、饭者，狰狞急遽，大似吴道子一幅《地狱变相》。老和尚规矩严肃，常自起撞人，不止"棒喝"。

【注释】

〔至山门，见万工池绿净可鉴须眉〕万工池，在天童寺山门前，至今仍存（见图）。池颇广。

〔正德间〕明朝武宗朱厚照年号。正德朝十六年，丙寅，为正德元年（1506）。

〔折入方丈，通名刺〕方丈，佛教名词，原指禅寺长老或住持居处，亦以称寺院主寺院者。名刺，即名帖、名片。元稹《重

酬乐天》诗："最笑近来黄叔度，自投名刺占陂湖。"赵翼《陔馀丛考》卷三十"名帖"："古人通名，本用削木书字，汉时谓之谒，汉末谓之刺。汉以后则虽用纸，而仍相沿用刺。"

〔二侍者执杖、执如意先导之〕如意，一种礼器，柄状，一般为玉雕，亦称如意柄。

〔盖官长见者皆下拜，无抗礼〕抗礼，以平等的礼节相待。《史记·刘敬孙叔通列传》："岂尝闻外孙敢与大父抗礼者哉！"有成语"分庭抗礼"。

〔望老和尚慈悲，明白开示〕开示，开导晓示。

〔勿落机锋〕机锋，佛家禅宗用语，指问答迅捷机警，面上无遗迹象，深意蕴含之语。

〔求个下落〕下落，着落；结果。

〔老和尚首肯余言，导余随喜〕首肯，点头许可。随喜，佛教用语，游览寺院。

【笺疏】

〔戊寅，同秦一生诣天童访金粟和尚〕

戊寅，明崇祯十一年（1638），是年张岱四十二岁。天童，寺名，在鄞县太白山麓。

秦一生，见卷一《天砚》笺疏、卷七《阿育王寺舍利》笺疏。

水浒牌

古貌、古服、古兜鍪、古铠胄、古器械，章侯自写其所学

所问已耳，而辄呼之曰宋江，曰吴用，而宋江、吴用亦无不应者，以英雄忠义之气，郁郁芊芊，积于笔墨间也。周孔嘉丐余促章侯，孔嘉丐之，余促之，凡四阅月而成。余为作缘起曰：“余友章侯，才足掞天，笔能泣鬼，昌谷道上，婢囊呕血之诗；兰渚寺中，僧秘开花之字。兼之力开画苑，遂能目无古人，有索必酬，无求不与。既蠲郭恕先之癖，喜周贾耘老之贫，画《水浒》四十人，为孔嘉八口计，遂使宋江兄弟，复睹汉官威仪。伯益考著《山海》遗经，兽毨鸟氄，皆拾为千古奇文；吴道子画《地狱变相》，青面獠牙，尽化作一团清气。收掌付双荷叶，能月继三石米，致二斗酒，不妨持赠；珍重如柳河东，必日灌蔷薇露，薰玉蕤香，方许解观。非敢阿私，愿公同好。”

【注释】

〔古兜鍪〕兜鍪（音谋），古代军士头盔。

〔铠胄〕古代军士铠（音恺）甲头盔。

〔郁郁芊芊，积于笔墨间也〕郁郁芊（音浅）芊，本指草木茂盛貌，《列子·力命》：“美哉国乎！郁郁芊芊。”此借指文笔秀美。

〔周孔嘉丐余促章侯〕丐，乞求。促，催促。

〔凡四阅月而成〕阅，经历。

〔才足掞天，笔能泣鬼〕掞（音艳），发舒；铺张。左思《蜀都赋》：“摛藻掞天庭。”泣鬼，李白《乌栖曲》诗，贺知章见之赞其诗才，曰“此诗可以泣鬼神矣”。

〔昌谷道上，婢囊呕血之诗〕唐诗人李贺，家居昌谷。李贺每日出门，肩负锦囊，遇有所得，即纳之囊中。母见之曰：“是儿呕出心肝乃已。”

〔兰渚寺中，僧秘开花之字〕此指章侯才情，书艺可与右军比美。萧翼赚《兰亭序》在云门寺，此言“兰渚寺中”，点明的是《兰亭序》创作之所。兰渚，山名，在绍兴西南二十里，麓为古兰亭，王羲之修禊书写《兰亭序》处。辨才和尚秘藏《兰亭序》真迹，被御史萧翼赚入库存内，唐玄宗开展，洛阳花卉一时尽开，故曰“僧秘开花之字”。

〔伯益考著《山海》遗经，兽毨鸟氄，皆拾为千古奇文〕伯益，大禹之臣子。《山海经》传为其著。毨（音诜）、氄（音冗），均与鸟兽毛羽有关。毨，鸟兽毛羽齐整貌。《书·尧典》：“鸟兽毛毨。”孔传：“毨，理也，毛更生整理。”氄，鸟兽贴近皮肤的细软绒毛。《书·尧典》：“鸟兽氄毛。”孔传：“鸟兽皆生软毳细毛以自温。”

〔收掌付双荷叶〕双荷叶，贾耘老妾名。此借指周孔嘉妻。

〔珍重如柳河东，必日灌蔷薇露，薰玉蕤香，方许解观〕柳宗元，因其祖籍河东（今山西永济），人称柳河东。唐《好事集》有云，柳宗元得韩愈所寄诗，必先以蔷薇露洗手，香味四溢，才启封阅读。薰，一种香草，亦指为花草之芳香；蕤（音锐），草木花下垂貌，陆机《文赋》：“播芳蕤之馥馥。”蕤香，草木花香味弥漫。

〔非敢阿私〕阿私，偏袒，庇护。

【笺疏】

〔既蠲郭恕先之癖〕

去掉郭恕先应付求画者那种癖好。蠲（音捐），通“捐”，除去；减免。宋初画家郭忠恕，字恕先，洛阳人。郭恕先寓岐山下，有富家子喜欢画，日给美酒，待之甚厚，久乃以情言，且致匹素求画。郭为画儿童持线车放风筝，引线数丈，匹素满之。富家子大怒，与郭遂绝。

〔喜周贾耘老之贫〕

喜欢周济贾耘老的贫困。周，周济。贾耘老，名收，宋乌程（今吴兴）人。苏轼礼敬贾耘老，称若有月供米酒，以终其世者，将苏赠贾耘老之古木怪石画作，转赠以酬谢。此即所谓“喜周贾耘老之贫”。

光绪《乌程县志·人物》卷十二：“贾收，字耘老，乌程人，以诗著名。杭州有美堂士大夫留题甚众，苏轼定诗之高下，以收为冠。居定安门内横塘，有水阁，曰‘浮晖’，轼及李常为州，屡过之，唱酬极多。收喜饮酒，家贫，轼每念之，为作古木怪石，书其后以赠，云若吴兴有好事，能为君月致米三石、酒三斗，终君之世者，当便以赠之。轼去，收作亭名以‘怀苏’。轼谪齐安，每月朔取钱四千五百，断为三十块，挂屋梁上，平旦用画叉挑取一块，即藏去叉，以竹筒贮用不尽者，以待宾客，云此贾耘老法也。后滕元发知湖州，轼柬之云：‘郡人有贾耘老者，有行义，极能诗，愿公时一顾，慰其牢落。’元发亦致礼焉。轼在常州，收往见之，轼有答收诗，云：‘今年太守真卧龙，过我三间水池阁。故人改观争来贺，小儿不信犹疑错。’指元发也。收有诗一编，号《怀苏集》。”

〔画《水浒》四十人，为孔嘉八口计，遂使宋江兄弟，复睹汉官威仪〕

《水浒叶子》，是陈章侯代表作。所画四十人，依次为：宋江、林冲、呼延灼、卢俊义、鲁智深、史进、孙二娘、张顺、李俊、燕青、杨志、朱仝、解珍、施恩、时迁、雷横、扈三娘、张清、朱武、吴用、董平、阮小七、石秀、安道全、关胜、穆和、樊瑞、戴宗、公孙胜、索超、柴进、武松、花荣、李应、刘唐、秦明、李逵、顾大嫂、萧让、徐宁。

烟雨楼

嘉兴人开口烟雨楼，天下笑之，然烟雨楼故自佳。楼襟对莺泽湖，涳涳蒙蒙，时带雨意，长芦高柳，能与湖为浅深。湖多精舫，美人航之，载书画茶酒，与客期于烟雨楼。客至则载之去，舣舟于烟波缥缈。态度幽闲，茗炉相对，意之所安，经旬不返。舟中有所需，则逸出宣公桥、角里街，果蓏蔬鲜，法膳琼苏，咄嗟立办，旋即归航。柳湾桃坞，痴迷伫想，若遇仙缘，洒然言别，不落姓氏。间有倩女离魂，文君新寡，亦效颦为之。淫靡之事，出以风韵，习俗之恶，愈出愈奇。

【注释】

〔然烟雨楼故自佳〕故自，并列结构，原本、本来。故，“本”义。《史记·魏豹彭越列传》：“魏豹者，故魏国诸公子也。”自，原来的样子。《汉书·李广传》：“会暮，吏士无人色，而广意气自如。”颜师古注：“自如，犹云如旧。”

〔楼襟对莺泽湖〕襟（音巾）对，面对。莺泽湖，今称嘉兴南湖。

〔涳涳蒙蒙，时带雨意〕苏轼《饮湖上初晴后雨》诗，有“水光潋滟晴方好，山色空蒙雨亦奇”句，空蒙，即“涳蒙”。涳蒙，微雨迷茫貌。涳涳蒙蒙，是“涳蒙”复叠词，义同。

〔与客期于烟雨楼〕期，约会。《诗·鄘风·桑中》：“期我乎桑中。”

〔法膳琼苏，咄嗟立办〕法膳，上得了桌的美味餐饮；琼苏，即琼酥，名贵食品。咄嗟立办，主人一吩咐，仆人立刻就办好。咄嗟，一呼一诺之间，表时间迅速，一霎时，顷刻。《晋书·石崇传》:“为客作豆粥，咄嗟便办。”

〔间有倩女离魂，文君新寡，亦效颦为之〕倩(音歉)女离魂，倩女，姓张，与王文举相爱，为母阻挠，于是上京赶考。张倩女思念深切，魂魄离身，赶上赴京途中张文举，结为夫妇。事见元郑光祖撰杂剧《迷青琐倩女离魂》。文君新寡，文君，姓卓，西汉临邛(今四川邛崃)人，卓王孙女，丧夫后家居，与司马相如相恋，奔成都而为夫妻。

〔淫靡之事，出以风韵〕出以风韵，以风流韵事面目出现。

【笺疏】

〔**嘉兴人开口烟雨楼，天下笑之，然烟雨楼故自佳**〕

光绪《嘉兴府志·古迹》卷十四:“烟雨楼，鸳鸯湖东有烟雨楼，五代时中吴节度使景陵王钱元璙，筑台为登眺之所。建炎中废。嘉定间吏部尚书王希吕因旧址建楼，有司相继拓治为一方之胜。元季杨苗之乱，毁。明嘉靖戊申，知府赵瀛修浚内隍，令民出土崇其故址；隆庆辛未，兵备沈奎筑石台于楼后。万历壬午，郡宁龚勉复筑层台，曰‘钓鳌矶’。庚子，郡守刘应钶修葺，以湖为放生池，立碑曰‘鱼乐国’，凝碧亭、浮玉亭并在楼侧。国朝顺治十八年，知府许焕重建，寻废。康熙二十年，同知李舜有重修，又圮。雍正八年，总督李卫重建。楼旁更创亭轩杰阁，以复旧迹。”

〔**楼襟对莺泽湖，淴淴蒙蒙，时带雨意，长芦高柳，能与湖为浅深**〕

烟雨楼襟对之“莺泽湖”，即光绪《嘉兴府志·山川》所载之“滮湖”，因其亦称南湖，或系素有南湖之称的鸳鸯湖之一部。

滮湖，府志载曰：“滮湖，亦名马场湖，在县南二里。滮湖亦称南湖，西则灯含窣堵，北则虹饮濠梁，倚水千家，背城百雉，蒹葭杨柳，菱叶荷花，绿漫波光，碧开天影，雕舷笙瑟，靡间凉燠，此一方最胜处也。”

鸳鸯湖，府志载曰：“鸳鸯湖，槜李泽国也。东南皆陂湖，而南湖尤大，计百有二十顷，而其利实潴水以资土田，灌溉其产蒲菱馀茭艿鸡雍之属，而鲜莒味特芳甘，肤色凝绿，他所无有也。其禽则鸍鹥舂锄鸡鹕洿泽而多鸳鸯，故名鸳鸯湖，或云东西两湖相连，故谓之鸳鸯湖。今以其居南方，又谓之南湖云。一名双湖。湖在府城南半里许，长水归焉。考至元志不载此湖，而东坡过秀州，赠钱端公安道诗，有‘鸳鸯湖边月如水，孤舟夜榜鸳鸯起’之句，则其名早著矣。”

〔**舟中有所需，则逸出宣公桥、角里街**〕

宣公桥、角里街，俱在嘉兴府城外南湖边。光绪《嘉兴府志》载有宣公坊、角里坊，此两坊，应是集市所在，故“舟中有所需，则逸出宣公桥、角里街”。

朱氏收藏

朱氏家藏，如龙尾觥、合卺杯，雕镂锲刻真属鬼工，世不再见。余如秦铜汉玉、周鼎商彝、哥窑倭漆、厂盒宣炉、法书名画、晋帖唐琴，所畜之多与分宜埒富，时人讥之。余谓博洽好古，犹是文人韵事，风雅之列，不黜曹瞒；鉴赏之家，尚存秋壑。诗文书画未尝不抬举古人，恒恐子孙效尤，以袖攫石、攫金银以赚田宅，豪夺巧取，未免有累盛德。闻昔年朱氏子孙，有欲卖尽“坐朝问道”四号田者，余外祖兰风先生谑之曰：“你只管坐朝问道，怎不管垂拱平章？”一时传为佳话。

【注释】

〔如龙尾觥、合卺杯〕觥（音肱），兽角制的酒器。合卺（音紧）杯，结婚男女同杯饮酒之杯。

〔哥窑倭漆〕哥窑，见前《甘文台炉》篇。倭漆，《夜航船·玩器》卷十二：“倭漆，漆器之妙，无过日本。宣德皇帝差杨瑄往日本教习数年，精其技艺。故宣漆器比日本等精。”

〔厂盒宣炉〕厂盒，《夜航船·玩器》卷十二：“厂盒，古延厂，永乐年间所造，重枝叠叶，坚若珊瑚，稍带沉色。新厂宣德年间所造，雕镂极细，色若朱砂，鲜艳无比，有蒸饼式、甘蔗节二种，愈小愈妙，享价极重。”宣炉，见前《甘文台炉》篇。

〔法书名画〕有书法艺术成就的作品，叫“法书”。

〔所畜之多与分宜埒富〕畜，积储。

〔风雅之列，不黜曹瞒〕黜，废除。曹瞒，曹操。

〔鉴赏之家，尚存秋壑〕秋壑，贾似道。

〔恒恐子孙效尤〕恒恐，常常害怕；效尤，学坏样子。尤，错误。《左传·庄公二十一年》：“郑伯效尤，其亦将有咎。”

〔以袖攫石、攫金银以赚田宅〕袖，此处借代为“手”，《康熙字典》注曰：“手所出入也，亦言受也。”攫（音决），夺取。《列子·说符》：“因攫其金而去。”

〔未免有累盛德〕累，使受害。《书·旅獒》：“不矜细行，终累大德。”

〔余外祖兰风先生谑之曰〕外祖兰风先生，见卷四《雪精》篇笺疏。

【笺疏】

〔朱氏家藏〕〔所富之多与分宜埒富，时人讥之〕

朱氏，指朱赓家，其家积储之多，可“与分宜埒富”，埒（音劣），相等。《史记·平准书》：“故吴诸侯也，以即山铸钱，富埒天子。”朱赓家藏之富，与“分宜埒”，“分宜”，是江西分宜人严嵩。严嵩，明朝大奸臣，将朱赓家藏与严嵩比，再一句“时人讥之”，可以窥见张岱下笔之意。朱赓家，是张岱父亲外婆家，知道自然多些。篇末“闻昔年朱氏子孙，有欲卖尽‘坐朝问道’四号田者，余外祖兰风先生谑之曰：‘你只管坐朝问道，怎不管垂拱平章？’一时传为佳话”一句，若无讥讽意，何必撰此。

仲叔古董

葆生叔少从渭阳游，遂精赏鉴。得白定炉、哥窑瓶、官窑酒匜，项墨林以五百金售之，辞曰：“留以殉葬。”癸卯，道淮上，有铁梨木天然几，长丈六、阔三尺，滑泽坚润非常理。淮抚李三才百五十金不能得，仲叔以二百金得之，解维遽去。淮抚大恚怒，差兵蹑之，不及而返。庚戌，得石璞三十斤，取日下水涤之，石罅中光射如鹦哥祖母，知是水碧，仲叔大喜。募玉工仿朱氏龙尾觥一，合卺杯一，享价三千，其余片屑寸皮皆成异宝。仲叔赢资巨万，收藏日富。戊辰后，倅姑熟，倅姑苏，寻令盟津。河南为铜薮，所得铜器盈数车，美人觚一种大小十五六枚，青绿彻骨如翡翠，如鬼眼青，有不可正视之者，归之燕客，一日失之，或是龙藏收去。

【注释】

〔癸卯，道淮上〕癸卯，万历三十一年（1603），是年张岱七岁。

〔淮抚大恚怒〕恚（音会），愤怒；怨愤。

〔庚戌，得石璞三十斤〕庚戌，万历三十八年（1610），是年张岱十四岁。璞（音朴），内蕴玉的石头。

〔石罅中光射如鹦哥祖母，知是水碧〕罅（音吓），裂缝。鹦哥、祖母，两物色皆绿。鹦哥，羽绿。祖母，祖母绿，一种绿色的宝石。水碧，一种色绿高贵玉石。

〔归之燕客，一日失之，或是龙藏收去〕燕客，张葆生子。见卷八《瑞草溪亭》笺疏。龙藏，龙宫之经藏也。

【笺疏】

〔葆生叔少从渭阳游，遂精赏鉴〕〔戊辰后，倅姑熟，倅姑苏，寻令盟津。河南为铜薮，所得铜器盈数车〕

清山阴人平步青《霞外攟屑·张葆生》卷四，云：“《佩文斋书画谱》卷五十八‘张尔葆，字葆生，松江人，弱冠即有名画苑，写生入能品。后善山水，与李长蘅、董思白齐名。其壻陈洪绶得其画法。’注出《山阴志》。按：尔葆原名[火联]芳。号二酉。文恭公元忭孙。雨若副使汝霖次子。陶庵先生岱仲父也。万历戊午顺天副贡生。历官太平、苏州通判、孟泽（娄注：津，误为泽）知县、扬州同知。管清江船厂。甲申二月十日卒。见《张氏谱》。《山阴志》何以以本邑人为松江？不可解也。《柳亭诗话》卷十五云：'萧山来南老吕禧，老莲妇弟也，从之学画，而变其习。'殆二酉女殁，再娶于来耶？诸家撰老莲传，无溯其学画渊源，与传授门弟子者，故摭书之。"

仲叔得副贡生，在"戊午"，万历四十六年（1618）。"戊辰后"，戊辰，崇祯元年（1628）。姑熟，安徽当涂县别称；姑苏，苏州别称；盟津，县名，即孟津县，在河南。

张尔葆得"铁梨木天然几"，惹怒淮抚，与《琅嬛文集·附传》，略有不同："癸卯落第，至淮安，有贾客以铁藜天然几货者，淮抚李修吾以百金相值，仲叔以二百金得之，放舟亟行。李修吾飞骑追蹑，见朱文懿勘合，不敢问而返"。

朱文懿，即当朝首辅朱赓，张尔葆的外祖父。李三才追铁藜木几，是在张尔葆"癸卯落第"之年，即万历三十一年（1603）。

《仲叔古董》言曰"不及而返"，是张岱晚年笔。

〔**得白定炉、哥窑瓶、官窑酒匜，项墨林以五百金售之，辞曰："留以殉葬。"**〕

白定炉，瓷器名，出定州（在今河北定县一带）。《夜航船·玩器》卷十二："定窑，有白定、花定，制极质朴，其色呆白，毫无火气。"

《琅嬛文集》卷四有《白定炉铭》，铭曰："五百缗，岂余诳！固辞之，以殉葬。"铭前序曰："二酉叔收藏白定炉，松文惨淡。嘉禾项墨林以五百金售之，二叔辞'以殉葬'。"

哥窑瓶，《琅嬛文集》卷四有《哥窑卝髻瓶铭》，铭曰："持之弗易，一跌百碎。"铭前有序："二酉叔收藏卝髻瓶，高六寸许，下截如纸堆，而色泽浏漓，入手欲堕。"

匜（音移），本盥器，似羹魁，柄中有道，可以注水。此处言以

“官窑酒匜”，表明此“匜”，质为瓷百烧于“官窑”。官窑，指宋政和间（1111 ～ 1117）内府于汴州建窑所烧瓷，称“官窑”。

项墨林，明著名收藏家。光绪《嘉兴府志·秀水文苑》卷五十三：“项元汴，字子京，博雅好古，不习举业。万历间被征不起。席豪赀，天下法书名画、鼎彝玉石诸珍秘，不胫而至。获古琴有‘天籁’字，遂以颜其储藏之阁。辨别真赝，析其苗发。通八法、六法，书出入智永、赵吴兴；画山水，学黄公望、倪瓒。尤醉心于倪，得其胜趣。兼善墨竹梅兰，同时娄东王世贞，搜罗名品，亦不遗余力，然不逮远甚。嘉隆以还，宇内称鉴赏家第一。每以私印钤书画，累累满幅，或识其价若干于尾。又精心计，尝选匠授意造器具，凡几榻架柜奁盒之属，镌以铭款，皆致巧绝人。二百年来，天籁阁所藏流散人间，往往采入内廷，屡荷天章，题其遗迹，实异代稀觏之荣也。”

〔淮抚李三才百五十金不能得〕

淮抚李三才，陕西临潼人，字道甫，万历二年（1574）进士。二十七年（1599），以右佥都御史，总督漕运、巡抚凤阳诸府，在任十余年。万历三十九年（1611）引退家居。天启三年（1623），起为南京户部尚书，未赴而卒。李三才追“铁梨木天然几”，排来正在其为“淮抚”任上。

噱社

仲叔善诙谐，在京师与漏仲容、沈虎臣、韩求仲辈结“噱社”，唼喋数言，必绝缨喷饭。漏仲容为帖括名士，常曰：“吾辈老年读书做文字，与少年不同。少年读书，如快刀切物，眼

光逼注皆在行墨空处，一过辄了。老年如以指头掐字，掐得一个只是一个，掐得不着时只是白地。少年做文字，白眼看天，一篇现成文字挂在天上，顷刻下来，刷入纸上，一刷便完。老年如恶心呕吐，以手扼入齿哕出之，出亦无多，总是渣秽。”此是格言，非止谐语。一日，韩求仲与仲叔同宴一客，欲连名速之，仲叔曰：“我长求仲，则我名应在求仲前，但缀绳头于如拳之上，则是细注在前，白文在后，那有此理！”人皆失笑。沈虎臣出语尤尖巧，仲叔候座师收一帽套，此日严寒，沈虎臣嘲之曰：“座主已收帽套去，此地空余帽套头；帽套一去不复返，此头千载冷悠悠。”其滑稽多类此。

【注释】

〔唼喋数言，必绝缨喷饭〕唼（音匝）喋（音牒），水鸟或鱼类聚食貌，此借用为言谈。绝缨喷饭，是“噱”之效果。缨，缨络，绳带，此处可以解为裤带。绝缨，绷断裤带。

〔少年做文字，白眼看天〕白眼，眼睛朝上或向旁边看，露出眼白。白眼，表示轻蔑或厌恶。晋名士阮籍，曾以白眼对嵇喜。

〔以手扼入齿哕出之〕哕（音月），《正字通·口部》：“方书谓有物无声曰吐，有声无物曰哕，有声有物曰呕。”如按“有声无物曰哕”理解，“齿哕”之“哕”之其微，于此可见。

〔非止谐语〕谐语，诙谐之语，与“庄”相对。

〔仲叔候座师收一帽套〕座师，明清时，举人、进士对本科主考官的尊称。亦称座主。张葆生座师姓侯。收，收受。

【笺疏】

〔仲叔善诙谐，在京师与漏仲容、沈虎臣、韩求仲辈结“噱社”〕

噱社，提倡以诙谐、幽默为宗旨的社团。噱，大笑，《汉书·叙传上》："谈笑大噱。"

幽默，外来词，汉语则曰噱、曰谑。中国旧时文人，言谈举止，亦讲究幽默，张岱仲叔与漏仲容等所结"噱社"即其明证。漏仲容，绍兴名士，善帖括，以布衣终。嘉庆《山阴县志·乡贤二》卷十四，载："漏坦之，字仲容，嗜学善属文，王思任出其门下，然试辄不售，以布衣终。"漏仲容应试，到老勿中，难怪他在《噱社》这篇文章中，有这些"卖老"言语。

明文学家王思任，诗文自成一派，又极具民族气节，号"谑庵"，漏仲容"噱"之衣钵，至其而传以为"谑"。王思任撰《文饭小品》，有《悔谑》四十则，其中一则："豫章罗生讲学曰：'他人银子不可看作自家的，他人妻子不可当作自家的。'谑庵起坐一躬，曰：'是。'"读来亦令人绝缨喷饭。

沈虎臣，《野获编》作者。光绪《嘉兴府志·秀水文苑》卷五十三："沈德符，字虎臣，自邠子。万历戊午举人。生禀异质，日读一寸书，自两宋以来史乘别集，以及国家掌故，往往能敷陈其本末，网罗放失，勒成一家言，颇资考证。事母孝，抚侄如子。不附党援，孜孜以汲引后进为任。著有《清权堂诗文集》。"

韩求仲，光绪《归安县志·文苑》卷三十六："韩敬，字求仲，号止修，归安人。绍子。万历三十八年会试、廷对俱第一，授翰林修撰。为忌者所中，迁行人。未几，归。性卓荦，遭踬后著书自娱，所选文在文闲诸集，为后学津梁。子繹祖、纯玉。"

据县志载，韩求仲是万历三十八年（1610）庚戌榜状元，"为忌者所中，迁行人。未几，归"，这中间有啥曲折呢？

《明史·孙振基传》卷二百三十六，有载《韩敬传》，曰："韩敬者，归安人也，受业宣城汤宾尹。宾尹分校会试，敬卷为他考官所弃。宾尹搜得之，强总裁侍郎萧云举、王图录为第一。榜发，士论大哗。知贡举侍郎吴道南欲奏之，以云举、图资深，嫌挤排前辈，隐不发。及廷对，宾尹为敬夤缘得第一人。后宾尹以考察褫官，敬亦称病去事三年矣。”

不管韩求仲状元如何得来，县志称“未几，归”，《明史》载“敬亦称病去事三年矣”，却是事实。因其“性卓荦”，韩敬与张岱仲叔、漏仲容辈，始得以结“噱社”，笑对人生。

〔**一日，韩求仲与仲叔同宴一客，欲连名速之，仲叔曰：“我长求仲，则我名应在求仲前，但缀绳头于如拳之上，则是细注在前，白文在后，那有此理！”人皆失笑**〕

速之，邀请他。求仲、仲叔，同宴请“一客”，请柬署名，谁前谁后，引出一场笑。“人皆失笑”在于：先是“求仲”，恳求排行在“仲”之人前，由此，张尔葆这位“仲叔”，名应在“求仲”后，然而这位“仲叔”，年龄比韩求仲“长”，按长幼次序，当是“仲叔”在前，“求仲”在后，此犹如“细注在前，白文在后”，又以“缀绳头于如拳之上”作比，于是哄堂。

“细注在前，白文在后”。古文句中注释，采用小字，故曰“细注”；白文，文章正文。

注前文后，颠倒了位置。

〔**沈虎臣嘲之曰：“座主已收帽套去，此地空余帽套头；帽套一去不复返，此头千载冷悠悠。”**〕

沈虎臣之嘲，套用唐诗人崔颢《黄鹤楼》诗句，有曰“昔人已乘黄鹤去，此地空余黄鹤楼。黄鹤一去不复返，白云千载空悠悠。”

鲁府松棚

报国寺松，蔓引𨩬委，已入藤理。入其下者，蹒跚跼蹐，气不得舒。鲁府旧邸二松高丈五，上及檐甃，劲竿如蛇脊，屈曲撑距，意色酣怒，鳞爪拿攫，义不受制，鬣起针针，怒张如戟。旧府呼“松棚”，故松之意态情理无不棚之。便殿三楹盘郁殆遍，暗不通天，密不通雨。鲁宪王晚年好道，尝取松肘一节，抱与同卧，久则滑泽酣酡，似有血气。

【注释】

〔蔓引𨩬委〕枝干伸展下垂且曲折。𨩬（音朵），下垂。杜甫《醉为马所坠诸公携酒相看》：“江村野堂争入眼，垂鞭𨩬鞚凌紫陌。”

〔蹒跚跼蹐〕跼（音局）蹐（音积），即蹒跚小步。

〔屈曲撑距，意色酣怒〕酣怒，盛怒。

〔义不受制〕裁制事物使各相宜，即事物所遵循之理，曰“义”。制，束缚。

〔鬣起针针，怒张如戟〕鬣（音猎），松针。段成式《酉阳杂俎·广动植之三》：“松凡言两粒五粒，粒当言鬣。”

〔故松之意态情理无不棚之〕意态，形态。

〔尝取松肘一节〕肘（音帚），原指臂弯处。松肘，松枝弯曲一段。

〔久则滑泽酣酡〕酣酡（音驼），本指醉酒而脸色发红，此借指松肘浸染人气而色红。

【笺疏】

〔鲁府旧邸二松高丈五〕

鲁府，是明王朝在山东兖州的藩王府署。张岱父曾为鲁府右长史，鲁藩之典故行状，大都从其父口中得。

对于鲁府松，除《鲁府松棚》外，张岱有《兖州鲁府松栅歌》："灵光殿前五丈阔，马鬣一松同叱拨。满殿铺来不见天，怒枝纵横如攫夺。北地无松松似藤，蹬踞蹒跚成龙形。蓊郁离披无限地，犹然屈尔使为栅。檐前毵毵松毛积，树头绿雪深三尺。恐尔佻傝学梅梁，夜半腾骧愁破壁。虬枝倾堕藉人扶，硃柱支撑百尺蜈。泰山或是其苗裔，殿上犹称五大夫。"

【校勘】

〔鲁府松棚〕

《鲁府松棚》之"棚"，诗《兖州鲁府松栅歌》作"栅"。

一尺雪

"一尺雪"为芍药异种，余于兖州见之。花瓣纯白，无须萼，无檀心，无星星红紫，洁如羊脂，细如鹤翮，结楼吐舌，粉艳雪腴。上下四旁方三尺，干小而弱，力不能支，蕊大如芙蓉，辄缚一小架扶之。大江以南，有其名无其种，有其种无其土，盖非兖勿易见之也。兖州种芍药者如种麦，以邻以亩。花时宴客，棚于路、彩于门、衣于壁、障于屏、缀于帘、簪于席、裀于阶者毕用之，日费数千勿惜。余昔在兖，友人日剪数百朵送寓所，堆垛狼藉，真无法处之。

【注释】

〔无须萼，无檀心，无星星红紫〕檀心，浅绛色花蕊。星星，点点也。萼（音饿），花之最外一轮。

〔结楼吐舌，粉艳雪腴〕结楼吐舌，花瓣层迭而伸着蕊。粉，白；腴，肥厚。

〔以邻以亩〕邻，《周礼》“五家为邻，五邻为里”。

〔衣于壁、障于屏、缀于帘、簪于席、裀于阶者毕用之〕衣、簪，名词用作动词。衣，遮掩；簪，插。裀，通“茵”，原意为草茂盛貌，此指芍药满阶。

【笺疏】

〔“一尺雪”为芍药异种，余于兖州见之〕

“余于兖州见之”。张岱父亲是鲁藩右长史，其之见芍药异种“一尺雪”，应在其父任期时。

菊海

兖州张氏期余看菊，去城五里，余至其园，尽其所为园者而折旋之，又尽其所不尽为园者而周旋之，绝不见一菊，异之。移时，主人导至一苍莽空地，有苇厂三间，肃余入，遍观之，不敢以菊言，真菊海也。厂三面砌坛三层，以菊之高下高下之。花大如瓷瓯，无不球，无不甲，无不金银荷花瓣，色鲜艳，异凡本，而翠叶层层，无一叶早脱者。此是天道，是土力，是人工，缺一不可焉。兖州缙绅家风气袭王府，赏菊之日，其桌，其炕、其灯、其炉、其盘、其盒、其盆盎、其肴器、其杯盘大觥、其壶、其帏、其褥、其酒、其面食、其衣服花样，无不菊者。夜烧烛照之，蒸蒸烘染，较日色更浮出数层。席散，撤苇帘以受繁露。

【注释】

〔去城五里〕去，离。

〔有苇厂三间〕苇厂，芦苇棚。

〔厂三面砌坛三层，以菊之高下高下之〕“菊之高下高下之”，菊高的，放置上层，低矮的放下层。前“高下”指菊，后“高下”指坛层。

〔异凡本〕本，量词，花木一株称一本，此指菊。异凡本，异于平常之菊。

【笺疏】

〔兖州张氏期余看菊〕

菊为秋卉。卷一《金山夜戏》载：“崇祯二年中秋后一日，余道镇江往兖。”“中秋后”至兖州，“兖州张氏”之菊，由此于此年秋见。崇祯二年（1629），是年张岱三十三岁。

曹山

万历甲辰，大父游曹山，大张乐于狮子岩下。石梁先生戏作山君檄讨大父，祖昭明太子语，谓“若以管弦污我岩壑”。大父作檄骂之，有曰：“谁云鬼刻神镂，竟是残山剩水！”石篑先生嗤石梁曰：“文人也，那得犯其锋！不若自认，以‘残山剩水’四字摩崖勒之。”先辈之引重如此。曹石宕为外祖放生池，积三十余年，放生几百千万，有见池中放光如万炬烛天，鱼虾荇藻附之而起，直达天河者。余少时从先宜人至曹山庵作佛事，以大竹篰贮西瓜四，浸宕内，须臾，大声起岩下，水喷起十余丈，三小舟缆断，颠翻波中，冲击几碎。舟人急起视，见大鱼如舟，口欱四瓜，掉尾而下。

【注释】

〔祖昭明太子语，谓“若以管弦污我岩壑”〕祖，承袭。昭明太子，即南朝梁萧统。若，尔；汝。

〔那得犯其锋〕锋，此指言语锐利尖刻。

〔先辈之引重如此〕引重，互相推重，互相标榜。《史记·魏其武安侯列传》：“灌夫亦倚魏其而通列侯宗室为名高，两人相为引重。”

〔有见池中放光如万炬烛天〕烛，照明；照耀。《韩非子·内储说上》：“夫日，兼烛天下，一物不能当也。”

〔口欱四瓜〕欱（音呵），吮进。《文选·班固〈东都赋〉》：“吐爓生风，欱野歕山。”李善注引《文选》：“欱，啜也。”

【笺疏】

〔万历甲辰，大父游曹山，大张乐于狮子岩下〕〔曹石宕为外祖放生池〕

照片为曹山石宕，“放生池”三字，清晰可见。

曹山，在绍兴城东南三十里，吼山东北约百余米，现已为吼山景区之一部。曹山有水宕，水面约亩余，为伐石后形成。水宕与河道相连，可荡舟入内。水宕周遭，有陶氏书舍三处，极其妍丽。明万历十七年（1589）探花、国子监祭酒陶望龄（号石篑），在这里有“石篑山房”。康熙《会稽县志·山》卷三，《曹山》条下有述：“有庵名护生庵，后为放生池，总名水宕。陶氏有书室三，俱妍丽夺目，中有楼一间，小房四间，松竹回遶，名曰石篑山房，陶望龄读书处。”张岱祖父携家伎，“大张乐于狮子岩下”，由此与石梁先生斗口，大概发生在石篑山房。

曹山小丘耳，高不过一二十米，上有“青棘园”，为张岱外祖陶兰风先生读书处。张岱幼小与母亲作佛事到曹山，青棘园应该是落脚点。曹山那片水域，名放生池。池前有庵，名“护生庵”，《曹山》篇中谓“曹山庵”，是以地属称之。十九世纪六十年代，曹山尚有屋数楹，而今一无所存。

祁彪佳《越中园亭记·城东》卷四，辑有《青棘园》，曰：“青棘园在石篑山房之东，陶兰风先生所构。旁有护生庵，盪舟入者从此登崖，园幽敞，各极其致。堂可看山，阁可俯沼，口轩曲榭，可啸可歌，有此园不负曹山之灵矣。”

“万历甲辰”，万历三十二年（1604），是年张岱八岁。

〔**石梁先生戏作山君檄讨大父，祖昭明太子语，谓“若以管弦污我岩壑”**〕

石梁，陶奭龄号。陶奭龄，字君奭，号石梁，陶望龄弟。万历三十一年（1603）举人，授吴宁学博，终官肇庆知府。天启、崇祯间，与刘宗周分席讲学。康熙《会稽县志·理学》卷二十四有传。

〔**石簣先生嗤石梁曰**〕

石簣，陶望龄号。邵廷采《思复堂集·王门弟子所知传》卷一，有《陶望龄传》，曰：“望龄字周望，号石簣。会稽进士，南宫第一，廷试第三人。越中古文推阳明、石簣，冠绝有明。阳明洒然自德性溢，石簣熔铸周、汉、八家，归之冲淡。其为高简，不受滋垢。沈一贯欲假妖书杀正人，率同类以大义折止之。其学与海门同时，尝言：‘吾自悦禅，从此得力，何能顾人非议耶！’人称其不欺。官终国子祭酒。”

嗤，讥笑。《后汉书·樊宏传》："尝欲作器物，先种梓漆，时人嗤之。"

齐景公墓花樽

霞头沈佥事宦游时，有发掘齐景公墓者，迹之，得铜豆三，大花樽二。豆朴素无奇。花樽高三尺，束腰拱起，口方而敞，四面戟楞，花纹兽面，粗细得款，自是三代法物，归刘乾阳太公。余见赏识之，太公取与严，一介不敢请。及宦粤西，外母归余斋头，余拂拭之，为发异光。取浸梅花，贮水，汗下如雨，逾刻始收，花谢结子，大如雀卵。余藏之两年，太公归自粤西，稽覆之，余恐伤外母意，亟归之。后为驵侩所啖，竟以百金售去，可惜！今闻在歙县某氏家庙。

【注释】

〔霞头沈佥事宦游时〕霞头，地名，在绍兴城西郭门外三里。沈氏为当地望族。宦（音患）游，在外求官或做官。《汉书·司马相如传上》："长卿久宦游，不遂而困。"佥事，官名，此处"沈佥事"之"宦游"，言其为官也。

〔有发掘齐景公墓者，迹之〕迹之，指依线索，追寻掘齐景公墓所得随葬品。迹，追寻踪迹。

〔得铜豆三〕豆，古代食器，其形如高脚盘。有陶制，以青铜铸豆，出现在商周时期。"铜豆"，指的是青铜豆。

〔四面戟楞〕戟楞（音棱），突起的边楞。楞，与"棱"同。

〔粗细得款〕得款，符合样式。

〔自是三代法物〕三代法物，夏、商、周三代宝货。

〔太公取与严，一介不敢请〕取与：取，拿取；与，给与。介，戏曲述语，南戏、传奇剧本中动作的指示词，如“笑介”等。“一介不敢请”，是张岱对太公“严”的反应，即对于花樽，想要，却是开口一次都不敢。“一介”，表示开口一次这个动作。

〔逾刻始收〕逾刻，过了一刻时光。古代计时以刻漏器，水滴一刻划，时即“一刻”。

〔稽覆之〕稽，计划，思考。

〔后为驵侩所啖〕啖（音淡），“吃”义，此指贪没。

〔今闻在歙县某氏家庙〕歙（音吸）县，县名，在安徽省。家庙，即家族祠堂。

【笺疏】

〔齐景公墓花樽〕

齐景公卒于公元前 **490** 年，在位五十八年，以齐之国力，以在位日久之威力，入墓殉葬物品，应当奢华，如《齐景公墓花樽》所述之花樽者。齐景公墓，明代被掘。花樽最初为“霞头沈佥事”所得。

霞头沈佥事，绍兴人。霞头，村名，在绍兴城西郭门外二里处。绍兴沈氏，人极繁衍，霞头沈氏，是其一支。

只是这花樽，从绍兴刘家流出后，据张岱撰《齐景公墓花樽》时，在“歙县某家庙”，不知是否仍在？或又流落谁家？

【校勘】

〔归刘乾阳太公〕

目所及存世《陶庵梦忆》刊本，此篇“归刘乾阳太公”语，均作

"乾刘阳"。"乾刘阳",是为"刘乾阳"。

《水澄刘氏家谱·列传》有刘毅传,略云:"方伯公讳毅,字健甫,别号乾阳。考敬斋公以公贵,累赠通议大夫、广西按察使,祀乡贤,而公其叔子也。公负异才,自少读书则嗜古文辞,所制举子业,率用古文辞,聱牙自喜,故数试童子试,不利,年二十六始进膠庠。越明年万历乙酉,中浙江乡试,己丑,再上春官,为萧汉冲公识拔,列第六人,廷对赐名二甲,庚寅,除刑部贵州司主事……戊午,升广西按察使……庚申,升本省右辖……又数年而卒,年七十二。"

刘乾阳,嘉靖三十八年(1559)生。万历四十六年(1618),刘毅赴任广西按察使,外母就把花樽送到张岱"斋头"。两年后,正是"庚申",泰昌元年(1620),刘毅升本省右布政,张岱赶紧送还花樽。花樽在张岱那里,"藏之两年",而刘乾阳"宦粤西",头尾三年。崇祯三年(1630),刘乾阳七十二岁,卒。

这位刘毅乾阳,即是《齐景公墓花樽》篇中的"乾刘阳"。

外母送花樽到"斋头",是年张岱二十二岁。

《水澄刘氏家谱·年表初编》第四轶,载:"刘毅,泽二十三,字健甫,号乾阳,万历己丑进士,授刑部主事,累官广西右布政使,请告配童氏,一子世縠,一女适章才扬理问。侧:徐,一子世穡;王,一子世稼。崇祯庚午卒,葬谢憩,有传。"又载:"刘世縠,繁十二,字宗善,号桂林,县学生,配王氏,一子启胤;二女:长适胡应达,庠生;次适张岱,庠生。万历甲辰卒。"

从上引刘毅、刘世縠父子及刘世縠次女"适张岱"看,按辈份排来,张岱称刘毅,应是"太公"辈份。而刘世縠之夫人——"王氏",正是将花樽送到张岱斋头的"外母"。由此,《齐景公墓花樽》那位"宦粤西"的张岱的"太公",确是号"乾阳"的刘毅。今已刊正。

卷七

西湖香市

西湖香市，起于花朝，尽于端午。山东进香普陀者日至，嘉湖进香天竺者日至，至则与湖之人市焉，故曰香市。然进香之人市于三天竺，市于岳王坟，市于湖心亭，市于陆宣公祠，无不市，而独凑集于昭庆寺。昭庆两廊故无日不市者，三代八朝之骨董，蛮夷闽貊之珍异，皆集焉。至香市，则殿中边甬道上下、池左右、山门内外，有屋则摊，无屋则厂，厂外又棚，棚外又摊，节节寸寸。凡胭脂簪珥、牙尺剪刀，以至经典木鱼、伢儿嬉具之类，无不集。此时春暖，桃柳明媚，鼓吹清和，岸无留船，寓无留客，肆无留酿。袁石公所谓“山色如娥，花光如颊，波纹如绫，温风如酒”，已画出西湖三月。而此以香客杂来，光景又别。士女闲都，不胜其村妆野妇之乔画；芳兰芗泽，不胜其合香芫荽之熏蒸；丝竹管弦，不胜其摇鼓欲笙之聒帐；鼎彝光怪，不胜其泥人竹马之行情；宋元名画，不胜其湖景佛图之纸贵。如逃如逐，如奔如追，撩扑不开，牵挽不住。数百十万男男女女、老老少少，日簇拥于寺之前后左右者，凡四阅月方罢。恐大江以东，断无此二地矣。崇祯庚辰三月，昭庆寺火。是岁及辛巳、壬午洊饥，民强半饿死。壬午，虏鲠山东，香客断绝，无有至者，市遂废。辛巳

夏，余在西湖，但见城中饿殍舁出，扛挽相属。时杭州刘太守梦谦，汴梁人，乡里抽丰者多寓西湖，日以民词馈送。有轻薄子改古诗诮之曰："山不青山楼不楼，西湖歌舞一时休。暖风吹得死人臭，还把杭州送汴州。"可作西湖实录。

【注释】

〔西湖香市，起于花朝〕花朝，旧历二月十五为百花生日，是日称"花朝"。

〔嘉湖进香天竺者日至，至则与湖之人市焉，故曰香市〕因烧香形成的集市，称香市。嘉湖，嘉兴、湖州两府省称。天竺，寺名，有上天竺、中天竺、下天竺三寺，在杭州西湖灵隐寺后。"日至"之"日"，解曰"每天"。《论语·学而》："吾日三省吾身。""湖之人"之"湖"，杭州西湖之"湖"。"与湖之人市焉"之"市"，"交易"义；"故曰香市"之"市"，以"市场"义解。

〔牙尺剪刀，以至经典木鱼〕牙尺，象牙制作的长度量具；经典，经书典籍；木鱼，其形如开嘴鱼，有圆、长两种，木制，中空，敲击有声，为佛事法器。

〔伢儿嬉具之类〕伢（音牙）儿，小孩子，杭州口语。

〔士女闲都，不胜其村妆野妇之乔画〕闲都，妖冶娴雅。村妆，乡村打扮。乔画，装扮。

〔芳兰芗泽，不胜其合香芫荽之熏蒸〕芗（音乡）泽，香气。《史记·滑稽列传》："微闻芗泽。"芫（音奄）荽（音虽），俗称香菜。

〔不胜其摇鼓欱笙之聒帐〕欱，义为"吮进"，此解为"吹"。聒（音括），音嘈杂刺耳。

〔断无此二地矣〕断，决然无疑。

〔崇祯庚辰三月，昭庆寺火。是岁及辛巳、壬午洊饥，民强半饿死。壬午，虏鲠山东，香客断绝〕崇祯庚辰，崇祯十三年（1640）；辛巳，崇祯十四年（1641）；壬午，崇祯十五年（1642）。洊饥，一次连一次遭受饥荒。洊，一次又一次。《易·坎》："水洊至。"王弼注："相仍而至。"强半，多半。虏鲠山东：虏，对义军蔑称；鲠，阻隔。

〔但见城中饿殍舁出〕饿殍（音摽），饿死的人。舁（音余），抬。《三国志·魏志·钟繇传》："虎贲舁上殿。"

〔乡里抽丰者多寓西湖，日以民词馈送〕抽丰，亦即"打秋风"，义同分肥，亦泛指向有钱人求财物赠与。馈，赠送。

〔有轻薄子改古诗诮之曰〕轻薄子，轻佻浮薄之人。诮，嘲讽。

【笺疏】

〔**然进香之人市于三天竺，市于岳王坟，市于湖心亭，市于陆宣公祠，无不市，而独凑集于昭庆寺**〕

陆宣公祠，在西湖孤山之阳，祀明锦衣卫都指挥平湖人陆炳。此地本系中书洪澄别墅，亭榭高敞，足以吞吐西湖之胜。后与平湖陆氏为姻戚，遂归陆炳。陆炳，字文明，嘉靖壬辰（1532）武进士，授锦衣副千户，寻进署指挥使。嘉靖十八年（1539），从帝南幸至卫辉，夜四更行宫火，陆炳排闼负帝出，自是得到了嘉靖帝的特别爱幸。擢都指挥同知，掌锦衣事。历官太子太保、加少保，兼太子太傅，岁给伯禄。三十九年（1560）卒，赠忠诚伯，谥武惠。因与严嵩善，隆庆初追论陆炳，削秩籍产。万历三年（1575）其子陆绎上章乞免，首辅张居正言陆炳救驾有功，帝悯而获免。

昭庆寺，现存大殿，在杭州西湖东北角近湖处。康熙《钱塘县志》卷十四载："昭庆寺在钱塘门外，晋天福间建。宋太平兴国七年，始筑戒坛，敕名大昭庆寺；天禧初，僧圆净仿庐山远公结社念佛，缙绅之士咸集会中，称为极盛；南渡后，历元及明，兴废不一。嘉靖间毁于海寇，都御史胡宗宪重创；隆庆间复毁，新都御史汪道昆募建。万历三十五年，敕赐银一千两助建。内有戒坛、藏经阁、千佛阁、野鹿堂、禅堂、观音井、卧牛石、放生池。崇祯庚辰复毁于火。国朝顺治间重建。康熙四十二年除夕，正殿火毁；五十二年，将军诺□□重建。”

〔袁石公所谓“山色如娥，花光如颊，波纹如绫，温风如酒”，已画出西湖三月〕

石公，袁宏道号。袁宏道曾游西湖，写下以《西湖》题四篇，制均不长。“山色如娥，花光如颊，波纹如绫，温风如酒”句，辑录在《袁宏道集·解脱集》卷十之《西湖一》篇，首段云：“从武林门而西，望保叔塔突兀层崖中，则已心飞湖上也。午刻入昭庆，茶毕，即棹小舟入湖。山色如娥，花光如颊，温风如酒，波纹如绫，才一举头，已不觉目酣神醉。此时欲下一语描写不得，大约如东阿王梦中初遇洛神也。余游西湖始此，时万历丁酉二月十四日也。”

〔辛巳夏，余在西湖，但见城中饿殍舁出，扛挽相属。时杭州刘太守梦谦，汴梁人，乡里抽丰者多寓西湖，日以民词馈送。有轻薄子改古诗诮之曰：“山不青山楼不楼，西湖歌舞一时休。暖风吹得死人臭，还把杭州送汴州。”可作西湖实录〕

辛巳，崇祯十四年（1641），正刘梦谦官杭州知府时。是年张岱四十五岁。

杭州知府刘梦谦，民国《杭州府志·职官二》载，为“罗山人”，崇祯十一年（1638）任，十七年（1644），由临朐人张印玉接任。刘梦谦进士出身，其籍贯，《明清进士题名碑录》亦载“河南罗山”。汴梁、罗山，虽同属河南，罗山属汝宁府，与开封并非一地。言刘梦谦以“汴梁人”，曰“还把杭州送汴州”，添不少耐人寻趣之意。

旧时人惯常称人以字号，篇中杭州知府“刘梦谦”，直呼其名，这是为什么呢？且以“城中饿殍异出，扛挽相属”之场景描述，并入录轻薄子改古诗以送刘知府，其中有曰“暖风吹得死人臭，还把杭州送汴州”，这位刘知府鱼肉地方，难道还洗刷得清吗？

先读一下刘梦谦在县志的传文。乾隆《罗山县志·乡贤》卷七：“刘梦谦，字□长，别号雪涛，大司寇广生之长子。辛酉乡榜，甲戌殿试高等，授户部主事，管京粮，厅积逋毕清，以正郎升杭州知府。杭俗故多侈靡，又以公家本浚明，供张之具颇华，公一概屏谢，端介自持，诸以苞苴情面进者，咸自愧沮不敢通，日与诸生课文藝所，识拔者皆成名士。浙中连岁饥祲，劝输赈粥，躬蠲俸以率先之，岁活千余人。其赈施之法，井井可为后式。复为放生、育婴二社，全活甚众。乃西湖名胜，诸贵游以游览至者，类有覬覦以饱橐中装，落落寒暄，多不□以去，为同年友摭拾露章弹之，调守承天。时承天方为闯寇所据，郁郁病卒。慈孝，公天性也，严奉大司寇，友爱诸弟。母夫人张氏病，躬调药饵，衣不解带者弥年。母亡之日，哀毁动行路。与人交从无疾声失颜。谳鞫重狱，每继之以泣。屋漏不欺，虽由贵介，俭朴不异寒素，真不愧清白家风云。赞曰：蔼蔼太守，允恭允恕。谊笃孝友，循良肆著。屏侈抑奢，声色弗御。清白曾孙，于焉永誉。”

从县志其传看，还真有点刘梦谦官杭州知府不洁之嫌：“为同年友摭拾露章弹之，调守承天。”公开奏章内容，让被弹劾的人知道，叫“露章”。如没有真凭实据，且实在看不下去，同科进士“友”者，焉愿以“露章”弹劾刘梦谦。结果也能说明问题：“调守承天”。承天也是府，处湖北钟祥、京山、天门一带，嘉靖十年（1531）升陆安州置，名义上属平调，问题是刘梦谦调承天，承天府已被李自成军占据，赤手空拳的刘梦谦，如何进得承天城官知府，于是“郁郁病卒”。

县志录刘梦谦为乡贤，乡里乡亲，自然颂扬多些，但有“为同年友摭拾露章弹之，调守承天”一句，够了。面目清楚，刘梦谦不是一个好知府。话得说回来，尽管不是好知府，刘梦谦与张岱之间，尚无直接利害关系，直呼其名，稍嫌有失文雅。但到底是为什么，张岱还是将刘梦谦大名，直呼出口了呢？

刘梦谦父广生，曾亦官浙江。乾隆《罗山县志·进士》卷六，进士刘广生名下注曰：“刘广生，字载甫，容孙。辛丑进士，授刑部主事。升常州知府、浙江提学副使。己未举卓异，庚申告病。癸亥起，补陕西河西道，升湖广右参政、山东按察使、湖广右布政使；戊辰举卓异，赐宴礼部，升陕西左布政使；升陕西巡抚，予告起，升□法右侍郎，转左侍郎，升南京刑部尚书，致仕。”

据县志，刘广生“辛丑进士”，万历二十九年（1601）进士，官刑部主事、常州知府后，到浙江为提学副使。在浙督学三年期满，考察为“卓异”，时在“己未”，即万历四十七年（1619），此年张岱二十三岁。以此推算，刘广生任浙江提学副使之时，正是张岱二十岁上下，渴求仕进之年。身为学使，掌生员予夺之权的刘广生，洒雨露于张岱了吗？我们或能从《西湖香市》篇中，张岱对其子刘梦谦一声直呼中知道大概。张岱缺席科举榜上，不会存有一个大委屈？

【校勘】

〔袁石公所谓“山色如娥，花光如颊，波纹如绫，温风如酒”〕

“袁石公所谓”几句，见袁宏道《解脱集·游记》卷十《西湖一》篇作“山色如娥，花光如颊，温风如酒，波纹如绫”。乾隆甲寅本“波纹如绫，温风如酒”句，袁宏道《西湖一》篇为“温风如酒，波纹如绫”。

鹿苑寺方柿

萧山方柿，皮绿者不佳，皮红而肉糜烂者不佳，必树头红而坚脆如藕者，方称绝品，然间遇之，不多得。余向言西瓜生于六月，享尽天福；秋白梨生于秋，方柿、绿柿生于冬，未免失候。丙戌，余避兵西白山，鹿苑寺前后有夏方柿十数株。六月歊暑，柿大如瓜，生脆如咀冰嚼雪，目为之明，但无法制之，则涩勒不可入口。土人以桑叶煎汤候冷，加盐少许，入瓮内，浸柿没其颈，隔二宿取食，鲜磊异常。余食萧山柿多涩，请赠以此法。

【注释】

〔萧山方柿〕萧山，县名，在浙江省，旧属绍兴府。

〔余向言西瓜生于六月〕向，从前；往昔。柳宗元《捕蛇者说》："向吾不为斯役，则久已病矣。"

〔六月歊暑〕歊（音嚣），热气，《汉书·杨雄传》："浡滃云而散歊烝。"

〔生脆如咀冰嚼雪〕咀（音沮），咬嚼。

〔土人以桑叶煎汤候冷〕土人，当地人。

【笺疏】

〔丙戌，余避兵西白山，鹿苑寺前后有夏方柿十数株〕

丙戌，清顺治三年（1646），是年张岱五十岁。

西白山，在绍兴嵊州市。嵊州有剡溪。“嵊”亦作“剡”。卷二《三世藏书》篇，有“乙酉避兵入剡”句，乙酉，在丙戌前一年。而卷六《韵山》篇，又有“丙戌兵乱，余载往九里山”的说法。难道张岱在“乙酉避兵入剡”后，又曾回到绍兴过？的是，张岱乙酉年秋九月，因“见时事日非，辞鲁国主”避兵入剡后，据张岱另所撰《祁世培》文知道，由于方国安礼币相聘，县官上门敦促，张岱为“辅鲁监国”，“于丙戌正月十一日，道北山，逾唐园岭，宿平水韩店”，唐园岭，或为“陶晏岭”，在会稽县衙东南四十四里。岭有径为通温台故道，落岭经平水，可回绍兴城内。结果是到家后十天，儿子被方国安兵“缚去”，“逼勒助饷”。大概是到了这年的六月，清兵破绍兴城前，将所畜书籍，载往表胜庵，这就有《韵山》文中“丙戎兵乱，余载往九里山”的说法。而《鹿苑寺方柿》中写道：“丙戌，余避兵西白山，鹿苑寺前后有夏方柿十数株。六月歊暑，柿大如瓜”，看来是张岱在载书入九里山后，随即拔腿去了鹿苑寺，由此，可以在“六月歊暑”之日，吃到鹿苑寺瓜大之柿。两张照片所示，左图溪桥尽处，是鹿苑寺址，大枫树一株，是鹿苑寺遗物。右图是焚后鹿苑寺所存厢房，张岱或亦

曾履及。

嵊县鹿苑寺避兵，时间大概并不久，至丙戌之明年（丁亥年，1647）的秋天，张岱身已在绍兴城西南二十余里的项里村了，《琅嬛文集》收有《念奴娇》词一首，词牌下注有“丁亥中秋寓项里作”。

太白山在嵊境者，称之谓“西白山”。西白山其麓，距嵊市区四十五里，鹿苑寺遗址在焉。鹿苑寺，有上鹿苑寺，下鹿苑寺。上鹿苑寺（嘉泰《会稽志》称披云寺）始建于宋元嘉七年（430），址在下鹿苑西南一里小岭顶上。规制较小，二三十间房左右。今尚存侧厢一间。下鹿苑寺，据嘉泰《会稽志》记载：“下鹿苑寺在县西四十五里，寺山亦自太白山来，其上即披云寺。宋元嘉二年建，号灵鹫寺。会昌废。咸通十四年重建。山有瀑布及龙潭。寺，治平元年改赐今额。”当然，所谓“县西四十五里”之“县”，是嵊县县衙。

下鹿苑寺，里人直称其为鹿苑寺。坐北朝南，青山四围。寺后西有瀑布十余丈，深藏于两石壁间，下潴为潭，即为龙潭。对此潭，嘉泰《会稽志》也有记载。瀑布前西石壁，今可见“剡中第二泉”五字，为清道光年间（1821 ～ 1850）刻。下鹿苑寺原有建筑百余间，今尚存大殿东侧旧房六七间。寺前溪桥及两人合抱粗枫树一株，是寺之旧物。下鹿苑寺环境很好，瀑布飞泄，龙潭一碧，与张岱的性致相宜。问及夏方柿，居于寺址之人曰：“寺址前后没有柿树。从无所闻。”

西湖七月半

西湖七月半，一无可看，止可看看七月半之人。看七月半之人，以五类看之：其一，楼船箫鼓，峨冠盛筵，灯火优傒，声光相乱，名为看月而实不见月者，看之；其一，亦船亦楼，名娃闺秀，携及童娈，笑啼杂之，环坐露台，左右盼望，身在月下而实不看月者，看之；其一，亦船亦声歌，名妓闲僧，浅斟低唱，弱管轻丝，竹肉相发，亦在月下，亦看月而欲人看其看月者，看之；其一，不舟不车，不衫不帻，酒醉饭饱，呼群三五，跻入人丛，昭庆、断桥，嘄呼嘈杂，装假醉，唱无腔曲，月亦看，看月者亦看，不看月者亦看，而实无一看者，看之；其一，小船轻幌，净几暖炉，茶铛旋煮，素瓷静递，好友佳人，邀月同坐，或匿影树下，或逃嚣里湖，看月而人不见其看月之态，亦不作意看月者，看之。杭人游湖，巳出酉归，避月如仇。是夕好名，逐队争出，多犒门军酒钱，轿夫擎燎，列俟岸上。一入舟，速舟子急放断桥，赶入胜会。以故二鼓以前，人声鼓吹，如沸如撼，如魇如呓，如聋如哑，大船小船一齐凑岸，一无所见，止见篙击篙，舟触舟，肩摩肩，面看面而已。少刻兴尽，官府席散，皂隶喝道去，轿夫叫船上人，怖以关门，灯笼火把如列星，一一簇拥而去。岸上人亦逐队赶门，渐稀渐薄，顷刻散尽矣。吾辈始舣舟近岸，断桥石磴始凉，席其上，呼客纵饮。此时，月如镜新磨，山复整妆，湖复颒面。向之浅斟低唱者出，匿影树下者亦出，吾辈往通声气，拉与同坐。韵友来，名妓至，杯箸安，竹肉发。月色苍凉，东方将白，客方散去。吾辈纵舟酣睡于十里荷花之中，香气拍人，清梦甚惬。

【注释】

〔止可看看七月半之人〕止，只；仅。《庄子·天运》：“止可以一宿，而不可以久处。”

〔不衫不帻，酒醉饭饱〕帻，包头巾。《独断》：“帻者，古之卑贱执事不冠者之所服也。元帝额有壮发，不欲使人见，始进帻服之。”

〔跻入人丛〕跻（音叽），登；升。《易·震卦》：“跻于九陵。”此处应具“挤”义。

〔嘄呼嘈杂，装假醉，唱无腔曲〕嘄呼，大声叫嚷。无腔曲，无旋律之怪声怪调。

〔小船轻幌〕幌，布幔。

〔杭人游湖，巳出酉归，避月如仇〕巳，上午九时至十一时；酉，下午五时至七时。

〔是夕好名〕名，名声。

〔列俟岸上〕列俟，排列等候。

〔以故二鼓以前〕以故，因此。

〔如魇如呓〕魇（音掩），梦中惊而呻吟惊叫；呓（音艺），梦中说话。

〔怖以关门〕怖，吓唬；门，城门。

〔岸上人亦逐队赶门〕赶门，赶在关城门前入城。

〔月如镜新磨，山复整妆，湖复颒面〕如镜新磨，指亮。旧时用铜镜，磨后映人面目清晰。颒（音汇）面，洗面。

〔清梦甚惬〕惬，惬意。

及时雨

壬申七月，村村祷雨，日日扮潮神海鬼，争唾之。余里中扮《水浒》，且曰：画《水浒》者，龙眠、松雪、近章侯，总不如施耐庵，但如其面勿黛，如其髭勿鬣，如其兜鍪勿纸，如其刀杖勿树，如其传勿杜撰，勿戈阳腔，则十得八九矣。于是分头四出，寻黑矮汉，寻梢长大汉，寻头陀，寻胖大和尚，寻茁壮妇人，寻姣长妇人，寻青面，寻歪头，寻赤须，寻美髯，寻黑大汉，寻赤脸长须，大索城中。无则之郭、之村、之山僻、之邻府州县，用重价聘之，得三十六人。梁山泊好汉，个个呵活，臻臻至至，人马称娖而行，观者兜截遮拦，直欲看杀卫玠。五雪叔归自广陵，多购法锦宫缎，从以台阁者八：雷部六，大士一，龙宫一，华重美都，见者目夺气亦夺。盖自有台阁，有其华无其重，有其美无其都，有其华重美都，无其思致，无其文理。轻薄子有言："不替他谦了也，事事精办。"季祖南华老人喃喃怪问余曰："《水浒》与祷雨有何义味近？余山盗起，迎盗何为耶？"余俯首思之，果诞而无谓，徐应之曰："有之。天罡尽以宿太尉殿焉。用大牌六，书'奉旨招安'者二，书'风调雨顺'者一，'盗息民安'者一，更大书'及时雨'者二，前导之。"观者欢喜赞叹，老人亦匿笑而去。

【注释】

〔但如其面勿黛〕黛，黑。

〔勿戈阳腔〕弋阳腔，戏曲声腔、剧种。元末起于江西弋阳一带，故名。

〔寻头陀〕头陀，行脚僧。

〔大索城中〕索，搜索。

〔无则之郭、之村、之山僻〕郭，城郊。山僻，山野偏僻之地。

〔臻臻至至，人马称娓而行〕臻臻至至，到达最高境地。称娓（音鋋），行列齐整貌。《后汉书·中山简王焉传》："今五国各官骑百人，称娓前行。"李贤注："称娓，犹齐整也。"

〔观者兜截遮拦，直欲看杀卫玠〕兜截，包围堵截。看杀卫玠，《世说新语》："卫玠从豫章至下都，人久闻其名，观者如堵。玠先有羸疾，体不堪劳，由此病而死。"当时人以为，卫玠是被看而致死的："看杀卫玠"。

〔华重美都〕华，华丽；重，隆重；美，美丽；都，庄雅。

〔季祖南华老人〕见卷三《陈章侯》篇笺疏。

〔徐应之曰〕徐，慢慢地。

〔天罡尽以宿太尉殿焉〕天罡（音冈），指《水浒传》中三十六天罡星。太尉殿，指蔡京府署。蔡京时任太尉。

【笺疏】

〔壬申七月，村村祷雨〕

壬申，崇祯五年（1632），是年张岱三十六岁。

〔五雪叔归自广陵〕

五雪叔，即五泄叔。

〔余山盗起，迎盗何为耶〕

余，舒缓语气词。置"余"句前，表示其后所言"山盗起，迎盗何为耶"时，南华老人表现出舒缓的语态与神情。可读若："余～～山盗起，迎盗何为耶？"余，《说文》解曰"语之舒也。"

"余山盗起，迎盗何为耶？"是季祖南华老人给孙辈张岱出的难题，故有自得之态。

【校勘】

〔且曰：画《水浒》者，龙眠、松雪，近章侯，总不如施耐庵〕

龙眠，北宋李公麟。李公麟，字伯时，号龙眠居士，所画人物，深得吴道子旨趣，造型准确，神态飞动。松雪，元赵孟頫。赵孟頫，字子昂，号松雪道人、水晶宫道人、欧波。元朝湖州人。章侯，陈洪绶。

“龙眠、松雪，近章侯”，上海古籍出版社标点作“龙眠、松雪近章侯”，是谓李公麟、赵孟頫接近陈洪绶？此是标点欠妥。标点应作“且曰：画《水浒》者，龙眠、松雪，近章侯，总不如施耐庵”。“近章侯”，因陈洪绶是当时人，或在张岱撰此篇时已逝，故以“近”称之。

山艇子

龙山自巘花阁而西皆骨立，得其一节，亦尽名家。山艇子石，意尤孤孑，壁立霞剥，义不受土。大樟徙其上，石不容也，然不恨石，屈而下与石相亲疏。石方广三丈，右坳而凹，非竹则尽矣，何以浅深乎石。然竹怪甚，能孤行，实不藉石。竹节促而虬叶毶毶，如猬毛、如松狗尾，离离矗矗，捎捩攒挤，若有所惊者。竹不可一世，不敢以竹二之。或曰：古今错刀也。或曰：竹生石上，土肤浅，蚀其根，故轮囷盘郁，如黄山上松。山艇子，樟始之石，中之竹，终之楼，意长楼不得竟其长，故艇之。然伤于贪，特特向石，石意反不之属，使去丈而楼，壁出，樟出，竹亦尽出。竹石间意，在以淡远取之。

【注释】

〔龙山自巘花阁而西皆骨立〕骨立，（山岩）裸露挺立。巘花阁，见卷八《巘花阁》篇笺疏。

〔意尤孤孑，壁立霞剥〕孤孑，孤单。霞剥：高处就剥离土。

〔实不藉石〕藉，凭借。

〔竹节促而虬叶毵毵〕促，短。虬（音求）叶，盘曲的叶子，此指竹叶。毵毵，鸟兽羽毛齐整貌，此指竹叶荫郁。

〔离离矗矗，捎捩攒挤〕离离，繁茂状。《诗·王风·黍离》：“彼黍离离。”矗矗，巍峨高耸。捎捩攒挤：捎（音筲），掠拂；捩（音丽），扭转；攒，簇拥；挤，拥挤。

〔故轮囷盘郁，如黄山上松〕轮囷（音群），屈曲的样子。

〔意长楼不得竟其长，故艇之〕意，思量。竟，尽。

〔然伤于贪，特特向石〕伤，毛病。特，独。《庄子·逍遥游》：“而彭祖乃今以久特闻。”引申为专一。“特特向石”，专一地向石上（生长）。

【笺疏】

〔山艇子石，意尤孤孑，壁立霞剥，义不受土。大樟徙其上，石不容也，然不恨石，屈而下与石相亲疏〕

卧龙山西岗，岗前后左右，明末时为张元忭状元家族据有。西岗最南端，石骨棱峻，似巨船劈浪，张岱呼为“山艇子石”。照片即山艇子石，阳光照射樟树者，即“大樟徙其上”之“大樟”。下部因垒石砖砌，又有杂竹遮掩，樟树根扎着山岩，即“屈而下与石相亲疏”之貌，不得见。

曾六上卧龙山，寻找山艇子石。后来，依着《山艇子》篇首“蠏花阁以西，皆骨立”句提示寻去，在偏门直街，等看到突出于西岗，这块“意尤孤孑”的山岩上，那株已有四百余年树龄，枝茂叶盛，根部依然紧紧地抱着山岩，即所谓“大樟徙其上，石不容也，然不恨石，屈而下与石相亲疏”的樟树时，我知道，樟之所在，就是山艇子石了。山艇子，张岱读书处。

〔然竹怪甚，能孤行，实不藉石〕

山艇子石北，上城隍庙址西，旧有“怪竹山堂”，为张岱父亲所构。其山堂取名“怪竹”，其“怪”在于其竹鞭“能孤行”。

【校勘】

〔或曰：古今错刀也〕

今错刀之“今”，或为“金”，作“金错刀”。

金错刀，写字、绘画的一种笔法。《宣和画谱·花鸟三》卷十七：“李氏（煜）能文善书画，书作颤笔樛曲之状。遒劲如寒松霜竹，谓之金错刀。”书画笔法“金错刀”，其“樛曲之状”若“寒松霜竹”，现山艇子石上竹，一如“樛曲之状”，故“或曰”金错刀。

悬杪亭

余六岁随先君子读书于悬杪亭，记在一峭壁之下，木石撑距，不藉尺土，飞阁虚堂，延骈如栉。缘崖而上，皆灌木高柯，与檐甃相错。取杜审言“树杪玉堂悬”句，名之“悬杪”，度索寻橦，大有奇致。后仲叔庐其崖下，信堪舆家言，谓碍其龙脑，百计购之，一夜徒去，鞠为茂草。儿时怡寄，常梦寐寻往。

【注释】

〔延骈如栉〕骈（音蹁），并列；栉（音质），梳篦。

〔皆灌木高柯〕柯，树。

〔度索寻橦，大有奇致〕奇致，奇异景致。

〔信堪舆家言〕堪舆家，风水先生。

〔一夜徒去，鞠为茂草〕鞠（音居），养育。《诗·小雅·蓼莪》：“父兮生我，母兮鞠我。”

〔儿时怡寄〕怡寄，欢悦与寄托。

【笺疏】

〔余六岁随先君子读书于悬抄亭，记在一峭壁之下〕〔后仲叔庐其崖下，信堪舆家言，谓碍其龙脑，百计购之，一夜徙去，鞠为茂草〕

张岱“六岁”，是万历三十年（1603）。“记在一峭壁之下”。悬杪亭址，应在绍兴城内卧龙山西岗南麓，因为卧龙山唯此有“峭壁”。张岱跟随父亲“读书于悬杪亭”，悬杪亭当属张岱家。由此，虽是大哥所爱，张尔葆依然可以“百计购之”。家族中不乏此种人。

尔葆购得悬杪亭，却是“一夜徙去”，时在“丙午”，即万历三十四年（1606）。原因是此年，张尔葆“造精舍于龙山之麓”，即所谓“后仲叔庐其崖下”。《琅嬛文集·张尔葆传》卷四：“自是收藏日富。大江以南，王新建、朱石门、项墨林、周铭仲、与仲叔五焉。丙午，造精舍于龙山之麓，鼎彝玩好，充牣其中，倪迂之云林秘阁，不是过矣。”

“后仲叔庐其崖下”，燕客得以于此处筑瑞草溪亭。瑞草溪亭北之崖壁上，是悬杪亭址所在。

〔取杜审言“树杪玉堂悬”句，名之“悬杪”〕

杜审言《蓬莱三殿侍宴奉勅咏终南山应制》诗：“北斗挂城边，南山倚殿前。云标金阙迥，树杪玉堂悬。半岭通佳气，中峰绕瑞烟。小臣持献寿，长此戴尧天。”

【校勘】

〔度索寻橦，大有奇致〕

乾隆甲寅本、粤雅堂本、上海古籍出版社本、作家出版社本等，均作“度索寻樟”。“寻樟”，义不可解。

《夜航船·古迹》卷二：“度索寻橦。度索，以绳索相引而度也。寻橦者，植两木于两岸，以绳贯其中，上有一木筒，所谓橦也。人缚橦上，以手缘索而进，以达彼岸，所谓寻橦也。”

乾隆甲寅本等“度索寻樟，大有奇致”之“樟”，当如《夜航船》所载为“橦”，因此，句作“度索寻橦，大有奇致”。今已刊正。

〔谓碍其龙脇〕

脇，《辞海》不载。《康熙字典》：“脇，《集韵》：‘先结切，音屑。脂也。一曰臆中脂。’”“臆”，有“胸肉”意。龙脇之“脇”，作家出版社本，作“脉”。

雷殿

雷殿在龙山磨盘冈下，钱武肃王于此建蓬莱阁，有断碣在焉。殿前石台高爽，乔木潇疏。六月，月从南来，树不蔽月。余每浴后拉秦一生、石田上人、平子辈坐台上，乘凉风，携肴核，饮香雪酒，剥鸡豆，啜乌龙井水，水凉冽激齿。下午着人投西瓜浸之，夜剖食，寒栗逼人，可雠三伏。林中多鹊，闻人声辄惊起，磔磔云霄间，半日不得下。

【注释】

〔乔木潇疏〕潇疏，潇然，疏朗。

〔余每浴后拉秦一生、石田上人、平子辈坐台上〕秦一生，见卷七《阿育王寺舍利》篇笺疏。

陈洪绶有《张平子品山拈序》，文有云："吾友张平子，读书炉峰天瓦庵，放舟镜湖道士庄，得文数十首，冲夷静运，学养俱深，题曰《品山拈》，遮几不负天地置身之意也。"品山，堂名，是张岱父耀芳构筑，在众香国内。平子"得文数十首"，而以堂名名之曰《品山拈》，当然应是耀芳其子。张耀芳有子两人，长曰岱。次曰岷，平子应是张岷。

〔下午着人投西瓜浸之〕着，派遣。《西厢记》第四本第二折："我着你但去处行监坐守，谁着你迤逗的胡行乱走？"

〔可雠三伏〕仇，抵挡。三伏，盛暑三伏天。

〔磔磔云霄间〕"磔磔云霄间"，语出苏轼《石钟山记》："而山上栖鹘，闻人声亦惊起，磔磔云霄间"。磔（音哲）磔，鸟叫声。

【笺疏】

〔雷殿在龙山磨盘冈下，钱武肃王于此建蓬莱阁，有断碣在焉〕

雷殿在卧龙山西冈。雷殿大殿，以出方石柱为柱，轩然高畅，殿右壁设门，门外三面围以平屋，形成一院落，此处想是当年僧人住房。殿前门外，确如张岱所述有石台，与石台相接，是十余级石阶。石台与石阶均有雕花石栏护围。张岱当年纳凉殿前石台，没有写到此雕花石栏。果然，在殿内左壁嵌着的一道石碑上，找到了雕花石栏所成原由与年代。石碑刻有《雷祖殿石台围栏碑记》，记曰："石台之有于是庙也旧矣，傍山垒石屏护殿庭，每岁季夏，香火云集，所苦是台地窄，下上踵接杂沓掊地者，亦时而有矣，爰于台之左右，勉立石栏，并百步街两翼接砌栏槛，敢效慈航之普济哉，亦聊尽区区之诚意云尔。今将乐捐姓氏书后（名单略）。大清嘉庆拾肆年，岁次己巳六月日司事：陈君惠、傅仁信、裘天松、陈大口公立"。嘉庆十四年（1809），这雕花石栏，算来亦二百余年物了。请注意碑文"并百步街两翼接砌栏槛"句，提到的"百步街"，即雷殿前下山石阶。此石矿，长约百级，曰"百步阶"，即所谓"百步街"也。石阶已废，尚存几级可想见当时模样。卷七《龙山雪》篇"马小卿、潘小妃相抱从百步街旋滚而下，直至山趾，浴雪而立"句"百步街"，即此。照片中井，即乌龙井。石井圈非旧时物。

钱武肃王，即钱镠。蓬莱阁，因元稹《以州宅夸于乐天》诗中"谪居犹得住蓬莱"句，武肃王建阁以应诗句。

〔余每浴后拉秦一生、石田上人、平子辈坐台上，乘凉风，携肴核，饮香雪酒，剥鸡豆，啜乌龙井水〕

乌龙井就在殿前台阶右。《雷殿》写到夏日傍晚浴后，拉秦一生等友人到雷殿石台上"乘凉风，携肴核，饮香雪酒，剥鸡豆，啜乌龙井水”，不撰年份，而据张岱《祭秦一生文》，秦一生死于崇祯戊寅，是年张岱四十一岁。由此推断：张岱夏日夜晚雷殿乘凉风事，至迟应该在戊寅崇祯十一年（1638）前。

石田上人，绍兴城内戒珠寺僧人。戒珠寺在蕺山南麓。祁彪佳《祁忠敏公日记·归南快录》乙亥崇祯八年（1635）十月十八日："是日有祀先之举，乃发舟听其所之。不移时，已入越城，泊于越王祠前。适遇钱溪云，偕之登蕺山，游淇园。淇园为吕氏所构，今易为王峨云有矣。行数武，入石田僧舍，师方止静，不得一参。自山后从城下，步入舟次，抵家已漏下三商。"从淇园"行数武"，而"入石田僧舍"，石田上人是戒珠寺僧人。

丁丑崇祯十年（1637）二月二十五日，《祁忠敏公日记·山居拙录》载曰："登蕺山，访石田师，与语用功之要。师初弄机锋，及详叩之，则言：'生死甚不易了，须切实用功耳。'"祁彪佳"叩"问石田，石田上人道行，自然深些。

鸡豆，芡实。剥鸡豆，张岱《夜航船·果品》："鸡豆子连蒲元水藏于新瓷器内，供时旋剥，甚妙。"

龙山雪

天启六年十二月，大雪深三尺许。晚霁，余登龙山，坐上城隍庙山门，李岕生、高眉生、王畹生、马小卿、潘小妃侍。万山载雪，明月薄之，月不能光，雪皆呆白。坐久清冽，苍头送酒至，余勉强举大觥敌寒，酒气冉冉，积雪欲之，竟不得醉。马小卿唱曲，李岕生吹洞箫和之，声为寒威所慑，咽涩不得出。三鼓归寝。马小卿、潘小妃相抱从百步街旋滚而下，直至山趾，浴雪而立。余坐一小羊头车，拖冰凌而归。

【注释】

〔晚霁，余登龙山〕霁，本指雨止，此引申为雪停天放晴。

〔李芥生、高眉生、王畹生、马小卿、潘小妃侍〕五人均为张岱家班戏子。

〔万山载雪，明月薄之〕薄，迫近。李密《陈情表》：“日薄西山，气息奄奄。”

〔雪皆呆白〕呆，特别地。

【笺疏】

〔天启六年十二月，大雪深三尺许。晚霁，余登龙山，坐上城隍庙山门〕〔马小卿、潘小妃相抱从百步街旋滚而下，直至山趾，浴雪而立。余坐一小羊头车，拖冰凌而归〕

上城隍庙，在绍兴城内卧龙山西岗。今不存。

天启六年（1626），是年张岱三十岁。十二月大雪深三尺许，此日晚雪止，张岱与女戏人赏雪于绍兴城内卧龙山西岗上城隍庙山门。大雪沉沉，寒气逼人，饮酒，不得醉，唱曲，声咽涩不得出，延宕至三更，张岱与马小卿等人分头而归。马小卿等是从上城隍庙左，下百步街相抱着滚下山的。百步街，近百余步长，是旧时上卧龙山西岗路径，自雷殿（今尚存）门前石台阶起，南至山脚。今尚存雷殿前至山腰一段。张岱呢？“余坐一小羊头车，拖冰凌而归。”

“小羊头车”，一种迷你型人力车。张岱坐车归，自然只需一辆，如若去掉小羊头车前那个数字“一”，作“余坐小羊头车，拖冰凌而归”，不是显得更精炼些吗？

"一"字不能省。道理在：一，车只"一"辆，因此，马小卿、潘小妃只能"相抱从百步街旋滚而下"；二，点明车型是"小羊头车"，车小不能容纳多人。从此，可以窥见张岱对马小卿、潘小妃的眷顾。张岱用词讲究若此。

卷四《严助庙》篇载，天启三年（1623）"马小卿十二岁扮咬脐"，至"马小卿、潘小妃相抱从百步街旋滚而下，直至山趾，浴雪而立"时天启六年（1626），马小卿十五岁。

先写马小卿辈"下"，后写自己"归"，看着她们"直至山趾，浴雪而立"，是一种情怀。

庞公池

庞公池岁不得船，况夜船，况看月而船。自余读书山艇子，辄留小舟于池中，月夜，夜夜出，缘城至北海坂，往返可五里，盘旋其中。山后人家，闭门高卧，不见灯火，悄悄冥冥，意颇凄恻。余设凉簟，卧舟中看月，小傒船头唱曲，醉梦相杂，声声渐远，月亦渐淡，嗒然睡去。歌终忽寤，噏唦赞之，寻复鼾齁。小傒亦呵欠歪斜，互相枕藉。舟子回船到岸，篙啄丁丁，促起就寝。此时胸中浩浩落落，并无芥蒂，一枕黑甜，高舂始起，不晓世间何物谓之忧愁。

【注释】

〔况夜船，况看月而船〕况，何况。

〔缘城至北海坂，往返可五里，盘旋其中〕北海坂，在绍兴城内卧龙山西北二里。地名今存。

〔余设凉簟，卧舟中看月〕凉簟（音奠），竹席。

〔嗒然睡去〕嗒（音榻）然，无所思虑，忘怀地。

〔歌终忽寤，哂哂赞之，寻复鼾齁〕寤（音误），睡醒，《史记·赵世家》："七日而寤。"哂哂，即含糊。鼾齁，入睡时发出的鼻息声。

〔篙啄丁丁〕篙啄，竹篙一端镶铁尖，船到岸，竹篙点岸，以缓冲船势，张岱呼之为"篙啄"。丁丁，竹篙铁尖点岸声。

〔并无芥蒂，一枕黑甜，高舂始起〕芥蒂，本指细小的梗阻物，引申为积于胸中怨恨与不快。苏轼《送路都曹》诗："恨无乖崖老，一洗芥蒂胸。"黑甜，睡眠之美。高舂（音冲），旭日。《淮南鸿烈解·天文训》："至于渊虞是谓高舂，至于连石是谓下舂。"

【笺疏】

〔*庞公池岁不得船，况夜船，况看月而船*〕

庞公池，在绍兴卧龙山西岗山艇子石西。见下图。池宽广约百米。二十世纪六七十年代，池西北与北海坂有水道相通。至九十年代初，水道尚约略相连。旧时，庞公池西，即为郡城垣，水道实即内城濠。张岱在《庞公池》中说道"留小舟于池中，月夜，夜夜出，缘城至北海坂，往返可五里，盘旋其中"，走的就是这条水道。

庞公池一带，原是张氏举族聚居之处：张汝霖之砎园，在庞公池南；高祖张天復修筑的筠芝亭园林，在

卧龙山西岗；庞公池东卧龙山麓，有张岱父亲的怪竹山堂及山艇子石张岱读书处；山艇子石沿山麓稍东，是张岱五雪叔的家，宅后有巘花阁；再东，为张岱二酉叔家，家宅后有堂兄燕客开凿的瑞草溪亭；而离庞公池约半里有五马坊口的张家台门，则是张岱曾祖张元忭的状元府第。现在这一切，除了读书处那块山岩山艇子石及那棵“与石相亲疏”的大樟树外，其余都是不见了啊！

庞公池也还在。徐渭《府隍神有二辨》有“隋总管庞公玨守城，有功德于民，死而人祀之”句，庞公池之名，是为纪念总管庞玨，以其姓名池得。

庞公池，现纳入新修之西园。

【校勘】

〔并无芥蒂〕

“芥蒂”之“蒂”，乾隆甲寅本作“带”。上海古籍出版社本，据道光本改“蒂”。

品山堂鱼宕

二十年前强半住众香国，日进城市，夜必出之。品山堂孤松箕踞，岸帻入水。池广三亩，莲花起岸，莲房以百以千，鲜磊可喜。新雨过，收叶上荷珠煮酒，香扑烈。门外鱼宕，横亘三百余亩，多种菱芡。小菱如姜芽，辄采食之，嫩如莲实，香似建兰，无味可匹。深秋，橘奴饱霜，非个个红绽不轻下剪。季冬观鱼，鱼艓千余艘，鳞次栉比，罱者夹之，罛者扣之，簎者罨之，䍐者撒之，罩者抑之，罜者举之，水皆泥泛，浊如土浆。鱼入网者圉圉，漏网者噞噞，寸鲵纤鳞，无不毕出。集舟分鱼，鱼税三百余斤，赤晻白肚，满载而归。约吾昆弟烹鲜剧饮，竟日方散。

【注释】

〔二十年前强半住众香国〕强半，大半。

〔莲花起岸，莲房以百以千，鲜磊可喜〕起岸，指谓莲花与岸相平。鲜磊，指莲新鲜而大。磊，大貌，《文选·木华〈海赋〉》："磊匒匌而相豗。"

〔橘奴饱霜〕橘树有木奴（卷五《樊江陈氏橘》注释）之称，橘奴，即橘树。

〔季冬观鱼〕季冬，农历十二月，即冬季最后一个月。

〔罱者夹之，罛者扣之，箵者罨之，䍐者撒之，罩者抑之，罜者举之〕罱（音览）、罛（音孤）、箵（音齰）、䍐（音撰）、罩、罜（挂），六种渔具手持之状，因渔具而相对应的，则是夹、扣、罨、撒、抑、举六种捕捞动作。如"罱"，绍兴有罱泥农事，为捞取河底烂泥作肥料，农人用两长竹竿，一端相扣，并张有一张三角网，网一边缀两根竹片，三角网就像是张开了口，只要将张有三角网一端竹竿沉入河底，人立船舷，罱动露出河面的两根竹竿，就可以把河底烂泥从缀有两竹片处网口"夹"入网内，上提竹竿，就可将河泥倾入船舱"罱者夹之"，"罱"为动词，移用为渔具名词。以"罱"捕鱼，故曰"夹之"。

罛，渔网之最大者。《诗·卫风·硕人》："施罛濊濊。"绍兴季冬有牵大网捕鱼。牵大网需于河面较为宽阔处，牵网两端，各列队十来人，拉网近岸。

籍，刺取鱼鳖器具“杈”。《周礼·天官·鳖人》：“鳖人以时簎鱼鳖龟蜃凡貍物。”郑玄注引郑司农曰：“簎谓以杈刺泥中搏取之。”“杈刺泥中搏取之”，故曰“罨之”。

罩，捕鱼的两头通竹笼，将鱼从竹笼中取出，故曰“仰之”。罣，同“挂”。在绍兴，有一种游丝网，狭长，一边缀浮子，网垂浮于水，如挂水面，专捕上层小鱼，故曰“举之”。《淮南子·说林训》有“罩者抑之，挂者举之”句。

〔鱼入网者圉圉，漏网者噞噞〕圉（音语）圉，困而未舒貌。《孟子·万章上》：“始舍之，圉圉焉，少则洋洋焉。”赵岐注：“圉圉，鱼在水羸劣之貌。”噞（音掩）噞，鱼张口吸气貌。《淮南子·主术训》：“夫水浊则鱼噞。”

〔赤瞜白肚〕指眼红肚白之鱼。瞜，（音鱼），指谓鱼目。

〔约吾昆弟烹鲜剧饮〕昆弟，即兄和弟，包括近房和远房。

【笺疏】

〔**二十年前强半住众香国，日进城市，夜必出之。品山堂孤松箕踞，岸帻入水**〕

众香国，张岱父亲张耀芳别业，址在绍兴城偏门西五里中堰。见图。

偏门内卧龙山西岗，有张岱父亲的怪竹山堂在；庞公池旁，祖父张汝霖的砎园在，此地与众香国距离，不过五六里路，舟行、徒步都很方便，因此，

《品山堂鱼宕》开首一句就是“二十年前强半住众香国，日进城市，夜必出之”。

出绍兴城偏门，经偏门街、快阁，五里至中堰。这一带，家家面鉴湖居住，湖水宽阔。湖之南一二十里，香炉峰、秦望山、笔架山、兰渚山、梅里尖山，越中秀伟峰峦，横列在前。此地原是山阴道上，鉴湖一曲，越中山水最胜之处，张耀芳于此构筑众香国，自是一位品赏越国山川美之行家，颜其堂曰“品山”，则表明了他的此种情趣。而今身临此地，山水秀美依旧，岸边停着百十只捕鱼小艇，岸上渔翁正在整理渔具，依然一派渔乡景色。我于二〇〇〇年九月，到过众香国址，得知众香国的最后一幢建筑，已于二十余年前拆毁，改建成了现今新式民居。

祁彪佳《越中园亭记》辑有《众香国》文，曰：“众香国，张长公大涤君开园中堰，以品山名其堂，盖千岩万壑，至此俱披襟相对，恣我月旦耳。季真半曲，方干一岛，映带左右，鉴湖最胜处。”

〔集舟分鱼，鱼税三百余斤，赤鱁白肚，满载而归〕

税，有二义：一，国家的税收；二，赠送。《礼记·檀弓上》：“未仕者不敢税人。”孔颖达疏：“税人，谓以物遗人也。”此处“鱼税三百余斤”之“税”，与“国家的税收”，当然无关。而鱼宕冠以“品山堂”，此鱼宕大概属张岱家，是年季冬，张家叫来渔人捕鱼，渔而有获，于是东家渔家“集舟分鱼”，张岱家得“三百余斤”，本是应得，却曰“税”，说是渔人赠送，颇具雅意。

【校勘】

〔巽者撒之〕

巽，《辞海》、《康熙字典》不载。以字形及句意考之，巽，音为“撰”，义为“持”也。所“持”者，当为渔网也，故“撒之”。

松花石

松花石，大父舁自潇江署中。石在江口神祠，土人割牲飨神，以毛血洒石上为恭敬，血渍毛毵，几不见石。大父舁入署，亲自祓濯，呼为“石丈”，有《松花石纪》。今弃阶下，载花缸，不称使。余嫌其轮囷臃肿失松理，不若董文简家茁错二松橛，节理槎枒，皮断犹附，视此更胜。大父石上磨崖铭之曰：“尔昔鬣而鼓兮，松也；尔今脱而骨兮，石也；尔形可使代兮，贞勿易也；尔视余笑兮，莫余逆也。”其见宝如此。

【注释】

〔土人割牲飨神〕飨神，用酒食祭献神灵。

〔血渍毛毵〕毛毵（音三），毛长而散乱。

〔亲自祓濯〕祓（音拂）濯（音浊），为祓而濯。消灾去邪求福曰祓；除垢使洁曰濯。

〔尔昔鬣而鼓兮〕鬣，此指松树针叶。鼓，竖。

〔尔今脱而骨兮〕脱，离。离却原貌，有成语“脱胎换骨”。

【笺疏】

〔余嫌其轮囷臃肿失松理，不若董文简家茁错二松橛，节理槎枒，皮断犹附，视此更胜〕

轮囷（音群），屈曲貌。松理，松树纹理。槎枒，树枝杈横出的样子。董文简，见卷二《花石纲遗石》篇笺疏。“董文简家茁错二松

橛”，今尚在，见上面两照片。此两截松花石，现存于绍兴城内府山，越王台与越王殿之间平台上，作为府山公园一景，展示在游人面前。松花石有牌说明，两石从城内萧山街探花台门移来。

对董文简家两截松花石的记述，张岱以外，徐渭撰有诗篇，也说到这松花石，是花石纲遗物。这样说来，董文简家藏有两种花石纲遗物了（另一种是竖之独石轩的奎星石，卷二有《花石纲遗石》篇专门记述）。两者之区别，此为童贯所遗，而彼为朱勔所遗。徐渭诗题是《松花石牡丹》，题下小序曰“松花石二，各高六七尺，大可两三抱。初是一块，则高丈余矣。童贯自台温海载至此，重而折，会汴京陷，遂委之。古今绝奇物也。”诗云：“松花石边垂牡丹，花石纲遗来海山。十五年前二三月，董侍郎家园内看。”

闰中秋

崇祯七年闰中秋，仿虎丘故事，会各友于蕺山亭。每友携斗酒、五簋、十蔬果、红毡一床，席地鳞次坐。缘山七十余床，衰童塌妓，无席无之。在席七百余人，能歌者百余人，同声唱“澄湖万顷”，声如潮涌，山为雷动。诸酒徒轰饮，酒行如泉。夜深客饥，借戒珠寺斋僧大锅煮饭饭客，长年以大桶担饭不继。命小傒岕竹、楚烟于山亭演剧十余出，妙入情理，拥观者千人，无蚊虻声，四鼓方散。月光泼地如水，人在月中，濯濯如新出浴。夜半，白云冉冉起脚下，前山俱失，香炉、鹅鼻、天柱诸峰，仅露髻尖而已，米家山雪景，仿佛见之。

【注释】

〔席地鳞次坐〕鳞次，像鱼鳞般密密排列。有成语“鳞次栉比”。

〔衰童塌妓〕衰童，弱质儿童；塌妓，低档妓女。

〔人在月中，濯濯如新出浴〕人在月中，指在月光中。濯（音浊）濯，清新明净。《诗·商颂·殷武》：“赫赫厥声，濯濯厥灵。”孔颖达疏：“濯濯乎光明者，其见尊敬如神灵也。”

【笺疏】

〔崇祯七年闰中秋，仿虎丘故事，会各友于蕺山亭〕

崇祯七年（1634），是年张岱三十八岁。蕺山亭，在蕺山之肩。蕺山，即绍兴城内俗称王家山的那座。

〔借戒珠寺斋僧大锅煮饭饭客〕

戒珠寺，在蕺山南麓，今在。戒珠寺，本晋王羲之故宅，门外墨池尚存。

〔夜半，白云冉冉起脚下，前山俱失，香炉、鹅鼻、天柱诸峰，仅露髻尖而已，米家山雪景，仿佛见之〕

香炉，即香炉峰；鹅鼻，秦望山之别称；天柱，即天柱峰，此诸山峰峦相连，均在绍兴城南，与蕺山南北相对。南宋画家米友仁及其父，俱以山水画著称于世。以其“落茄皴”（即“米点皴”）之法，抒写山川自然之情，世称“米家山水”。雪景特擅。

“闰中秋”，月大而明。夜半“白云冉冉起脚下”，香炉诸峰“仅露髻尖而已”，于是米家山“雪景”见之，是月光助其景成。

愚公谷

无锡去县西五里为锡山。进桥，店在左岸，店精雅，卖泉酒、水坛、花缸、宜兴礶、风炉、盆盎、泥人等货。愚公谷在惠山右，屋半倾圮，惟存木石。惠水涓涓，繇井之涧，繇涧之溪，繇溪之池、之厨、之湢，以涤、以濯、以灌园、以沐浴、以净溺器，无不惠山泉者，故居园者福德与罪孽正等。愚公先生交游遍天下，名公巨卿多就之，歌儿舞女、绮席华筵、诗文字画，无不虚往实归。名士清客至则留，留则款，款则饯，饯则赆。以故愚公之用钱如水，天下人至今称之不少衰。愚公文人，其园亭实有思致文理者为之，磥石为垣，编柴为户，堂不层不庑，树不配不行。堂之南，高槐古朴，树皆合抱，茂叶繁柯，阴森满院。藕花一塘，隔岸数石，乿而卧。土墙生苔，如山脚到涧边，不记在人间。园东逼墙一台，外瞰寺，老柳卧墙角而不让台，台遂不尽瞰，与他园花树故故为亭台，意特特为园者不同。

【注释】

〔卖泉酒、水坛、花缸、宜兴罐、风炉、盆盎、泥人等货〕风炉，小型泥炉，旧时大都用作烧茶。泥人，泥捏玩具，无锡泥人，至今依然享有盛名。罐，同“罐”。

〔惠水涓涓〕涓涓，细小的水流。有成语“涓涓细流”。

〔之湢〕湢（音必），浴室。

〔以净溺器〕溺器，小便具，俗称夜壶。

〔名公巨卿多就之〕就，依从。

〔无不虚往实归〕虚往，空手而去；实归，有所得而归。

〔留则款，款则饯，饯则赆〕款，款待；饯，设宴送行；赆，别时赠与。

〔堂不层不庑，树不配不行〕层，楼房。庑，堂下周围的房屋。配，搭配花色。行：成排成列。

〔隔岸数石，乿而卧〕“治”，古作“乿”，理也。

〔台遂不尽瞰〕瞰，俯视。

〔与他园花树故故为亭台，意特特为园者不同〕故故，故意。特特，特地。

【笺疏】

〔愚公谷〕

愚公谷，又名邹园，明代邹迪光建。康熙《无锡县志·园亭》卷七："愚公谷，在惠山寺右，当春申涧第一曲，中有龙缝泉，又名龙渊。初亦僧居，正德中冯佥事夔毁庵为园，因自号龙泉居士。夔没，园归顾同知起纶作墓地，既葬而迁，乃属邹副使迪光。撤其旧而益大之，前自春申涧至其后名秀嶂，广袤名数十亩，□□珍石，崇台闲馆，虹梁月渚，参错奔赴。而其后为十二楼，以居姬侍焉。迪光解组既早，怀抱有余，性好土木，日迁月改，旬日再至，多非旧观。而位置落落，不事雕缋，自然大家，此其所长也。风泉之隙，则梨园两部鱼呗六时，互相应答，亦尘中之异境。读其自记，谓身死之后，当效周颙、王珣故事，施为佛刹，听其兴衰久暂，盖不胜感慨系之。今数十年间，流转分裂，几与劫灰俱尽。此地自冯而邹，皆极华缛之欲，而失不旋踵，论者以为消息之理，自然及此，亦岂不然哉。"

祁彪佳京曾游愚公谷。《祁忠敏公日记·癸未日历》十月初四载："早抵无锡，予辈以小舟至惠山。入僧寺，觅一上人指引至第二泉，即游邹愚公谷园。园分裂为五，初入乃华芳侯所得者，门之内即茱萸堂，曲廊穿上至小亭，过一梁，上架半轩。至高阁，又转而登小有虚明之天，乃虚台而亭。其上者可望见二泉处。从此出门，又入一曲，为菩提场，乃愚谷以事佛者。左为九莲台，下皆桂树，外为礼塔坪，惠山之塔正当其前耳。旁接假山，山之前即茱萸堂也。此为吴文学所有。上人引予登半山看泉源，入涧处乃秦氏所为茅宇数间，出樗里，春申涧过寺之二门，从一小门入，登舡式一楼，旁又小楼，□出见惠山古松，下为蔚蓝堂，穿一廊至小轩名'听雨'，盖泉声滴沥不竭也。此为其孙邹叔介所守。又别入一门，见大沼水廊环绕，一小阁迥立，从假山下花木岩穿圆门过，见大堂，为金鳌台，以此避暑，真不见人间有六月矣。自此走市肆入其前门，第一层扁曰'揭车'，盖愚公之内室也。楼三层，旁皆宛转相接，此地为邹静尝所有。"

照片左为春申涧石坊，左下即春申涧；右为愚公谷址，今称泰伯祠。

〔愚公先生交游遍天下〕

愚公先生，即无锡人邹迪光。康熙《无锡县志·文苑》卷二十："邹迪光，字彦吉，万历二年进士，授工部主事。累官湖广提学副使，擅衡鉴，楚士实爱而归之，以吏议罢，送者数千人，生祀之濂溪书院。迪光罢时年才及强，愤抑不自得，乃以其间治园亭惠山之麓，重廊复榭，疏泉架壑，与当世名公卿文士游宴其中，极声伎觞咏之乐几三十年。有集数种，合三百卷。醲艳繁缛，微歉风骨，辅以胜情豪举，一时声气□柢，文章典缛，金声玉亮，使牵率底滞者自废。晚学于灵岩，息心禅乘，而究以西方之教为无弊，故日从事焉。无子，门人马翀辑其遗文以传。"

【校勘】

〔无锡去县西五里为锡山〕

乾隆甲寅本等版本与上第古籍出版社本，均作"无锡去县北五里为铭山"。

铭山，康熙《无锡县志》不载。无锡无铭山。

无锡有锡山。康熙《无锡县志·山》卷二："锡山，在县西五里，惠山之支陇也。”从此句得知，惠山包含锡山，而愚公谷正在惠山：“愚公谷，在惠山寺右，当春申涧第一曲。”《愚公谷》篇“园东逼墙一台，外瞰寺，老柳卧墙角而不让台”之“寺”，正是惠山寺；而“惠水涓涓，繇井之涧，繇涧之谿，繇谿之池、之厨、之湢”之“涧”，指的当是春申涧。

惠山，康熙《无锡县志·山》卷二：“惠山在锡山之西，即九龙这第一峰，其麓与锡山相属也。”进入建筑在“惠山右”的愚公谷，因此必经锡山：“无锡去县西五里为锡山。进桥，店在左岸，店精雅，卖泉酒、水坛、花缸、宜兴罐、风炉、盆盎、泥人等货。愚公谷在惠山右，屋半倾圮，惟存木石。”

由此，乾隆甲寅本及上海古籍出版社本等，误在：一，“县西”之“西”误作“北”；二，“锡山”误作“铭山”。校勘后句，应为：“无锡去县西五里为锡山。”今已刊正。

〔**卖泉酒、水坛、花缸、宜兴罐、风炉、盆盎、泥人等货**〕

缸，乾隆甲寅本、上海古籍出版社本作“釭”。

釭，《康熙字典》：“又《广韵》：镫也，谢眺诗：‘但愿置樽酒，兰釭当夜明。’按：金釭非灯，乃诗人误用也。注详下。”又载：“《前汉·赵皇后传》：‘壁带，往往为黄金釭。’注：壁带，壁之横木露出如带者也。于壁带之中，往往以金为釭，若车釭之形也；晋灼曰以金环饰之也。釭，音工，流俗音江，非也。《韵会》云：俗谓金釭为灯，音杠，又书作缸，字义字形字画皆误。”

以金属打造之“釭”，花釭，排在无锡泥品之列，显然不妥。入无锡泥品之列，自然只能是泥制火烧，用此栽花草之“花缸”。而泥“花灯”，未曾有闻。

定海水操

定海演武场在招宝山海岸。水操用大战船、唬船、蒙冲斗舰数千余艘，杂以鱼艓轻艬，来往如织。舳舻相隔，呼吸难通，以表语目，以鼓语耳，截击要遮，尺寸不爽。健儿瞭望，猿蹲桅斗，哨见敌船，从斗上掷身腾空休水，破浪冲涛，顷刻到岸，走报中军，又趵跃入水，轻如鱼凫。水操尤奇在夜战，旌旗干橹皆挂一小镫，青布幕之，画角一声，万蜡齐举，火光映射，影又倍之。招宝山凭槛俯视，如烹斗煮星，釜汤正沸。火炮轰裂，如风雨晦冥中电光翕焱，使人不敢正视；又如雷斧断崖石，下坠不测之渊，观者褫魄。

【注释】

〔水操用大战船、唬船、蒙冲斗舰数千余艘〕蒙冲，即“艨艟”。《资治通鉴·汉献帝建安十三年》：“刘表治水军，蒙冲斗舰乃以千数。”胡三省注：“杜佑曰：‘蒙冲，以生牛皮蒙船覆背，两厢开掣棹也，左右有弩窗、矛穴，敌不得近，矢石不能败。’”唬（音吓）船，亦是古代战船。

〔舳舻相隔〕舳（音轴）舻（音卢），《汉书·武帝纪》：“舳舻千里，薄枞阳而出。”颜师古注引李斐曰：“舳，船后持柂（舵）处也；舻，船前头刺棹处也。言其船多，前后相衔，千里不绝也。”

〔以表语目，以鼓语耳，截击要遮〕表，目标，通“标”。语，告诉。鼓，鼓声。要遮，要，通“邀”，邀请；遮，遮拦阻挡。

〔猿蹲桅斗〕猿蹲，指士卒如猿一样，蹲在船桅杆上形如“斗”的地方。

〔走报中军〕中军，此指战场最高指挥。旧时军队分上、中、下三军，以中军地位最高。

〔旌旗干橹皆挂一小镫，青布幕之，画角一声〕镫（音凳），古代照明工具，即“灯”。《楚辞·招魂》：“兰膏明烛，华镫错些。”幕，覆盖。画角，古管乐器，军中多用以警昏晨。

〔招宝山凭槛俯视，如烹斗煮星〕斗，指北斗星。

〔如风雨晦冥中电光翕焱〕翕（音吸）焱（音焰），闪电乱杂迅捷之貌。

〔观者褫魄〕褫（音齿）魄，精神不振，神思恍惚，其状若丧魂落魄。《文选张衡〈东京赋〉》：“罔然若酲，朝疲夕倦，夺气褫魄之为者也。”薛综注：“罔然，犹惘惘然也；酲，病酒也；朝罢夕倦，晓夜不卧，惘然如神夺其精气，又若魂魄亡离其身。”

【笺疏】

〔定海演武场在招宝山海岸〕

招宝山，在宁波市镇海区，地处宁波甬江出海口。

阿育王寺舍利

阿育王寺，梵宇深静，阶前老松八九棵，森罗有古色。殿隔山门远，烟光树樾，摄入山门，望空视明，冰凉晶沁。右旋至方丈门外，有娑罗二株，高插霄汉。便殿供旃檀佛，中储一铜塔，铜色甚古，万历间慈圣皇太后所赐，藏舍利子塔也。舍利子常放光，琉璃五采，百道迸裂，出塔缝中，岁三四见。凡人瞻礼舍利，随人因缘现诸色相。如墨墨无所见者，是人必死。昔湛和尚至寺，亦不见舍利，而是年死。屡有验。次早，日光初曙，僧导余礼佛，开铜塔，一紫檀佛龛供一小塔，如笔筒，六角，非木非楮，非皮非漆，上下皺定，四围镂刻花楞梵字。舍利子悬塔顶，下垂摇摇不定，人透眼光入楞内，复视眼上视舍利，辨其形状。余初见三珠连络如牟尼串，煜煜有光。余复下顶礼，求见形相，再视之，见一白衣观音小像，眉目分明，鬝鬘皆见。秦一生反覆视之，讫无所见，一生遑邃面发赤，出涕而去。一生果以是年八月死，奇验若此。

【注释】

〔森罗有古色〕森罗，繁茂荫翳。

〔冰凉晶沁〕晶沁，亮光透入。

〔便殿供旃檀佛〕便殿，别殿。旃檀佛：即旃檀香辟支佛。丁福宝《佛学大辞典》："旃檀香辟支佛（佛名），四缘觉之一。麟喻独觉也。在胎藏界曼荼罗释迦院上行北端第八位。密号曰：清泠金刚。形瘦，色黄白，左掌向外，立于胸之胁，右手执架裟角，坐于赤莲。"

〔随人因缘现诸色相〕色相，物体之外像。

〔昔湛和尚至寺，亦不见舍利，而是年死〕湛和尚，即明朝绍兴名僧圆澄。康熙《会稽县志·方技》卷二十六："圆澄，字湛然，东关人，俗姓夏。少时，当铺兵役，因遭羁，受责诣大荒，投妙峰和尚，为僧，逾年，得戒于云栖莲池师，以古佛期之，掩关者六年，遇滋舟和尚谒南海，还寓越之风途相见契洽，慈舟遂付嘱焉，时万历辛卯也。历诣向不晓文字，一旦豁，直接曹洞之宗，开辟显胜道场，讲经说法，不事妆点，口头家常话，俱有妙理。晚年募筑往西塘路，民至今赖，祭酒陶望龄甚礼之。”

〔非木非楮，非皮非漆，上下皾定，四围镂刻花楞梵字〕楮，本为木名，因可以造纸，为纸的代称。皾（音晚），《康熙字典》注：“《博雅》：离也，谓皮脱离也。”虽曰“谓皮脱离”，多少还是与皮有关，“上下皾定”，“小塔”上下可能是包着些皮质类物件。

〔余初见三珠连络如牟尼串〕牟尼串，佛珠。

〔余复下顶礼〕顶礼，跪下，两手伏地，以头顶着所尊敬的人的脚。是佛教徒最高的礼。

〔鬋鬘皆见〕下垂的鬓发，都能见到。鬋（音煎），下垂的鬓发；鬘（音蛮），头发美好貌。

〔一生遑邃面发赤，出涕而去〕遑（音皇）邃，同“惶邃”。惊惧慌张。《三国志·吴志·虞翻传》：“权于是大怒，手剑欲击之，侍坐者莫不遑邃。”

〔讫无所见〕讫，终究。

【笺疏】

〔阿育王寺，梵宇深静〕

阿育王寺，在宁波鄞县。礼佛阿育王寺，在崇祯十一年（1638），是年张岱四十二岁。

〔中储一铜塔，铜色甚古，万历间慈圣皇太后所赐，藏舍利子塔也〕

舍利子塔，今存。阿育王寺有舍利殿，殿内舍利塔，后页照片供桌后即是。塔内储一暗红色小珠，言是释迦牟尼顶骨所化。

〔秦一生反覆视之，讫无所见，一生遑邃面发赤，出涕而去。一

生果以是年八月死，奇验若此〕

《琅嬛文集·祭文》卷六，载有《祭秦一生文》，曰："崇祯戊寅八月二十日，秦子一生以病暴死。越五日，其友人某等谋所以荐之，而属岱告其灵。盖一生无日不与岱游，一生一死，岱忽忽若有所失，举笔辄叹而起，以是不果。至九月三日，岱以事至西湖，既乏伴侣，独步堤上，见湖中山水意色惨淡，殆为一生也，因为文以招之，曰：世间有绝无益于世界，绝无益于人身，而卒为世界人身所断不可少者，在天为月，在人为眉，在飞植则为草本花卉，为燕鹂蜂蝶之属。若月之无关于天之生杀之数，眉之无关于人之视听之官，草花燕蝶无关于人之衣食之类，其无益于世界人身也，明甚。而试思有花朝而无月夕，有美目而无灿眉，有蚕桑而无花鸟，犹之乎不成其为世界，不成其为面庞也。余友秦一生，家素封，鸥租橘俸，可比千户侯，而自奉极淡薄。家常无大故，则不杀雁凫，踽踽凉凉，一介不以与人，而又不鸣不跃，以闲散终其身，于世界实毫无损益，尽人而知之也。迺一生性好山水声伎、丝竹管弦、摴蒱博奕、盘铃剧戏种种无益之事顾好之，实未尝自具肴核，为一日溪山之游。亦未尝为一日声乐，以供知己纵饮，乃其所以自娱者，往往借他人歌舞之场，插身入之，故凡越中守土有司，及豪贵肆筵设席，或于胜地名园，或于僻居深巷，一生无日不以微服往观，至夜深灯残，酒阑客散，其于楹础之间，两目烂烂如岩下电者，非他人必一生也。大率无事，日以为常，非大故、非外出、非甚疾病，虽水火勿之避，风雨勿之阻也。死之数日前，犹在某氏观剧，喃喃向余道之。濒死前一日，余期一生游寓山，至易箦之际，犹掷身数四，口中呼‘寓山！寓山’而死。一生从中道夭折，田宅子女，多未了事，凡所以萦其忧虑者，不可胜计，而独以寓山不到，抱恨而殁，此亦可以想其痴痞一往之致矣。虽然，世人日寻于名利之中，如蛆嗜粪蝇逐膻，幢幢无已时，不知山水声伎为何物，一生既唾而贱之，而世更有粗豪卤莽，山水亭园，酒肉腥秽，声伎满前，顽钝不解，而一生以局外之人，闲情冷眼，领略其趣味，必酣足而归，则是他人之园亭，一生之别业也；他人之声伎，一生之家乐也；他人之供应奔走，一生之藏获奴隶也。一生生五十五年，十五年以前，以幼稚不解，四十年之风花雪月，无日无之，昔人所谓三万六千场，一生所得已一万四千有奇矣。真目厌绮丽，而耳厌笙歌，一生之奉其耳目，真亦不减王侯矣。古者有山村人，从闽海归，说其所见海错，奇形异味，里人争来共舐其眼，今一生在夜台，其中亦有富贵而死，如所谓山水声伎不知为何物者，一生绎言之，争来舐其眼者，应亦不少，吾以此言解一生之忧愦，一生必辗然而笑，畅饮此觞矣。呜呼！尚飨。”

过剑门

南曲中，妓以串戏为韵事，性命以之。杨元、杨能、顾眉生、李十、董白以戏名，属姚简叔期余观剧。傒僮下午唱《西楼》，夜则自串。傒僮为兴化大班，余旧伶马小卿、陆子云在焉，加意唱七出戏，至更定，曲中大咤异。杨元走鬼房问小卿曰："今日戏，气色大异，何也？"小卿曰："坐上坐者余主人。

主人精赏鉴，延师课戏，僮手指千，傒僮到其家谓‘过剑门’，焉敢草草！”杨元始来物色余。《西楼》不及完，串《教子》，顾眉生：周羽；杨元：周娘子；杨能：周瑞隆。杨元胆怯肤栗，不能出声，眼眼相觑，渠欲讨好不能，余欲献媚不得，持久之，伺便喝采一二，杨元始放胆，戏亦遂发。嗣后曲中戏，必以余为导师，余不至，虽夜分不开台也。以余而长声价，以余长声价之人、而后长余声价者，多有之。

【注释】

〔南曲中，妓以串戏为韵事〕南曲，南方妓院。韵事，风雅之事。

〔属姚简叔期余观剧〕姚简叔，见卷五《姚简叔画》篇笺疏。期，约。

〔杨元走鬼房问小卿曰〕“鬼房”为何？不能解。

〔傒僮到其家谓“过剑门”〕剑门在今四川剑阁东北，有剑门山。剑门关，自古有“一夫当关，万夫莫开”之说。过剑门，难。

〔杨元始来物色余〕物色，指形貌。接近讨好，献媚巴结，是杨元“物色”之状。

〔渠欲讨好不能〕渠，她。

【笺疏】

〔傒僮下午唱《西楼》，夜则自串〕

傒僮非妓而有戏班。名曰“兴化大班”，是昆曲之谓。兴化，县名，在江苏省。“夜则自串”，“自串”之“自”，指“南曲中，妓以串戏为韵事”之“妓”，此指“串（教子）”之诸妓，如顾眉生、杨元、杨能辈。

【校勘】

〔主人精赏鉴，延师课戏，僮手指千，傒僮到其家谓“过剑门”，焉敢草草〕

僮手指千，乾隆甲寅本等均作“童手指千”。上海古籍出版社本，亦作“童手指千”。

《史记·货殖列传》载为“僮手指千”。《史记·集解》曰：“《汉书·音义》：‘僮，奴婢也。古者无空手游日，皆有作务，作务须手指，故曰手指，以别马牛蹄角也。’”

整日“延师课戏”，傒僮在张岱家一刻不得停，即“无空手游日”而“皆有作务”，是“僮”，非“童”也。如“童”，则不必具“无空手游日”义。

由此，此句当作“主人精赏鉴，延师课戏，僮手指千，傒僮到其家谓‘过剑门’，焉敢草草！”

冰山记

魏珰败，好事作传奇十数本，多失实，余为删改之，仍名《冰山》。城隍庙扬台，观者数万人，台址鳞比，挤至大门外。一人上，白曰：“某杨涟。”口口谇谇曰：“杨涟！杨涟！”声达外，如潮涌，人人皆如之。杖范元白，逼死裕妃，怒气忿涌，噤断嚄唶。至颜佩韦击杀缇骑，嗥呼跳蹴，汹汹崩屋。沈青霞缚藁人射相嵩，以为笑乐，不是过也。是秋，携之至兖，为大人寿。一日，宴守道刘半舫，半舫曰：“此剧已十得八九，惜不及内操菊宴、及逼灵犀与囊收数事耳。”余闻之，是夜席散，

余填词，督小傒强记之。次日，至道署搬演，已增入七出，如半舫言。半舫大骇异，知余所构，遂诣大人，与余定交。

【注释】

〔城隍庙扬台〕城隍庙，此指下城隍庙，在绍兴城内卧龙山麓，今仅存水井。扬台，戏初演，或到一地头场演出，称“扬台”。

〔口口谇谇曰〕谇（音祟），诘问；谇（音切），小语。

〔噤断嚄唶〕闭口不言曰“噤”。噤断，即是张口而“嚄唶”。嚄（音霍）唶（音借），形容气势强盛。《史记·魏公子列传》：“晋鄙嚄唶宿将。”张守节正义引《声类》：“嚄，大笑；唶，大呼。”

〔半舫大骇异〕骇（音谢），同“骇”，惊骇。

【笺疏】

〔**魏珰败，好事作传奇十数本，多失实，余为删改之，仍名《冰山》**〕

魏珰，明朝宦官魏忠贤，泰昌元年（1620），任司礼秉笔太监，后又兼掌东厂。天启五年（1625）兴大狱，杀东林党人杨涟等。自称九千岁。珰，汉代宦官充武职者的冠饰。《后汉师·舆服志下》：“武冠，一曰武弁大冠，诸武官冠之。侍中，中常侍加黄金珰，附蝉为文，貂尾为饰。”因中常侍为宦官，后来即以“珰”称代宦官。

魏忠贤一死，揭发其奸之传奇《冰山记》，一时哄市。张岱考校事实，为之改定，仍名《冰山记》，以家班出演。第一次公开演出在绍兴府下城隍庙庙台。这一年为崇祯二年（1629）。

所以知道张岱改定的《冰山记》首演年份，是因为张岱散文《冰山记》中有“是秋，携之至兖，为大人寿”句。张岱为其父亲作寿，是带着家班从绍兴赶去的，途经镇江，在金山寺戏台，不请自至，出演了一夜戏。在《金山夜戏》一文中，记述演戏的日子为“崇祯二年中秋后一日”。其时，张岱的父亲张耀芳五十五岁，正在鲁藩府做右长史，正应着逢五逢十做寿的习俗。

《冰山记》剧中人物杨涟，明应山人，字子孺，万历进士，除常熟知县，后为兵科右给事中，在任尽于职责，帝称其忠。乞归，复起为左副都御史。时魏忠贤窃柄，气焰嚣张，杨涟劾魏忠贤二十四大罪，魏使其党徐大化劾杨涟与左光斗党同伐异，招权纳贿，坐赃二万，杨涟由此被逮。逮涟之时，数万人拥道攀号，押解途中所历村市，悉焚香建醮，祈佑生还。及到狱，酷刑拷讯，体无完肤，死狱中，此年，是天启五年（1625）。

崇祯帝于天启七年八月即位，魏忠贤被罢黜，安置凤阳旋命逮治，途中魏惧罪自尽。隔一年，崇祯二年（1629），传奇《冰山记》张岱删改之，并携“至兖为大人寿”。

〔逼死裕妃〕

《明史纪事本末·魏忠贤乱政》卷七十一：天启三年（1623）“裕妃张氏方妊，膺册封礼，客氏谮于上，绝饮食，闭複道中，偶天雨，匍匐掬檐溜数口而绝。”

〔至颜佩韦击杀缇骑，嘄呼跳蹴，汹汹崩屋〕

缇（音题）骑，逮捕犯人的禁卫吏役。天启六年（1626）三月，吏部主事周顺昌下狱，士民拥送者不下数千人。诸生五六百人，恳求巡抚疏救，押解因此迟缓，此时，《明史纪事本末·魏忠贤乱政》卷七十一载：“缇骑见议久不决，手掷琅珰于地，厉声曰：‘东厂逮人，鼠辈何敢置喙！’于是市人颜佩韦等前问曰：‘旨出朝廷，乃东厂耶？’缇骑曰：‘旨不出东厂，将谁出？’众怒，哄然而登，从殴缇骑，立毙一人，诸司不复相顾。”

〔沈青霞缚稾人射相嵩，以为笑乐〕

沈青霞，即沈鍊，字纯甫，青霞为其号，绍兴会稽人。嘉靖戊戌（1538）进士，性刚直，上疏弹劾严嵩。谪佃保安。后被严嵩党羽斩于宣府市。徐渭撰《知清丰沈公祠碑》，其中写到沈鍊在保安"削木为桧象，令决耦，射中则举觥相赏喝。"桧象，则是宋朝奸臣秦桧象。在当时，沈鍊对严嵩当然恨之入骨，表现出来，当然是以射秦桧象为符合情理。稾人，草人。相嵩，严嵩。

〔宴守道刘半舫〕

半舫，河北曲周人刘荣嗣之别号。刘荣嗣，字敬仲，号简斋，"半舫"是其别号。万历四十四年（1616）进士，授户部主事，调吏部验封司主事，补山东参政，升左布政，历光禄正卿，晋顺天府尹，加工部尚书兼右副都御史，总理河道、提督军务。其后系狱且久。崇祯十一年（1638）保释，阅五月病卒。

张岱携《冰山记》至兖，兖属山东。岱父"宴守道刘半舫"，且张岱"次日，至道署搬演"修改好的《冰山记》，正是刘荣嗣"补山东参政"期间。"道署"，道台衙门，署址应该就在兖州。

卷八

龙山放灯

万历辛丑年，父叔辈张灯龙山，剡木为架者百，涂以丹雘，帨以文锦，一灯三之。灯不专在架，亦不专在磴道，沿山袭谷，枝头树杪无不灯者，自城隍庙门至蓬莱冈上下，亦无不灯者。山下望如星河倒注，浴浴熊熊，又如隋炀帝夜游，倾数斛萤火于山谷间，团结方开，倚草附木迷迷不去者。好事者卖酒，缘山席地坐。山无不灯，灯无不席，席无不人，人无不歌唱鼓吹。男女看灯者，一入庙门，头不得顾，踵不得旋，只可随势，潮上潮下，不知去落何所，有听之而已。庙门悬禁条：禁车马，禁烟火，禁喧哗，禁豪家奴不得行辟人。父叔辈台于大松树下，亦席亦声歌，每夜鼓吹笙簧与宴歌弦管，沉沉昧旦。十六夜，张分守宴织造太监于山巅星宿阁，傍晚至山下，见禁条，太监忙出舆笑曰："遵他，遵他，自咱们遵他起！"却随役，用二丱角扶掖上山。夜半，星宿阁火罢，宴亦遂罢。灯凡四夜，山上下糟丘肉林，日扫果核蔗滓及鱼肉骨蠡蜕，堆砌成高阜，拾妇女鞋挂树上如秋叶。相传十五夜，灯残人静，当垆者正收盘核，有美妇六七人买酒，酒尽，有未开瓮者。买大罍一，可四斗许，出袖中蓏果，顷刻罄罍而去，疑是女人星，或曰酒星。又一事：有无赖子于城隍庙左借空楼数楹，以姣童

实之，为“帘子胡同”。是夜，有美少年来狎某童，剪烛殢酒，媟亵非理，解襦，乃女子也，未曙即去，不知其地、其人，或是妖狐所化。

【注释】

〔刬木为架者百，涂以丹雘，帨以文锦，一灯三之〕刬（音眼），削。《易·系辞下》：“刬木为楫。”丹雘（音获），红色的涂漆。《书·梓材》：“若作梓材，既勤朴斫，惟其涂丹雘。”帨（音税），巾，此含装饰义；文锦，有花纹的织锦。“一灯三之”之“三”，指刬木为架、涂丹雘、帨文锦。

〔沿山袭谷〕袭，沿。

〔自城隍庙门至蓬莱冈上下〕城隍庙，此指龙山上城隍庙。蓬莱岗，见卷七《雷殿》篇笺疏。

〔山下望如星河倒注，浴浴熊熊〕熊熊，光焰盛貌，《史记·天官书》：“（岁星）熊熊赤色有光。”浴浴，见本篇校勘。

〔又如隋炀帝夜游，倾数斛萤火于山谷间，团结方开〕团结，聚集在一起。

〔禁豪家奴不得行辟人〕辟，有“法”有“刑”义。行辟，即“行刑”，执行鞭笞驱赶。

〔沉沉昧旦〕沉沉，夜色深沉；昧旦，天未全亮。

〔却随役，用二丱角扶掖上山〕却，退。丱（音惯），古时儿童束发成两角，叫“丱角”。此指孩童。

〔夜半，星宿阁火罢〕火，灯火。

〔日扫果核蔗滓及鱼肉骨蠡蜕〕蠡（音里），通“螺”。蠡蜕，即螺壳。

〔当垆者正收盘核〕当垆，卖酒人。垆，古代酒店放置酒坛的土台子。

〔顷刻罄罍而去〕罍（音雷），酒器，有青铜制或陶制。罄，尽。

〔为“帘子胡同”〕旧时男妓称相公，相公处所称帘子胡同。

〔剪烛殢酒，媟亵非理，解襦，乃女子也〕殢（音替）酒，纠缠、沉溺于酒。媟亵，轻薄，不庄重。媟，义同“亵”。襦（音如），短衣，内衣。

【笺疏】

〔万历辛丑年，父叔辈张灯龙山〕

万历辛丑年（1601），是年张岱五岁。

〔父叔辈台于大松树下，亦席亦声歌，每夜鼓吹笙簧与宴歌弦管，沉沉昧旦〕

“父叔辈台于大松树下”的这棵“大松树”，在《陶庵梦忆》是棵名树，卷一《筠芝亭》“溪壑萦回，水出松叶之上。台下右旋曲蹬之摺，老松偻背而立，顶垂一干，倒下如小幢，小枝盘郁，曲出辅之，旋盖如曲柄葆羽”句，正是其写照。“老松”离筠芝亭近，且又在上山磴道百步街旁，父叔辈张灯龙山，因此得以将台搭在这棵大松树下。

〔十六夜，张分守宴织造太监于山巅星宿阁〕

星宿阁在卧龙山巅。而嘉庆《山阴县志·古迹》卷七，却说星宿阁在“卧龙山麓”，文如下：“星宿阁，在卧龙山麓城隍庙西偏。前列梅岭诸峰，远望数十里，田畴棋布，屋舍星错，绿树迷烟，清流回护，小舟浮如落叶，人行隐隐，尽郡城西南之胜。”县志的这条载文，是很可以问一个究竟的。

绍兴府城之内，有两座府城隍庙，一在卧龙山西岗，称上城隍庙，一在卧龙山西岗南麓，今称偏门直街处，称下城隍庙。明清之际，由卧龙山西岗南麓到上城隍庙、雷殿、望海亭，走的就是从下城隍庙沿百步街这条道。县志所说星宿阁在下城隍庙，为什么还会出现织造太监见禁条、却肩舆，用二丱角扶掖上山，赴张分守设在山巅星宿阁的宴会呢？星宿阁一说在山巅，一说在山麓，二者必有一错，而错则在县志。

如星宿阁在下城隍庙，县志所叙，很难落实。下城隍庙，高不过二层，目光如何透过城墙，而“远望数十里田畴”“屋舍星错”“小舟浮如落叶”“前列梅岭诸峰”，又如何指认。

而如将星宿阁升高于卧龙山之巅，处于上城隍庙西偏，则县志载文之种种，均有着落。所谓“前列梅岭诸峰”，正是从星宿阁中西望，而必面对之梅里尖山诸峰，由此“远望数十里田畴”可见；“屋舍星错”、“清流回护”可见；“小舟浮如落叶”可见；“人行隐隐”可见。正因为从山巅望去，小舟以“落叶”喻之，而人穿行道上，则曰“隐隐”，是非常符合场景的。

由此看来，《龙山放灯》中说星宿阁在山巅没有错，县志也不过只是“巅”与“麓”，一字之差。

织造太监是夜见到“庙门悬禁条”，下舆而由二丱角扶掖上山的“庙门”，指的确是下城隍庙的庙门。

【校勘】

〔山下望如星河倒注，浴浴熊熊〕

粤雅堂本、上海古籍出版社本等均作“浴浴”。

浴浴，疑为“煜煜”。煜煜，明亮貌，苏轼《二十七日自阳平至斜谷宿于南山中蟠龙寺》诗，有“岭上疏星明煜煜”句。卷六《绍兴灯景》有“熊熊煜煜”句。

王月生

南京朱市妓，曲中羞与为伍。王月生出朱市，曲中上下三十年决无其比也。面色如建兰初开，楚楚文弱，纤趾一牙，如出水红菱。矜贵寡言笑，女兄弟闲客，多方狡狯嘲弄咍侮，不能勾其一粲。善楷书，画兰竹水仙。亦解吴歌，不易出口。南中勋戚大老力致之，亦不能竟一席。富商权胥得其主席半晌，先一日送书帕，非十金则五金，不敢亵订。与合卺，非下聘一二月前，则终岁不得也。好茶，善闵老子，虽大风雨、大宴会，必至老子家啜茶数壶始去。所交有当意者，亦期与老子家会。一日，老子邻居有大贾，集曲中妓十数人，群谇嘻笑，环坐纵饮。月生立露台上，倚徙栏楯，视娗羞涩，群婢见之皆气夺，徙他室避之。月生寒淡如孤梅冷月，含冰傲霜，不喜与俗子交接；或时对面同坐起，若无睹者。有公子狎之，同寝食者半月，不得其一言。一日口嗫嚅动，闲客惊喜，走报公子曰："月生开言矣！"哄然以为祥瑞，急走伺之，面赪，寻又止，公子力请再三，嗫涩出二字，曰："家去。"

【注释】

〔曲中羞与为伍〕曲，指妓院。

〔楚楚文弱〕楚楚，指外貌显明整洁。《诗·曹风·蜉蝣》："蜉蝣之羽，衣裳楚楚。"

〔多方狡狯嘲弄咍侮，不能勾其一粲〕狡狯，狡诈奸猾；嘲弄，嘲讽戏弄；咍（音孩）侮，讥笑欺负。勾，引出；粲，露齿之笑。

〔亦不能竟一席〕竟，尽。

〔富商权胥得其主席半晌〕权胥，有权势的小官吏。主席，主掌宴席者。

〔不敢亵订〕亵，轻慢、冒失。

〔与合卺〕结婚称“合卺”，此指狎妓。

〔好茶，善闵老子〕好，喜好。闵老子与张岱亦有交往，参见卷三《闵老子茶》篇笺疏。

〔老子邻居有大贾〕贾，商人。

〔倚徙栏楯〕身倚栏杆或在栏杆边走动。栏楯（音吮），栏杆。

〔一日口嗫嚅动〕嗫（音聂）嚅（音如），欲言即刻顿住的样子。韩愈《送李愿归盘谷序》：“足将进而趑趄，口将言而嗫嚅。”

〔面赪，寻又止〕赪（音称），赤色。寻，顷刻。

〔蹇涩出二字〕蹇（音蹇），通“謇”，口吃，或曰“蹇吃”。蹇吃，即口吃。庾信《谢滕王阁集序启》：“言辞蹇吃，更甚扬雄。”

【笺疏】

〔南京朱市妓，曲中羞与为伍。王月生出朱市，曲中上下三十年决无其比也〕

朱市，亦作“珠市”，秦淮低档妓院。余怀《板桥杂记·丽品》中卷：“珠市在内桥旁，曲巷逶迤，屋宇湫隘，然其中有丽人，惜限于地，不敢与旧院颉颃。”

王月生，其姓王，名月。余怀《板桥杂记·丽品》中卷：“王月，字微波，母胞生三女，长即月，次节、次满，并有殊色。月犹慧妍，善自修饰，颀身玉立，皓齿明眸，异常妖冶，名动公卿。桐城孙武公暱之，拥致栖霞山下雪洞中，经月不出，于牛女渡河之明夕，大集诸姬于方密之侨居水阁。四方贤豪，车骑盈巷，梨园子弟，三班骈演，水阁外，环列舟航如堵墙，品藻花案，设立层台以坐状元。二十余人中考，微波第一，登台奏乐，进金屈卮。南曲诸姬皆色沮，渐逸去，天明始罢酒。”后归贵阳蔡香。蔡为安庐兵备道，携月赴任。崇祯十五年（1642）五月，张献忠破庐州，得月。月为压寨，偶以事忤献忠，献忠断其头。

张岱认识王月生，恐在闵老子家。张岱有诗《曲中妓王月生》，云：“金陵佳丽何时起？余见两事非常理。乃欲取之相比伦，俗人闻之笑见齿。今来茗战得异人，桃叶渡口闵老子。钻研水火七十年，嚼碎虚空辨渣滓。白瓯沸雪发兰香，色似梨花透窗纸。舌间幽沁味同谁？甘酸都尽橄榄髓。及余一晤王月生，恍见此茶能语矣。蹴三致一步客移，狷洁幽闲意如水。依稀箨粉解新篁，一茎秋兰初放蕊。谷雾犹嫌弱不胜，尖弓适与湘裙委。一往深情可奈何，解人不得多流视。余惟对之敬畏生。君谟嗅茶得其旨。但以佳茗比佳人，自古何人见及此？犹言书法在江声，闻者喷饭满其几。”

张东谷好酒

余家自太仆公称豪饮，后竟失传，余父余叔不能饮一蠡壳，食糟茄面即发赪，家常宴会，但留心烹饪，庖厨之精，遂甲江左。一簋进，兄弟争啖之立尽，饱即自去，终席未尝举杯。有客在，不待客辞，亦即自去。山人张东谷酒徒也，每悒悒不自得。一日，起谓家君曰：“尔兄弟奇矣！肉只是吃，不管好吃不好吃；酒只是不吃，不知会吃不会吃。”二语颇韵，有晋人风味。而近有伧父载之《舌华录》，曰："张氏兄弟赋性奇哉！肉不论美恶，只是吃；酒不论美恶，只是不吃。"字字板实，一去千里，世上真不少点金成铁手也。东谷善滑稽，贫无立锥，与恶少讼，指东谷为万金豪富，东谷忙忙走诉大父曰："绍兴人可恶，对半说谎，便说我是万金豪富！"大父常举以为笑。

【注释】

〔余父余叔不能饮一蠡壳〕不能饮一蠡壳，是指量小，不能饮一杯酒。蠡（音离），瓠瓢。蠡壳，亦即瓠瓢。《汉书·东方朔传》："以蠡测海。"以一"蠡"以测海，喻识浅不见全貌，而其因则在"蠡"之微小。

〔每悒悒不自得〕悒（音刈）悒，忧郁，愁闷不乐。《大戴礼记·曾子制言中》："君子无悒悒于贫，无勿勿于贱。"

【笺疏】

〔余家自太仆公称豪饮〕

太仆公，高祖张天復尊称。曾官"行太仆卿"，张天復因有"太仆公"之称。

《琅嬛文集·家传》卷四："归则构别业于镜湖之阯，高梧深柳，日与狎纵饮其中。命一小傒踞树巅，俟文恭舟至，辄肃衣冠待之，去即开门，轰饮叫嚎如故也。"名士徐渭，曾是内山别业常客，诗《张氏别业十二首·荔枝亭》，就有长时间饮酒的诗句："客醉起复留，还为此亭坐。舟子指河沉，南城欲下琐。"作为客人的徐渭，酒已吃饱，起身要告辞了，不得已，只得再坐下。

徐渭善饮，内山豪饮，酒逢知己，自然是千杯少，张岱因此而说“太仆公称豪饮”。隆庆五年（1571），内山的儿子张元忭成了状元，捷报传来，张内山更是开怀畅饮，因此得病，《家传》中再记述：“辛未，文恭魁大廷，高祖益喜，召客啸咏豆觞，日淋漓，遂病。六十二乃卒”。为酒伤身，送了老命。

〔山人张东谷酒徒也〕

山人张东谷，徐渭也接待过他。《徐渭集·徐文长逸稿》第八六〇页，有七绝《张东谷索题王仲山所画小蛙鱼荷芦叶图》，云：“荷钱小小芦垂垂，鸣蛙独坐歇鼓吹。问渠何事喑如此？留待黄鹤孔稚圭。”张岱对于张东谷，确实只能听他祖父说起：“大父常举以为笑”。

〔而近有伧父载之《舌华录》〕

伧父。亦作“伧夫”，骂人的话，犹言鄙夫、粗野的人。

《四库全书存目丛书》收有明代万历刻本《舌华录》，歙县人曹臣（字荩之）辑。《舌华录》刻于万历年间，张岱用一个“近”字，那么《张东谷好酒》写作时间，应该在明亡前了。

三秦出版社1998年9月出版的《明清笑话十种·舌华录》卷三《冷语第六》辑有“张氏兄弟，赋性奇哉”一则，文曰：“会稽张状元诸孙四五辈，皆不饮酒，善肴物。每至席所，箸下如林，必一尽乃止。沈曼长曰：‘张氏兄弟，赋性奇哉！遇肴不论美恶，只是吃，遇酒不论美恶，只是不吃。’”此语与本文所述有出入。而《四库全书存目丛书》中收录的《舌华录·冷语第六》，未见此句。仔细查阅始知，四库本《舌华录·冷语第六》第六页，有“原缺第七叶”小字一行。拿所缺第七页的《四库全书存目丛书》本《舌华录》，与三秦出版社《舌华录》对照，“张氏兄弟，赋性奇哉”一语，正在这“原缺第七叶”中。《四库全书存目丛书》本收录的《舌华录》是万历刻本，这册《舌华录》又是由浙江巡抚进呈修《四库全书》的，且又偏偏在《舌华录》中缺了有此语的一页，那么，可不可以认为这册《舌华录》之缺页，或与写

《张东谷好酒》之张岱，有些关系？

张东谷此言，是面对面说给张岱父亲听的，故曰“尔兄弟奇矣”。这一句特重要，在读者听来，仿佛临场在旁听得。由此确认，这一句颇具“晋人风味”的话，从酒徒张东谷嘴中说出的原样，本该如此。而《舌华录》所云“沈曼长曰”，或是被张岱斥为“伧夫”的《舌华录》作者曹某，其获得此语的来源，是从转述者沈某人口中得来，语言特色自然走样。

楼船

家大人造楼，船之；造船，楼之。故里中人谓船楼，谓楼船，颠倒之不置。是日落成，为七月十五，自大父以下，男女老稚靡不集焉。以木排数重搭台演戏，城中村落来观者，大小千余艘。午后飓风起，巨浪磅礴，大雨如注，楼船孤危，风逼之几覆，以木排为戙，索缆数千条网网如织，风不能撼。少顷风定，完剧而散。越中舟如蠡壳，跼蹐篷底看山，如矮人观场，仅见鞋靸而已，升高视明，颇为山水吐气。

【注释】

〔以木排为戙，索缆数千条网网如织，风不能撼〕将木柱成排竖起，夹住船只，再用千条绳索，如网缠住，风因此不能撼动。排，动词。戙（音洞），《康熙字典》释曰“船板木也。”实即为木，直且坚实，排列用以固定船只。

〔越中舟如蠡壳，跼蹐篷底看山〕以“蠡壳”状绍兴船，是言其小也。船小篷低，只得弯曲着身子，双脚盘着坐。踽，弯曲；蹐，本义是后脚紧跟前脚，小步走，此解为两腿交叠。

〔仅见鞋靸而已〕靸（音洒），鞋之一种，今称拖鞋。

【笺疏】

〔家大人造楼，船之；造船，楼之〕

《琅嬛文集·家传》卷四，张耀芳传载："后以先子屡困场屋，抑郁牢骚，遂病翻胃。先宜人忧之，谓岱曰：'尔父冯唐易老，河清难俟，或使其适意园亭，陶情丝竹，庶可以解其岑寂。'庚辰以来，遂兴土木，造船楼一二，教习小傒鼓吹剧戏，一切繁靡之事。听先子任意为之。"

庚申，泰昌元年（1620），张耀芳造楼船，或在此年。是年张岱二十四岁。

至于"家大人造楼，船之"，即里中人所谓"船楼"其址，或在卧龙山那块山艇子石上。祁彪佳《祁忠敏公日记·归南快录》，乙亥崇祯八年（1635）十一月二十四日："天稍霁，雅夷兄至，同诸友游快园，在卧龙山之阴，与予寓甚近。顷之，张介子亦至，以小舫同游砎园，张雨若归老处也。再游梯仙谷，登张大涤所建船楼，有石在龙山之左，甚奇。予独与介子访张宗子，乃归。"砎园后即庞公池，庞公池东，上岸即是山艇子石，山艇子上楼，即是船楼。祁彪佳"再游梯仙谷，登张大涤所建船楼"，因曰不是有"有石在龙山之左，甚奇"一句，那"甚奇"之石，当是山艇子石。再因船楼是张岱父所构，祁彪佳欲访，只能与张岱堂弟介子与俱，因此"独与介子访"。

阮圆海戏

阮圆海家优讲关目，讲情理，讲筋节，与他班孟浪不同。然其所打院本，又皆主人自制，笔笔勾勒，苦心尽出，与他班卤莽者又不同。故所搬演，本本出色，脚脚出色，出出出色，句句出色，字字出色。余在其家看《十错认》《摩尼珠》《燕子笺》三剧，其串架斗笋、插科打诨、意色眼目，主人细细与之讲明。知其义味，知其指归，故咬嚼吞吐，寻味不尽。至于《十错认》之龙灯、之紫姑，《摩尼珠》之走解、之猴戏，《燕子笺》之飞燕、之舞象、之波斯进宝，纸札装束，无不尽情刻画，故其出色也愈甚。阮圆海大有才华，恨居心勿静，其所编诸剧，骂世十七，解嘲十三，多诋毁东林，辩宥魏党，为士君子所唾弃，故其传奇不之著焉。如就戏论，则亦镞镞能新，不落窠臼者也。

【注释】

〔阮圆海家优讲关目〕优，优伶。家优，家庭戏班。关目，即今所谓“主题”。

〔讲筋节，与他班孟浪不同〕筋节，脉络与关节。此指戏曲中之主线、转折。孟浪，言语轻率不当。《庄子·齐物论》：“夫子以为孟浪之言，而我以为妙道之行也。”

〔然其所打院本〕打，编写。院本，泛指戏曲剧本。

〔脚脚出色，出出出色〕“脚脚出色”之“脚脚”，演剧中扮演的各种角色。角色，亦称脚色。出，传奇剧本结构上的一个段落。出出，每一段戏。

〔其串架斗笋、插科打诨〕串架斗笋，此指剧本结构。串架，木结房屋间的连结；斗笋，合榫。插科打诨（音混），戏剧名词。演员在表现时，插入引人发笑的动作，叫“插科”；打浑，剧中诙谐逗趣的言语。

〔知其指归，故咬嚼吞吐，寻味不尽〕指归，表述主题。咬嚼吞吐，是对戏剧由目观，经思考分析，得出认知全过程。寻味，探求玩味。

〔之波斯进宝〕波斯，伊朗旧称。

〔辩宥魏党〕为魏忠贤党人辩护，以达赦罪目的。宥（音又），赦罪。《易·解》：“君子以赦过宥罪。”辩宥，辩护、宽宥。

【笺疏】

〔阮圆海大有才华，恨居心勿静，其所编诸剧，骂世十七，解嘲十三，多诋毁东林，辩宥魏党，为士君子所唾弃，故其传奇不之著焉〕

阮圆海，即阮大铖，“圆海”其号，明末怀宁人。天启时依附魏忠贤，崇祯被黜。弘光时，马士英执政，得任兵部尚书。后降清，从清兵攻仙霞岭时死。作有传奇多种，今传《燕子笺》、《春灯谜》、《牟尼合》、《双金榜》四种。

阮大铖剧作“骂世十七，解嘲十三”，十之中七成“骂世”，攻击东林党人，三成“解嘲”，为自己嘲讽辩宥。

阮圆海别业，在南京牛首山献花岩。卷四《牛首山打猎》篇“看剧于献花岩”，或许正是阮圆海请的客。剧目或许就在《十错认》《摩尼珠》《燕子笺》三剧中。

【校勘】

〔**则亦镞镞能新，不落窠臼者也**〕

镞（音族），释义有四：一，状箭的轻捷，《吕氏春秋·贵卒》：“所谓贵镞矢者，为其应声而至。”高诱注：“镞，矢轻利也。”二，箭头。贾谊《过秦论》：“秦无亡矢遗镞之费。”三，锄。四，与“锉”同。镞此四义，均为金属之器，虽就砺“能新”，却是依然旧货一件，何以言“不落窠臼者也”。况且，金属这器多多，“能新”者绝非只“镞”。

簇新，花蕊夫人《宫词》“厨船进食簇时新。”簇，本谓簇聚新物，后具“全新”“极新”义。

“镞镞能新”，当为“簇簇能新”。窠臼，陈旧的格调。簇簇能新，自然“不落窠臼者也”。由此，句“则亦镞镞能新，不落窠臼者也”，或为“则亦簇簇能新，不落窠臼者也”。

𡼴花阁

𡼴花阁在筠芝亭松峡下，层崖古木，高出林皋，秋有红叶。坡下支壑回涡，石踦棱棱，与水相距。阁不槛不牖，地不楼不台，意政不尽也。五雪叔归自广陵，一肚皮园亭于此小试，台之、亭之、廊之、栈道之，照面楼之，侧又堂之、阁之、梅花缠折旋之，未免伤板、伤实、伤排挤，意反局蹐，若石窟书砚。隔水看山、看阁、看石麓、看松峡上松，庐山面目反于山外得之。五雪叔属余作对，余曰：“身在襄阳袖石里，家来辋口扇图中。”言其小处。

【注释】

〔高出林皋〕皋，沼泽旁之高地。

〔坡下支壑回涡，石䟠棱棱〕回涡，回流。䟠，大䟠指，脚指之大者。因"与水相距"，石䟠，指的是崖壁下部。

〔未免伤板、伤实、伤排挤〕板，刻板；实，平实；排挤，壅堵挤塞。

〔若石窟书砚〕石窟书砚，形容地方狭小，不便施展之区。

〔身在襄阳袖石里，家来辋口扇图中〕襄阳袖石里：襄阳，县名，约今襄樊市。其隆中山，为诸葛亮隐居处。袖石里，言其小也。辋口扇图中：辋（音网）口，在陕西蓝田南，唐诗人王维曾置别业于此。扇图中，言其小也。

【笺疏】

〔巘花阁在筠芝亭松峡下，层崖古木，高出林皋，秋有红叶〕

筠芝亭遗址，卷一《筠芝亭》篇已有考证，即在卧龙山西岗旧上城隍庙遗址，"折而下"的那块台地。筠芝亭遗址其东，山势陡峭，一条旧时上西岗上城隍庙，雷殿等处的石磴道百步街，尚存山上半截，此即所指松峡这地方，《筠芝亭》所描述的"溪壑萦回，水出松叶之上。台下右旋曲蹬之摺，老松偻背而立，顶垂一干，倒下如小幢，小枝盘郁，曲出辅之，旋盖如曲柄葆羽"景色，正是松峡景色。

祁彪佳《越中园亭记·巘花阁》载："巘花阁，在张五洩君宅后，即龙山之南麓也。石壁棱峙，下汇为小池，飞栈曲桥，逶迤穿渡，为亭为台，簇花叠锦，想金谷当年，不过尔尔。"

巘花阁在卧龙山西岗麓。其处特点是"支壑回涡，石䟠棱棱"，有水有石。祁彪佳《越中园亭记·巘花阁》也说到了"石壁棱峙，下汇为小池"这特点。现西岗松峡下，已成为越王城广场之一部分，均铺成水泥地，所谓“支壑回涡”、“下汇为小池”，都是寻不到了的，惟有依仗此间石壁，或许可以寻到巘花阁之所在，因为卷七《山艇子》篇，还有“巘花阁以西皆骨立”句，凭此从山艇子石山岩裸露处，往东至“骨立”尽处，应该就是巘花阁遗址了。

巘花阁，是张岱“五雪叔”自扬州归来后，筑于自家宅后的。“巘”，据《毛传》曰：“小山别于大山也”。卧龙山分东岗（东岗为府衙禁地）、西岗，两两相较，西岗正“小山别于大山也”。取名“巘花”，或许正是这个意思。

范与兰

范与兰七十有三，好琴，喜种兰及盆池小景。建兰三十余缸，大如簸箕。早舁而入，夜舁而出者，夏也；早舁而出，夜舁而入者，冬也。长年辛苦，不减农事。花时，香出里外，客至坐一时，香袭衣裾，三五日不散。余至花期至其家，坐卧不去，香气酷烈，逆鼻不敢齅，第开口吞欲之，如沆瀣焉。花谢，粪之满箕，余不忍弃，与与兰谋曰：“有面可煎，有蜜可浸，有火可焙，奈何不食之也？”与兰首肯余言。与兰少年学琴于王明泉，能弹《汉宫秋》、《山居吟》、《水龙吟》三曲。后见王本吾琴，大称善，尽弃所学而学焉，半年学《石上流泉》一曲，生涩犹棘手。王本吾去，旋亦忘之，旧所学又锐意去之，不复能记忆，究竟终无一字，终日抚琴，但和弦而已。所畜小景有豆板黄杨，枝干苍古奇妙，盆石称之，朱樵峰以二十金售之，不肯易，与兰珍爱，“小妾”呼之，余强借斋头三月，

枯其垂一干，余懊惜，急舁归与兰。与兰惊惶无措，煮参汁浇灌，日夜摩之不置，一月后枯干复活。

【注释】

〔香袭衣裾〕衣裾（音居），此指衣服。裾，衣之前襟，即大襟；亦称衣袖。

〔逆鼻不敢齅，第开口吞欲之，如沆瀣焉〕逆，迎。第，只。沆瀣（音械），夜间的水汽，司马相如《大人赋》："呼吸沆瀣兮餐朝霞。"齅，同"嗅"。

〔花谢，粪之满箕〕粪，扫除。《荀子·强国》："堂上不粪，则郊草不瞻旷芸。"

〔生涩犹棘手〕棘手，本指荆棘刺手，喻事情难办，此谓范与兰琴艺粗疏。

【笺疏】

〔范与兰七十有三，好琴，喜种兰及盆池小景〕〔与与兰谋曰："有面可煎，有蜜可浸，有火可焙，奈何不食之也？"〕

兰花蜜渍后可食。周亮工《闽小纪·蜜渍兰》卷二："人言兰花不可食，此为珍珠兰误耳。珍珠兰虽非断肠草，然食其根，亦能伤人。兰花则否，余常见建宁人家蜜渍兰花，冬月以之点茗，一花泛泛鲜如初摘，正如湘女凌波时，不止压倒昔人清泉白石也。或曰兰必蜜后始可食。"

范与兰莳花弄草，侍之如人，一盆豆板黄杨，呼以"小妾"。当被张岱强借去干枯一枝时，范与兰可惜得手足无措，比待亲爹都还好，连忙用参汁浇灌，并日夜抚摩不停。范与兰是真性情爱花。

三十余缸建兰花谢，花朵收拾起来有满满一畚箕，张岱提议说：

“有面可煎，有蜜可浸，有火可焙，奈何不食之也？”而范与兰只是表示“首肯”——一种碍于情面上的同意，以后却是未见下文。与兰哪里肯“食之也”。

蟹会

食品不加盐醋而五味全者，为蚶、为河蟹。河蟹至十月与稻粱俱肥，壳如盘大，坟起，而紫螯巨如拳，小脚肉出，油油如螾蜓。掀其壳，膏腻堆积如玉脂珀屑，团结不散，甘腴虽八珍不及。一到十月，余与友人兄弟辈立蟹会，期于午后至，煮蟹食之，人六只，恐冷腥，迭番煮之。从以肥腊鸭、牛乳酪，醉蚶如琥珀，以鸭汁煮白菜如玉版。果蓏以谢橘、以风栗、以风菱。饮以玉壶冰，蔬以兵坑笋，饭以新余杭白，漱以兰雪茶。繇今思之，真如天厨仙供，酒醉饭饱，惭愧惭愧。

【注释】

〔壳如盘大，坟起〕坟起，此指蟹膏厚实，壳因此隆起。坟，高起，《书·禹贡》：“厥土黑坟。”孔传：“色黑而坟起。”

〔而紫螯巨如拳，小脚肉出，油油如螾蜓〕《荀子·劝学》“蟹六跪而二螯”，“二螯”，蟹两只大脚趾。螯色“紫”，老蟹也。螾（音引）蜓（音演），绍兴口语称蜒蚰螺，即无壳蜗牛。

〔甘腴虽八珍不及〕甘腴，甜而肥美。八珍，南北说法不一。陶宗仪《辍耕录》卷九云：“所谓八珍，则醍醐、麆沆、野驼蹄、鹿唇、驼乳糜、天鹅炙、紫玉浆、玄玉浆也。玄玉浆即马奶子。”

从物品看，陶宗仪所录，为北八珍。

〔迭番煮之〕迭番，轮流。

【笺疏】

〔从以肥腊鸭、牛乳酪，醉蚶如琥珀，以鸭汁煮白菜如玉版。果蓏以谢橘、以风栗、以风菱。饮以玉壶冰，蔬以兵坑笋，饭以新余杭白，漱以兰雪茶〕

肥腊鸭，以炒花椒盐腌制，时间多在腊月，故称腊鸭。绍兴有谚“陈酒腊鸭天”，表述的是，绍兴下雪天一种饮食情趣。蟹期吃腊鸭，未免失候。

蚶熟后加黄酒、酱油、花椒、葱花渍之须臾，即曰“醉”。另有一种醉麻蛤，麻蛤小如指甲者佳，阴历十一月中上旬，以红腐乳汁渍，略加黄酒，至正月初味成，极鲜美。

玉版，笋之别称。“以鸭汁煮白菜如玉版”，腊鸭蒸食，其汁煮白菜，蟹时白菜新应市，鲜嫩着呢，鲜比“玉版”。

谢橘，见卷五《樊江陈氏橘》篇注释。

风栗，将鲜栗悬于通风处，半月后即成。“风菱”亦如此。十月，菱栗正熟。

玉壶冰，旧时一种绍兴酒名。

兵坑笋，兵坑，地名，在绍兴城南三十余里山区。其地之笋，为越中至味，唯是十月，不知掘的是何种？笋干，一年四季都是有的。

新余杭白，余杭白，余杭县所产的一种稻名。“新”，指新收获。

兰雪茶，见卷三《兰雪茶》篇笺疏。

露兄

崇祯癸酉，有好事者开茶馆，泉实玉带，茶实兰雪，汤以旋煮无老汤，器以时涤无秽器，其火候、汤候，亦时有天合之者，余喜之，名其馆曰“露兄”，取米颠“茶甘露有兄”句也。为之作《斗茶檄》，曰：“水淫茶癖，爰有古风；瑞草雪芽，素称越绝。特以烹煮非法，向来葛灶生尘；更兼赏鉴无人，致使羽《经》积蠹。迩者择有胜地，复举汤盟，水符递自玉泉，茗战争来兰雪。瓜子炒豆，何须瑞草桥边；橘柚查梨，出自仲山圃内。八功德水，无过甘滑香洁清凉；七家常事，不管柴米油盐酱醋。一日何可少此，子猷竹庶可齐名；七碗吃不得了，卢仝茶不算知味。一壶挥尘，用畅清谈；半榻焚香，共期白醉。”

【注释】

〔汤以旋煮无老汤〕汤，水。因其“旋煮”，味鲜冽而称“无老”。

〔水淫茶癖，爰有古风〕淫，过于沉溺；癖，积久成习的嗜好。水淫茶癖，指对茶水有特别情趣、特别讲究的人。爰（音袁），曰也。《汉书·五行志上》：“水曰润下，火曰炎上，木曰曲直，金曰从革，土爰稼穑。”颜师古注：“爰亦曰也。”

〔瑞草雪芽，素称越绝〕瑞草雪芽，“龙山瑞草”、“日铸雪芽”之合称。越绝，绍兴最好。

〔向来葛灶生尘〕葛灶，葛洪炼丹之灶。此特指灶。

〔致使羽《经》积蠹〕羽《经》，陆羽《茶经》。陆羽，唐人，有茶圣之称誉。

〔迩者择有胜地，复举汤盟〕迩（音尔），近。汤盟，茶会。

〔水符递自玉泉，茗战争来兰雪〕玉泉，泉名，指绍兴城南琶山玉带泉。兰雪，茶名，见卷三《兰雪茶》篇笺疏。

〔瓜子炒豆，何须瑞草桥边〕瑞草桥，在绍兴城内卧龙山麓，今不存。

〔橘柚查梨，出自仲山圃内〕查，通“楂”。仲山圃，汉高祖刘邦二兄刘仲之园圃。汉高起芒泽，二兄仲在家侍奉老父，躬耕垄亩丘园间，后封代王，其“山圃”所产“橘柚查梨”，自然金贵。

〔八功德水，无过甘滑香洁清凉〕八功德水，在南京钟山。嘉庆《新修江宁府志·山水》卷六，“钟山”条下：“其水曰八功德水。《建康志》：‘水在悟真庵后。’《应天府志》引旧志云：‘一清，二冷，三香，四柔，五甘，六净，七不饐，八蠲痾。’又云：‘洪武间迁寺东麓。旧池就涸，从寺东马鞍山下通出。宣德间水竭不到。正统元年，久旱，湧出如初。’”张岱《夜航船·泉石》卷二：“八功德水，一清，二冷，三香，四柔，五甘，六净，七不噎，八除病。”

〔七家常事，不管柴米油盐酱醋〕俗云开门七件事，柴米油盐酱醋茶。七家常事“不管”其六，管只管“茶”。

〔一日何可少此，子猷竹庶可齐名〕子猷竹，《世说新语》：王子猷尝暂寄人空宅，便令种竹。或问“暂住何烦尔？”王啸咏良久，直指竹曰“何可一日无此君！”

〔七碗吃不得了，卢仝茶不算知味〕卢仝（音同）茶，卢仝《走笔谢孟谏仪寄新茶》诗，有曰“一碗喉吻润，二碗破孤闷，三碗搜枯肠，唯有文字五千卷，四碗发清汗，平生不平事，尽向毛孔散，五碗肌骨清，六碗通仙灵，七碗吃不得也，唯觉两腋习习清风生。

蓬莱山，在何处？玉川子乘此清风欲归去。”

〔共期白醉〕白醉，清醒之醉。

【笺疏】

〔崇祯癸酉〕

癸酉，崇祯六年（1633），是年张岱三十七岁。

〔名其馆曰“露兄”，取米颠“茶甘露有兄”句也〕

米颠，即米芾。明代曹臣《舌华录》载：“米芾尝作诗云：‘饭白云有子，茶甘露有兄’。人问露兄故实，乃曰：只是甘露哥哥耳”。

闰元宵

崇祯庚辰闰正月，与越中父老约重张五夜灯。余作张灯致语曰：“两逢元正，岁成闰于摄提之辰；再值孟陬，天假人以闲暇之月。《春秋传》详记二百四十二年事，春王正月，孔子未得重书；开封府更放十七、十八两夜灯，乾德五年，宋祖犹烦钦赐。兹闰正月者，三生奇遇，何幸今日而当场；百岁难逢，须效古人而秉烛。况吾大越，蓬莱福地，宛委洞天。大江以东，民皆安堵；遵海而北，水不扬波。含哺嬉兮，共乐太平之世界；重译至者，皆言中国有圣人。千百国来朝，白雉之陈无算；十三年于兹，黄耇之说有徵。乐圣衔杯，宜纵饮屠苏之酒；较书分火，应暂辍太乙之藜。前此元宵，竟因雪妒，天亦知点缀丰年；后来灯夕，欲与月期，人不可蹉跎胜事。六鳌山立，只说飞来东武，使鸡犬不惊；百兽室悬，毋曰下守海澨，唯鱼鳖是见。笙箫聒地，竹椽出自柯亭；花草盈街，禊帖携来兰渚。士女潮涌，撼动蠡城；车马雷殷，唤醒龙屿。况时逢丰穰，呼庚呼癸，一岁自兆重登；且科际辰年，为龙为光，两榜必徵双首。莫轻此五夜之乐，眼望何时？试问那百年之人，躬逢几次？敢祈同志，勿负良宵。敬借赫蹄，喧传口号。”

【注释】

〔两逢元正，岁成闰于摄提之辰〕是年有闰月，因而“元正”二逢。元正，与下句“孟陬”对，即元月正月之谓。摄提，星名，秦汉时期一种纪年法。

〔再值孟陬，天假人以闲暇之月〕孟陬，正月。旧称正月为陬月。假，给与，《汉书·龚遂传》：“遂乃开仓廪，假贫民。”颜师古注：“假，谓给与。”

〔三生奇遇，何幸今日而当场〕三生奇遇：传唐代李源与惠林寺和尚圆泽友善，同游三峡，见一妇汲水，圆泽对李源说：“是某托身之所。更后十二年中秋月夜，杭州天竺寺外，与君相见。”后李源果如期到访，于天竺寺下飞来峰遇一牧童，唱《紫竹词》：“三生石上旧精魂，赏月吟风不要论。惭愧情人远相访，此身虽异性常存。”灵隐寺前飞来峰麓，传是李源、圆泽再逢处，有三生石在焉。“何幸今日”是元宵，“三生奇遇”是中秋，同是赏月之夜。当场，指物情发生于同时日。

〔百岁难逢，须效古人而秉烛〕秉烛，《古诗十九首》有“昼短苦夜长，何不秉烛游”句，谓需及时行乐。

〔蓬莱福地，宛委洞天〕蓬莱福地，指绍兴城内卧龙山。元稹《以州宅夸于乐天》诗，有“谪居犹得住蓬莱”句，“蓬莱”指州署所在卧龙山。宛委洞天，绍兴城东南宛委山，为道教第洞天。

〔民皆安堵〕安堵，安居而不受骚扰。《史记·田单列传》："即墨既降，愿无掳掠吾族家妻妾，令安堵。"

〔遵海而北〕遵，循；沿着。《孟子·梁惠王下》："遵海而南，放于琅邪。"

〔含哺嬉兮〕含哺，口中含着食物。哺，指口中所含食物。《史记·鲁周公世家》："一饭三吐哺。""况吾大越"至"共乐太平之世界"，统辖于"况吾大越"句下。

〔千百国来朝，白雉之陈无算〕白雉，白色雉鸡，祥瑞之物，是"千百国来朝"之贡物。

〔十三年于兹，黄耇之说有徵〕"十三年于兹"之"十三年"，指是崇祯朝已历十三年，意蕴"不短"，故下句有"黄耇"之徵。黄耇（音苟），老寿，年老则发黄。《诗·小雅·南山有台》有句"乐只君子，遐不黄耇。"徵，成。《仪礼·士昏礼》："纳徵。"郑玄注："徵，成也，使使者纳币以成昏礼。"

〔乐圣衔杯，宜纵饮屠苏之酒〕因下有"较书分火，应暂辍太乙之藜"句，"乐圣衔杯"之"圣"，指的是孔圣人。乐圣衔杯，是饮以娱悦孔老夫子。"屠苏之酒"之"屠苏"，庵名。汉时有人居草庵造酒，除夕以药囊浸酒中，元旦饮之，以辟除百病。饮屠苏，先幼后长，于求学者正相宜，故曰"宜纵饮"；故曰"乐圣"。

〔较书分火，应暂辍太乙之藜〕《夜航船·天文部·春》卷一："青藜照读元夕人皆游赏，独刘向在天禄阁校书，太乙真人以青藜杖燃火照之。"事见《拾遗记》，喻勤奋向学。

〔六鳌山立，只说飞来东武，使鸡犬不惊〕《吴越春秋·勾践归国外传》："城既成，而怪山自生者，琅琊东武海中山也。一夕自来，故名怪山。""飞来东武"，即旧称"飞来山"、"东武山"之绍兴城内塔山。塔山，俗称也。

〔筀箫聒地，竹椽出自柯亭〕竹椽出自柯亭，见卷二《表胜庵》篇注释。

〔花草盈街，禊帖携来兰渚〕禊帖，指王羲之书《兰亭序》。兰渚，山名，在绍兴西南兰亭。兰亭南里余，有花街。

〔士女潮涌，撼动蠡城；车马雷殷，唤醒龙屿〕蠡城，绍兴城始由越大夫范蠡建，名勾践小城，绍兴城因此别称“蠡城”。雷殷，如雷声震动。司马相如《上林赋》：“殷天动地。”龙屿，指绍兴城内卧龙山。

〔况时逢丰穰，呼庚呼癸，一岁自兆重登〕丰穰（音攘），庄稼丰收。呼庚呼癸，语义本出《左传·哀公十三年》：“吴申叔仪乞粮于公孙有山氏，曰：‘佩玉蕊兮，余无所系之。旨酒一盛兮，余与褐之父睨之。’对曰：‘粱则无矣，粗则有之。若登首山以呼曰：‘庚癸乎！’则诺。”“庚癸”之呼，在于“乞粮”，是对“一岁自兆重登”祈盼之呼喊。元宵先因“雪妒”而下雪，却是应了“瑞雪兆丰年”谚，故曰“自兆”。登，成熟，如五谷丰登，《礼记·月令》：“蚕事既登。”重登，大丰收。

〔且科际辰年，为龙为光，两榜必徵双首〕科际辰年，科举遇逢龙年。辰为龙年，是年庚辰，京试之年。京试有会试、殿试两榜，故曰“两榜必徵双首”。“双首”，会试第一名称会元，殿试第一名称状元。“为龙为光”，“龙”，通“宠”，受宠且荣之意，语出《诗·蓼萧》篇：“蓼彼萧斯，零露瀼瀼。既见君子，为龙为光。其德不爽，寿考不忘。”《蓼萧》是受恩于人，向之表示感谢，并颂德祝福之诗。本篇所言“为龙为光”，具科举取士而沐皇恩，并蕴感恩颂德之意。

〔敬借赫蹄，喧传口号〕赫蹄，西汉末年流行的一种小幅薄纸。

【笺疏】

〔崇祯庚辰闰正月〕

庚辰，崇祯十三年（1640），是年张岱四十四岁。

〔《春秋传》详记二百四十二年事，春王正月，孔子未得重书〕

张岱用此句，有调文袋之嫌，其意或只在点明"正月"。《琅嬛文集》卷三，有《春王正月辨》，首句曰："《春秋》书'春王正月'，左氏曰'此周正也。周建子而改月，盖以十一月为正也。'胡氏曰：'此孔子作经始笔，孔子欲行夏时，故夏时冠周月也。'王文成曰：'孔子从周，岂敢私改周正？盖周之建子，非独改月，时亦改也。'""春王正月"，有左、胡、王三人解在，可知"孔子未得重书"，是遵循《春秋》也。

〔开封府更放十七、十八两夜灯，乾德五年，宋祖犹烦钦赐〕

《夜航船·天文部·春》卷一："买灯，上元张灯，止三夜，其十七、十八，始于钱鏐王，入贡疏买两夜灯。乾德五年正月有诏：'上元张灯，旧止三夜。朝廷无事，区宇又安，方当年谷之丰登，宜纵士民之行乐。其令开封府更放十七、十八两夜灯。'"

宋祖本无此意，是钱镠"入贡疏买"，而下召"更放十七、十八两夜灯"，因曰宋祖"犹烦"。

合采牌

余作文武牌，以纸易骨，便于角斗，而燕客复刻一牌，集天下之斗虎、斗鹰、斗豹者，而多其色目、多其采，曰"合采牌"。余为之作叙曰："太史公曰：'凡编户之民，富相什则卑下之，伯则畏惮之，千则役，万则仆，物之理也。’古人以钱之名不雅驯，缙绅先生难道之，故易其名曰赋、曰禄、曰饷。天子千里外曰采。采者，采其美物以为贡，犹赋也。诸侯在天子之县内曰采，有地以处其子孙亦曰采，名不一，其实皆谷也，饭食之谓也。周封建多则采胜，秦无采则亡。采在下无以合之，则齐桓、晋文起矣。列国有采而分析之，则主父偃之谋也。繇是而亮采服采，好官不过多得采耳。充类至义之尽，窃亦采也，盗亦采也，鹰虎豹繇此其选也。然则奚为而不禁？曰：小役大，弱役强，斯二者天也。《皋陶谟》曰：‘载采采’，微哉、之哉、庶哉！”

【注释】

〔多其色目、多其采，曰“合采牌”〕色目，种类名目。《礼记·王制》：“凡执技以事上者，祝、史、射、御、医、卜及百工。”孔颖达疏：“此论与祝、史、医、卜并列见其色目。”采邑，盛行于周，亦称“采地”、“封地”，为诸侯封赐所属卿、大夫作为世禄之封地。封地所出，包括劳动者，即曰“采”。“采”，其实即“财”。

〔古人以钱之名不雅驯，缙绅先生难道之〕《史记·五帝纪赞》：“学者多称五帝，尚矣。然《尚书》独载尧以来；而百家言黄帝，其文不雅驯，荐绅先生难言之。”张守节正义：“驯，训也。谓百家之言皆非典雅之训。”后世多称文辞善于修饰，曰“雅驯”。

〔诸侯在天子之县内曰采，有地以处其子孙亦曰采〕《礼记·礼运》：“大夫有采以处其子孙。”

【笺疏】

〔太史公曰：“凡编户之民，富相什则卑下之，伯则畏惮之，千则

役，万则仆，物之理也。”〕

太史公此言，见《史记·货殖列传》。

〔采在下无以合之，则齐桓、晋文起矣〕

齐桓、晋文，春秋五霸。齐桓，即齐国君小白，元前 685 ～元前 643 年在位；晋文，即晋公子重耳，元前 636 ～元前 628 年在位。

〔列国有采而分析之，则主父偃之谋也〕

主父偃，西汉临淄（今山东淄博东北）人，“主父”是复姓。官为中大夫。主张削弱割据势力，下令推恩，为帝采纳，使诸侯王多分封子弟为侯，此即“列国有采而分析之”。

〔《皋陶谟》曰：“载采采”，微哉、之哉、庶哉！〕

《皋陶谟》载：“皋陶曰：‘都！亦行有九德。亦言其人的德，乃言曰：载采采。’”

【校勘】

〔周封建多采则胜，秦无采则亡〕

上海古籍出版社本作“封建多则采胜”。作家出版社本作“封建多采则胜”。

瑞草溪亭

瑞草溪亭为龙山支麓，高与屋等。燕客相其下有奇石，身执蘽臿，为匠石先发掘之。见土夆土，见石甃石，去三丈许，始与基平，乃就其上建屋。屋今日成，明日拆，后日又成，再后日又拆，凡十七变而溪亭始出。盖此地无溪也而溪之，溪之

不足，又潴之、壑之，一日鸠工数千指，索性池之，索性阔一亩，索性深八尺。无水，挑水贮之，中留一石如案，回潴浮峦，颇亦有致。燕客以山石新开，意不苍古，乃用马粪涂之使长苔藓，苔藓不得即出，又呼画工以石青石绿皴之。一日左右视，谓此石案焉可无天目松数棵盘郁其上，遂以重价购天目松五六棵，凿石种之。石不受锸，石崩裂，不石不树，亦不复案，燕客怒，连夜凿成砚山形，缺一角，又索一礐石补之。燕客性卞急，种树不得大，移大树种之，移种而死，又寻大树补之。种不死不已，死亦种不已，以故树不得不死，然亦不得即死。溪亭比旧址低四丈，运土至东多成高山，一亩之室，沧桑忽变。见其一室成，必多坐看之，至隔宿或即无有矣。故溪亭虽渺小，所费至巨万焉。燕客看小说："姚崇梦游地狱，至一大厂，炉鞴千副，恶鬼数千，铸泻甚急，问之，曰：'为燕国公铸横财。'后至一处，炉灶冷落，疲鬼一二人鼓橐，奄奄无力，崇问之，曰：'此相公财库也。'崇寤而叹曰：'燕公豪奢，殆天纵也。'"燕客喜其事，遂号"燕客"。二叔业四五万，燕客缘手立尽。甲申，二叔客死淮安，燕客奔丧，所积薪俸及玩好币帛之类又二万许，燕客携归，甫三月又辄尽，时人比之鱼宏四尽焉。溪亭住宅，一头造，一头改，一头卖，翻山倒水无虚日。有夏耳金者，制灯剪彩为花，亦无虚日。人称耳金为"败落隋炀帝"，称燕客为"穷极秦始皇"，可发一粲。

【注释】

〔身执虆臿〕虆（音雷）臿（音权），虆，古时盛土器。《孟子·滕文公上》："盖归反虆梩而掩之。"臿，掘土的家具，即锹。

〔见土辇土，见石甃石〕辇（音局），古代用马驾的运货大车，此名词用作动词“运”。以砖修井曰“甃”（音绉），此处以“砌”义。

〔一日鸠工数千指〕鸠（音久）工，招集劳工；千指，一人十指，千指百人。

〔又呼画工以石青石绿皴之〕皴（音村），中国画的一种技法，表现山石纹理，峰峦折痕。

〔石不受锸〕锸，掘土工具，即锹。

〔又辇一礐石补之〕礐（音宕）石，大石。

〔燕客性卞急〕卞（音扁）急，急躁，《左传·定公三年》：“庄公卞急而好洁。”

〔炉鞴千副〕鞴（音备），鼓风吹火器。

〔疲鬼一二人鼓橐〕橐（音脱），风箱。

〔燕公豪奢，殆天纵也〕天纵，上天放纵。

〔燕客缘手立尽〕缘手，随手。

〔时人比之鱼宏四尽焉〕鱼宏即鱼弘。鱼弘，南朝梁襄人。历任南谯、盱眙、竟陵太守。侍妾百余人，车舆玩服，穷极侈靡。鱼弘尝语人曰：“我为郡守有四尽，水中鱼鳖尽，山中麋鹿尽，田中米谷尽，村中人庶尽。”

〔有夏耳金者，制灯剪彩为花，亦无虚日〕夏耳金，见卷四《世美堂灯》篇笺疏。

【笺疏】

〔瑞草溪亭为龙山支麓，高与屋等。燕客相其下有奇石，身执蘽臿，为匠石先发掘之〕〔一日鸠工数千指，索性池之，索性阔一亩，索性深八尺〕

《琅嬛文集·五异人传》其四，传主是燕客，有曰：“先是辛未，以住宅之西有奇石，鸠数百人开掘洗刷，搜出石壁数丈，巉峭可喜。人言石壁之下，得有深潭映之尤妙，遂于其下掘方池数亩。石不受锸，则使石工凿之，深至丈余，畜水澄靛。人又有言亭池固佳，恨花木不得即大耳。燕客则遍寻古梅、果子松、滇茶、梨花等树，必选极高极大者，拆其墙垣，以数十人舁至，种之。种不得活，数日枯槁，则又寻大树补之。始极蓊郁可爱，数日之后，仅堪供爨。古人伐桂为薪，则又过其值数倍矣。恨石壁新开，不得苔藓，多买石青石绿，呼门客善画者以笔皴之。雨过湮没，则又皴之如前。”此段言语，一如《瑞草溪亭》，而以“数百人开掘洗刷”，年指在“辛未”，即崇祯四年（1631），是瑞草溪亭开掘之年。

瑞草溪亭址，在何处？祁彪佳《越中园亭记·万玉山房》篇，或有记述：“万玉山房，从别驾张二酉公之居启左扉而入，登卧龙数武，为融真堂，即张文恭与朱、罗两文懿公读书处。下为溪山清樾堂，前有来章阁，属二酉公，为构各极宏敞，更兼精丽。再下稍从左，其郎君介子兄洗剔奇石，汇卧龙之泉，渟泓小沼，虽尺岫寸峦，居然有江山辽邈之势。”

从《万玉山房》引文知道，张二酉家后门登卧龙山数步，为融真堂（即万玉山房），是张岱曾祖张元忭状元，与首辅朱赓、状元罗万化读书的地方，后改阳和书院。其下为溪山清樾堂，前有来章阁，这里属张二酉了；“再下稍从左”，那就是燕客的瑞草溪亭了。祁彪佳指说得很清楚，出张二酉家，卧龙山三个层面，瑞草溪亭在其下“稍从左”。问题是作为参照物的张二酉家，现在已不可指认，要找瑞草溪亭址，得另寻门径。

徐渭有一首七言古诗《万玉山房歌》，题下注：“其堂名融真（阳和）。”诗的开首两句即是：“万玉山房谁构此，青衿大雅张公子”，“张公子”指的就是张岱的曾祖张元忭。诗中也写到万玉山房在卧龙山之巅，其诗句为：“秪今构室卧龙巅”。万玉山房即为阳和书院。

又有乾隆《绍兴府志》记述：“阳和书院在卧龙山之阳，与稽山书院上下相望，明张元忭、朱赓、罗万化读书其中，时有异瑞，后三人状元，宰辅，世称盛事。”如若找到稽山书院，与之上下相望的万玉山房也就找到了，由万玉山房而至张二酉的来章阁，由来章阁而到瑞草溪亭，一路寻下来，那是很方便了。

稽山书院，乾隆《绍兴府志·书院》卷二十有记载，全文引录如下：“旧稽山书院，《俞志》在府城卧龙山西岗山阴地，宋朱晦庵尝司本郡常平事，讲学倡多士，三衢马天骥建祠祀之，其后九江吴革因请为稽山书院，岁久堙废。明正德间，知县张焕改建于故址之西。嘉靖三年，知府南大吉增建明德堂、尊经阁，后为瑞泉精舍，斋庐庖湢咸备，试八邑诸生，选其尤者升于书院，月给廪饩（明王守仁有《尊经阁记》）。明万历七年，奉例毁书院，遂为吴氏所佃，吴尚书兑持之不遽毁。十年，知府萧良幹来，始复而修之，改名朱文公祠，又即瑞泉精舍址建一堂，题曰仕学所（明张元忭有《朱文公祠记》、萧良幹有《仕学所记》）。”

这简直就是一部《稽山书院简史》了。本文从中得益二点：一是在卧龙山确曾有过稽山书院；二是这稽山书院在卧龙山西岗。

幸好有一幅郡人宗能述，于光绪癸巳（1893）测绘的《绍兴府城衢路图》在。查图得知卧龙山西岗雷殿左百余米，注有“稽山书院”字样。依图证对，标注有“稽山书院”四字处那块台地，是为稽山书院遗址。二十世纪二三十年代，此处有一所小学（省立五中小学部），就是利用书院建筑、改创的学校。现台地北坡，仍遗数株古木，似乎见证了书院的存在。

稽山书院遗址在此，上则是万玉山房（即融真堂、阳和书院）址，其下为溪山清樾堂，来章阁，“再下稍从左”，就是“瑞草溪亭”

的所在。遗憾的是，现今物非，瑞草溪亭已经无迹可寻。

〔燕客看小说："姚崇梦游地狱，至一大厂，炉鞲千副，恶鬼数千，铸泻甚急，问之，曰：'为燕国公铸横财。'后至一处，炉灶冷落，疲鬼一二人鼓橐，奄奄无力，崇问之，曰：'此相公财库也。'崇寤而叹曰：'燕公豪奢，殆天纵也。'"燕客喜其事，遂号"燕客"〕

姚崇，字符之，唐陕州硖石人，封梁国公。与燕国公张说素不平，故梦游地狱，得见恶鬼为张说铸横财，醒后语曰"燕公豪奢，殆天纵也"。张说，字道济，或字说之，洛阳人。燕客慕其为人，且张说姓张，遂号"燕客"。

瑯嬛福地

陶庵梦有宿因，常梦至一石厂，峆窅岩復，前有急湍回溪，水落如雪，松石奇古，杂以名花。梦坐其中，童子进茗果，积书满架，开卷视之，多蝌蚪、鸟迹、霹雳篆文，梦中读之，似能通其棘涩。闲居无事，夜辄梦之，醒后伫思，欲得一胜地仿佛为之。郊外有一小山，石骨棱砺，上多筠篁，偃伏园内。余欲造厂，堂东西向，前后轩之，后磥一石坪，植黄山松数棵，奇石峡之。堂前树娑罗二，资其清樾。左附虚室，坐对山麓，磴磴齿齿，划裂如试剑，匾曰"一丘"。右踞厂阁三间，前临大沼，秋水明瑟，深柳读书，匾曰"一壑"。缘山以北，精舍小房，绌屈蜿蜒，有古木，有层崖，有小涧，有幽篁，节节有致。山尽有佳穴，造生圹，俟陶庵蜕焉，碑曰"有明陶庵张长公之圹"。圹左有空地亩许，架一草庵，供佛，供陶庵像，迎僧住之奉香火。大沼阔十亩许，沼外小河三四折，可纳舟入沼。河两崖皆高阜，可植果木，以橘、以梅、以梨、以枣，枸菊围之。山顶可亭。山之西鄙，有腴田二十亩，可秫可粳。门临大河，小楼翼之，可看炉峰、敬亭诸山。楼下门之，匾曰“瑯嬛福地”。缘河北走，有石桥极古朴，上有灌木，可坐、可风、可月。

【注释】

〔陶庵梦有宿因〕宿因，前定的因缘。

〔常梦至一石厂，峆窅岩窔〕厂，棚舍，亦可以“庵”称。峆（音坎），坎也；窅（音伏），本谓目深貌，引申为深远貌。窔（音咬），窟也。

〔多蝌蚪、鸟迹、霹雳篆文〕蝌蚪、鸟迹、霹雳篆，均为古代字体。索靖《草书状》：“仓颉既生，书契是为，科斗鸟篆，类物象形。”科斗即蝌蚪，鸟迹即鸟篆，字形均属象形。

〔上多筠篁，偃伏园内〕筠篁，竹子。偃伏，倒伏。

〔前后轩之〕轩，轩廊。

〔后磥一石坪，植黄山松数颗，奇石峡之〕磥，垒。峡，本指两山之间，此指两石对峙。

〔堂前树娑罗二，资其清樾〕树，种植，名词用作动词。资，给予。

〔磴磴齿齿，划裂如试剑〕磴（音灯）磴齿齿，山麓石壁棱角貌。试剑，石名，即苏州虎丘试剑石，其石中有裂缝，剑裂之。

〔秋水明瑟〕明瑟，洁净。

〔绌屈蜿蜒〕绌（黜）屈，弯曲。《荀子·非相》：“缓急嬴绌。”杨倞注：“嬴绌，犹言伸屈也。”

〔山之西鄙〕鄙，郊野之处。《左传·隐公元年》："既而大叔命西鄙、北鄙贰于己。"

〔有腴田二十亩，可秫可粳〕腴田，土地肥沃之田。秫（音术），即稷，俗称高粱，《说文·禾部》："秫，稷之粘者。"也指糯稻；粳，即晚稻。

【笺疏】

〔山尽有佳穴，造生圹，俟陶庵蜕焉，碑曰"有明陶庵张长公之圹"〕

张岱墓地，张岱在《自为墓志铭》中有明确记述，在"项里鸡头山"。

项里，村名，在绍兴城西二十七里处。这里是绍兴南部山区，与北部平原水乡交接区，有山，山不高而葱郁；有水，水迂阔而幽曲。项里村北，有山名"鸡头"。

鸡头山，因其形极似鸡头而名之。鸡头山之西三十余米为河岸，隔河，一座不高、长二百余米条带状山，横列如屏，村人称之"蜈蚣山"。这是一处坟穴形胜之地。

为寻张岱墓，我曾访问过此地。鸡头山之西端，即鸡嘴尖处起岸处，旧有庵一座。至我足履其地时，仍存外殿。寺庵之左，即山麓略上一点，即鸡嘴尽处，据村中一位钱姓老者讲，旧时，立有一墓，碑石横置。墓早已被掘，但墓室之砖壁，贴山体的后半部仍在。寻问碑石，只是不见。疑此即是张岱墓地。疑而已，因不见物证，未敢肯定。

站在墓址南望，远山有照，背靠虽然单薄，然而张岱"酉年酉月"生，肖鸡，而选墓地于鸡头山上，正得其所。而鸡头山正对蜈蚣山，不能不说是造物天生，此处宜葬张岱公。

上幅照片河对岸山，即蜈蚣山。

从墓地山水环境看，“一丘”有之，“一壑”有之，墓址也可说是“山尽有佳穴”，依此而观，项里鸡头山仿佛就是瑯嬛福地。而从“门临大河，小楼翼之，可看炉峰，敬亭诸山”，则又不是了。下幅照片所示，是张岱墓址前景色。

【校勘】

〔有明陶庵张长公之圹〕

“有明”，乾隆甲寅本等均作“呜呼”。上海古籍出版社本，“据道光本改”为“有明”，从之。

张岱撰《陶庵梦忆·序》

陶庵国破家亡，无所归止，披发入山，骇骇为野人。故旧见之，如毒药猛兽，愕窒不敢与接。作自挽诗，每欲引决，因《石匮书》未成，尚视息人世。然瓶粟屡罄，不能举火。始知首阳二老，直头饿死，不食周粟，还是后人妆点语也。

饥饿之余，好弄笔墨。因思昔人生长王谢，颇事豪华，今日罹此果报：以笠报颅，以篑报踵，仇簪履也；以纳报裘，以苎报絺，仇轻暖也；以藿报肉，以粝报粻，仇甘旨也；以荐报床，以石报枕，仇温柔也；以绳报枢，以瓮报牖，仇爽垲也；以烟报目，以粪报鼻，仇香艳也；以途报足，以囊报肩，仇舆从也。种种罪案，从种种果报中见之。鸡鸣枕上，夜气方回，因想余平生，繁华靡丽，过眼皆空，五十年来，总成一梦。今当黍熟黄粱，车旅蚁穴，当作如何消受？遥想往事，忆即书之，持向佛前，一一忏悔。不次岁月，异年谱也；不分门类，别志林也。偶拈一则，如游旧径，如见故人，城郭人民，翻用自喜，真所谓痴人前不得说梦矣。

昔有西陵脚夫，为人担酒，失足破其瓮，念无以偿，痴坐伫想曰："得是梦便好。"一寒士乡试中式，方赴鹿鸣宴，恍然犹忆非真，自啮其臂曰："莫是梦否？"一梦耳，惟恐其非梦，又惟恐其是梦，其为痴人则一也。余今大梦将寤，犹事雕虫，又是一番梦呓。因叹慧业文人，名心难化，政如邯郸梦断，漏尽钟鸣，卢生遗表，犹思摹榻二王，以流传后世。则其名根一点，坚固如佛家舍利，劫火猛烈，犹烧之不失也。

录自张岱《琅嬛文集》卷一

引用书目

一、不同版本的《陶庵梦忆》

[1] 张岱著、王文诰评，《陶庵梦忆》，乾隆五十九年刻本，北京图书馆藏，辑入《续修四库全书》第 1260 册。

[2] 张岱著，《陶庵梦忆》，《粤雅堂丛书》清道光至光绪刻本，绍兴市图书馆藏。

[3] 张岱著、马兴荣点校，《陶庵梦忆》，上海古籍出版社，1982。

[4] 张岱著、立人校订，《陶庵梦忆》，作家出版社，1996。

二、《钦定四库全书》，上海古籍出版社，1987。

[1]（魏）何晏集解、（梁）皇侃义疏，《论语集解义疏》，经部一八九·四书类。

[2]（汉）赵岐注，《孟子注疏，经部一八九·四书类。

[3]（汉）郑玄注，《礼记》，经部一〇九·礼类。

[4]（周）左丘明撰，《春秋左传注疏》，经部一三七·春秋类。

[5]（周）荀况撰，《荀子》，子部一·儒家类。

[6]（周）列御寇撰，《列子》，子部三六一·道家类。

[7]（周）韩非撰，《韩非子》，子部三五·法家类。

[8]（周）管仲撰，《管子》，子部三五·法家类。

[9]（汉）刘安撰，《淮南鸿烈解》，子部一五四·杂家类。

[10]（汉）司马迁撰，《史记》，史部一·正史类。

[11]（宋）范晔撰，《后汉书》，史部一〇·正史类。

[12]（晋）陈寿撰，《三国志》，史部一二·正史类。

[13]（唐）房玄龄等撰，《晋书》，史部一三·正史类。

[14]（梁）沈约撰，《宋书》，史部一五·正史类。

[15]（唐）魏徵等撰，《隋书》。

[16]（后晋）刘昫等撰，《旧唐书》，史部二六·正史类。

[17]（宋）欧阳修撰，《新五代史》，史部三七·正史类。

[18]（清）张廷玉等撰，《明史》，史部五五·正史类。

[19]（吴）韦昭注，《国语》，史部一六四·杂史类。

[20]（宋）施宿等撰，《会稽志》，史部二四四·地理类。

[21]（明）田汝成撰，《西湖游览志》，史部三四三·地理类。

[22]（南朝宋）刘义庆撰，《世说新语》，子部·小说家类。

[23]（清）谷应泰撰，《明史纪事本末》，史部一二二·纪事本末类。

三、四库全书存目丛书编纂委员会编，《四库全书存目丛书》，齐鲁书社，1997。

[1]（明）苏祐、杨循吉纂修，《吴邑志》，史部·地理类。

[2]（明）曹臣辑著，《舌华录》，子部·杂家类。

[3]（明）王士性著，《广志绎》，子部·志理类。

四、《续修四库全书》编纂委员会、复旦大学图书馆古籍部编，《续修四库全书》，上海古籍出版社，2003。

[1]（清）吕燕昭修、姚鼐纂，《新修江宁府志》，史部·地

理类。

[2]（明）祁彪佳撰，《越中园亭记》，史部·地理类。

[3]（清）周亮工撰，《闽小纪著》，史部·地理类。

[4]（清）赵翼撰，《陔余丛考》，子部·杂家类。

[5]（清）阮癸生著，《茶余客话》，子部·杂家类。

[6]（明）沈德符撰，《野获编》，子部·杂家类。

[7]（清）余怀著，《板桥杂记》，子部·小说家类。

五、《四库禁毁书丛刊》，北京出版社。

[1]（明）钟惺著，《隐秀轩集》，明天启二年刻本。

[2]（明）范允临著，《输寥馆集》，清初刻本。

六、《中国地方志集成·浙江府县志辑》，江苏古籍出版社，巴蜀书社出版，上海书店。

[1] 李亨特修，平恕、徐嵩纂，乾隆《绍兴府志》，乾隆五十七年刻本。

[2] 陈璚等修、王棻等纂，民国《杭州府志》。

[3] 许瑶光修、吴仰贤等纂，光绪《嘉兴府志》，鸳湖书院刻本。

[4] 宋如林修、孙星衍纂，嘉庆《松江府志》，嘉庆二十三年刻本。

[5] 魏□修、裘琏等纂，康熙《钱塘县志》。

[6] 民国《歙县志》。

[7] 陈钟英修、王咏霓纂，光绪《黄岩县志》，光绪三年刻本。

[8] 徐永言修，严绳孙、秦松龄纂，康熙《无锡县志》，凤

凰出版社，2011，辑录于无锡文库。

[9] 潘玉璿修、周学濬等纂，光绪《乌程县志》，光绪七年刻本。

[10] 李昱修、陆心源等纂，光绪《归安县志》，光绪八年刻本。

[11] 葛荃修、李之杜等纂，乾隆《罗山县志》，乾隆九年刻本。

[12] 孙琬、王德茂修，李光洛、周仪暐纂，光绪《武进阳湖县合志》，光绪十二年刻本。

[13] 绍兴县修志委员会校刊本，康熙《会稽县志》，民国二十五年七月。

[14] 绍兴县修志委员会校刊本，嘉庆《山阴县志》，民国二十五年十一月。

七、散册书籍

[1] 张岱著、云告点校，《琅嬛文集》，岳麓书社，1985。

[2] 张岱撰，《西湖梦寻》，上海古籍出版社，1982。

[3]《明於越三不朽名贤图赞》，山阴张陶庵先生原刻，陈锦光绪戊子重刊本，藏绍兴市图书馆。

[4] 高亨注，《诗经今注》，上海古籍出版社，1980。

[5] 曹础基著，《庄子浅注》，中华书局。

[6]《全唐文》，上海古籍出版社，1990。

[7]（清）严可均辑，《全梁文》，商务印书馆，1999。

[8]《会稽陶氏族谱》，清光绪癸卯重梓本，藏绍兴图书馆。

[9]《会稽渔渡董氏族谱》，手抄本，藏绍兴图书馆。

[10]《祁彪佳日记》，书目文献出版社，1991。

[11]（明）徐弘祖著，《徐霞客游记》，上海古籍出版社，1987。

[12]（明）陈洪绶撰，《宝纶堂集》，浙江古籍出版社，1994。

[13]（清）邵廷采撰、祝鸿杰点校，《思复堂文集》，浙江古籍出版社，1987。

[14]（清）平步青著，《霞外攟屑》，上海古籍出版社，1982。

[15]（明）李诩撰，《戒庵老人漫笔》，中华书局，1982。

[16] 张岱撰，《夜航船》，浙江古籍出版社，1987。

[17]（清）金埴撰，《巾箱说》，中华书局，1982。

[18]（清）金埴撰，《不下带集》，中华书局，1982。

[19]《南宋古迹考·湖船录》，浙江人民出版社，1983。